Nur der Himmel blieb derselbe

Christopher Spatz

Nur der Himmel blieb derselbe

Ostpreußens Hungerkinder erzählen vom Überleben

Ellert & Richter Verlag

Inhalt

Ostpreußens Hungerkinder erzählen vom Überleben

9 Unerhörte Geschichten

22/23 Karte Ostpreußen / Litauen

Entwurzeln (1945 bis 1947)

27 Stunde null im Osten

45 Preußens Atlantis

67 Hungern in der Kornkammer

92 Waisenhäuser und Wolfskinder

Verpflanzen (1947 bis 1960er-Jahre)

117 Eine Welt im Güterzug

141 Verweht in alle Winde

166 Mit 13 in die Grundschule

187 Grenzgänge im Kalten Krieg

Opfern (1970er-Jahre bis in die Gegenwart)

213 Wie schüttet man ein ganzes Meer zu?

231 Mauern aus Glas

253 Die Macht der Medien

269 Fernes nahes Land

Was bleibt

289 Starke Kinder, starke Menschen

Anhang

296 Anmerkungen

316 Lebensbiografische Interviews

320 Archivquellen

     Ausgewählte Literatur

323   (Historische) Darstellungen

329   Persönliche Erlebnisse

332   Fiktion

333   TV-Dokumentationen und Filme

334 Ortsregister

Für Otto

Ostpreußens
Hungerkinder
erzählen vom
Überleben

All das steigt aus der Vergangenheit auf wie aus dem Dunst. Menschen und Ereignisse, in vom Wind vor sich hergetriebenen Schnee oder in geräuschlos dahinschwebenden Nebel gehüllt. Alles in weite Ferne gerückt, nicht aber vergessen. Einige Details sind deutlich sichtbar, andere schon verloren, gerade wie auf einem langsam vergilbenden Foto. Zeit und Vergessen haben alles mit Schnee und Sand, Blut und trübem Wasser überdeckt.

Alvydas Šlepikas

Unerhörte Geschichten

Im Juni 1941 überfiel das nationalsozialistische Deutschland seinen Verbündeten, die Sowjetunion. Die Konfrontation der beiden größten Mächte auf dem eurasischen Kontinent dauerte knapp vier Jahre. Mit verbrannter Erde und Millionen von Toten sprengte sie sämtliche Dimensionen bisheriger Kriege. Der von Hitler befohlene Vernichtungsfeldzug richtete sich nicht nur gegen den Kommunismus als Weltanschauung, sondern auch direkt gegen die sowjetische Zivilbevölkerung. Als der deutsche Vorstoß schließlich zum Stoppen gebracht worden war und die Rote Armee ihrerseits in die Offensive überging, sann die sowjetische Führung auf Vergeltung. Als nordöstlichste Provinz des Deutschen Reichs sollte es Ostpreußen 1945 am härtesten treffen. Dort wurden nun deutsche Zivilisten vergewaltigt, verschleppt und ermordet.

Nach dem Kriegsende wurde der nördliche Teil Ostpreußens, der etwa so groß wie Schleswig-Holstein war, mit dem Einverständnis der Alliierten unter sowjetische Verwaltung gestellt. Umbenannt zur Oblast Kaliningrad, baute Moskau die Region zu einem militärischen Sperrbezirk aus und schloss im Sommer die neu gezogene innerostpreußische Grenze nach Süden hin. Trotz des vorangegangenen Flucht- und Kampfgeschehens befanden sich zu diesem Zeitpunkt allerdings noch über 220 000 Deutsche in dem Gebiet. Sie hofften in ihrer Heimat auf einen annehmbaren Frieden.

Doch die neuen Machthaber ließen die Frauen, Kinder und Alten nicht mehr auf ihre Höfe zurück. Jeder Anlauf zur Selbstversorgung wurde unterbunden. Gleichzeitig wurden Tausende Familien in die Sowchosen, die landwirtschaftlichen Produktionsstandorte der Roten Armee, gezwungen. Nur wer dort arbeitete, hatte Anspruch auf etwas Brot oder Suppe. Kinder und Greise gingen meist leer aus. Bis zum Frühjahr 1947 starben über

100 000 Menschen. Wegen dieser Entwicklung gab es schließlich keine tragfähigen Familienbande und Dorfgemeinschaften mehr, in denen die Kinder nach dem Tode ihrer Mütter und Geschwister weiter hätten mitlaufen können.

Die übrig gebliebenen Jungen und Mädchen stromerten durch entleerte Dörfer und zerstörte Städte. Die sowjetischen Behörden richteten Waisenhäuser ein, in die einige Tausend von ihnen aufgenommen wurden. Meistens die Kleineren, während die Größeren mit letzter Kraft nach Litauen zu entkommen versuchten, wo es Bauern gab, die deutschen Bettelkindern zu essen gaben. Sie fuhren auf den Trittbrettern, Puffern und Dächern von Zügen ab Königsberg und Insterburg Richtung Osten oder Norden. Wer noch Angehörige besaß, wurde zu einem Pendler, der die Zurückgelassenen eine Zeit lang mitversorgte. Aber viele Kinder blieben irgendwann in Litauen. Die Fahrten waren gefährlich und strapaziös. Ihr Selbsterhaltungstrieb siegte.

Nach der Ausweisung aller noch lebenden Deutschen aus dem Königsberger Gebiet, die Ende 1948 abgeschlossen war, blieb die Region bis zum Zusammenbruch des Kommunismus von der Außenwelt abgeriegelt. Informationen gab es keine, Besuche waren undenkbar. Dies förderte den Mythos Königsberg und die Legendenbildung um all das, was nach dem Fall der ostpreußischen Hauptstadt dort geschehen sein sollte. Aus jenem Loch des Nicht-Wissens ragten über Jahrzehnte nur die Erlebnisberichte von Pfarrern und Ärzten. Die Verfasser waren aufgrund ihres selbstlosen Verhaltens nach dem sowjetischen Einmarsch von einer Aura moralischer Integrität umgeben. Ihre Aufzeichnungen stießen in der Bundesrepublik auf reges Interesse, allen voran das *Ostpreußische Tagebuch* des Arztes Hans Graf von Lehndorff, welches allein in der Taschenbuchversion dutzendfach neu aufgelegt wurde.

Doch diese Schriften führten ein ausgeprägtes Eigenleben. Weder wurde ihr Aussagewert künstlerisch oder filmisch aufgegriffen, noch konnte er zu Zeiten des Eisernen Vorhangs von geschichtswissenschaftlichen Forschungen unterfüttert werden. Außerdem besaßen die Autoren einen völlig anders gelagerten Erfahrungsschatz als Kinder und Frauen, aus denen sich die deutsche Restbevölkerung im Wesentlichen zusammengesetzt hatte. Ihre Berichte boten eindrucksvolle Panoramen geistlicher und medizinischer Extremeinsätze, konnten aber nur im Ansatz die Alltagserfahrungen der deutschen Zivilbevölkerung widerspiegeln. Ähnlich verhielt es sich auch mit den wenigen anderen veröffentlichten Erlebnisberichten. Infolgedessen blieb die kindliche Perspektive auf die Nachkriegserlebnisse im Dunklen.[1]

Nach dem Zusammenbruch der Sowjetunion standen die bis dahin gesperrten Archive Wissenschaftlern aus Ost und West plötzlich offen und ermöglichten einen direkten Zugriff auf sowjetische Quellen. Nun ließen sich immerhin erstmals dokumentenbasierte Grobschätzungen für die Zahlen von deutscher Restbevölkerung und von Todesopfern veranschlagen. Ebenso wurde klar, dass die sowjetische Führung bis in das Jahr 1947 hinein gar keine Pläne zur Vertreibung der Deutschen aus ihrem Teil Ostpreußens ausgearbeitet hatte.

Zu deren Nachkriegsschicksalen forschte jetzt die Historikerin Ruth Kibelka. Sie führte Interviews mit Überlebenden und brachte in Pionierleistung kindliche Nachkriegserfahrungen und archivierte Schriftquellen zusammen. Zur sowjetischen Aneignung des erbeuteten Territoriums entstanden maßgebliche kulturhistorische Arbeiten von Bert Hoppe und Per Brodersen. Von russischer Seite wurde im selben Zeitraum ein Oral-History-Projekt mit ehemaligen Neusiedlern durchgeführt, die nach 1945 ins Königsberger Gebiet gekommen waren und nun ebenfalls als Zeugen des kurzen deutsch-sowjetischen Nebeneinanders von ihren Erlebnissen berichteten.[2]

Bei allen Verdiensten, die sich diese Projekte erwarben, blieb die Darstellung des erlittenen Hungers zumeist jedoch blass. Ihn umgab eine Hülle aus Unsichtbarkeit. Er entzog sich tiefenscharfer Untersuchungen, weil er sich weder in amtlichen Dokumenten noch in Erinnerungsberichten dingfest machen ließ. Wer von den direkt Betroffenen einen Anlauf unternahm und ihn zu beschreiben versuchte, konzentrierte sich darauf, die Suche nach Nahrungsmitteln zu schildern, oder begnügte sich mit der Feststellung, dass das Hungern die schlimmste Erfahrung des Lebens gewesen sei. Das Wie und Warum vermochte jedoch kaum ein Zeitzeuge in Worte zu fassen.

Natürlich hatte das Gründe. Gedächtnislücken, durch Unterernährung verursacht, Scham ob des eigenen Selbsterhaltungstriebs und Schuldgefühle gegenüber Verstorbenen hatten die Hungererfahrungen frühzeitig abgekapselt und an der tiefsten Stelle des Seelengrunds versenkt. Dadurch war es auch unmöglich geworden, andere Erlebnisse zusammenhängend zu schildern: die erlittene Recht- und Schutzlosigkeit, der totale Systembruch, die räumliche Entwurzelung und die Auflösung engster familiärer Bindungen, die Zeit in den sowjetischen Waisenhäusern, die abenteuerlichen Fahrten nach Litauen und das dortige Verschleiern der deutschen Herkunft.

Um all das mussten starke Dämme errichtet werden, nachdem einen das Schicksal in Restdeutschland angespült hatte. Am neuen Wohnort konzentrierte man seine Kräfte auf Schule, Lehre und Anpassung. Der Kontakt zu Weggefährten wurde jetzt gemieden, denn jede Begegnung mit der Vergangenheit flutete das Bewusstsein mit Sinneseindrücken aus einer Welt, für die es in der Gegenwart keinen Kommunikationsraum mehr gab. Die Mitbürger reagierten auf versuchsweise geäußerte Nachkriegserlebnisse meist ungläubig oder abschätzig. Sie erwarteten von den Betroffenen für das in jungen Jahren überstandene Grauen Relativierungen, die die Schilderungen erträglich machten, oder umgehendes Schweigen. In einem solchen Klima konnte niemand ein befreiendes Gefühl des Davongekommenseins entwickeln.

Die enorme Wucht, mit der Ostpreußen in den Abgrund gerissen worden war, überschattete das Behauptungsvermögen der Menschen dauerhaft und vollständig. Wie Mehltau legte sich schließlich eine mächtige Erinnerungseinsamkeit auf alle Überlebenden.

Ostpreußens Hungerkinder hatten den Wind nicht gesät, aber den Sturm geerntet. Mit diesem Los mussten sie leben. Ihre Schicksale ließen sich nicht den Tätern zuordnen, weil sie zu jung waren. Die Schicksale ließen sich aber auch nicht den offiziell anerkannten Opfern zuordnen, weil sie zu deutsch waren. Sie schwebten irgendwo im Niemandsland der Nachkriegsgeschichte, von der Welt unbeachtet, aber den Betroffenen ein quälender, unbarmherziger Begleiter. Die Wunden verkrusteten, heilten aber nicht. Denn die Vergangenheit blieb lebenslang ein unberechenbarer Gegenspieler, floss versteckt als unterirdischer Strom und schoss zwischendurch immer wieder unkontrolliert an die Oberfläche. In Form eines panischen Blicks über die Schulter, sobald sich bei einer Radtour auf der Landstraße von hinten Flugzeugmotorengeräusche näherten. Als beschämende Mutlosigkeit, wenn die Neffen einen zum Spaziergang auf die freigegebene Eisfläche der Hamburger Alster baten, die lauernd funkelte wie das Haff. Oder beim Bemerken eines Blondschopfs in der Süßwarenabteilung, der aussah wie der eigene Bruder, der in den Ruinen von Königsberg verhungert war.

Der verdrängte Horror ließ sich nicht umdeuten oder in seinem Fortwirken kontrollieren. Bei Familienfeiern schlich er sich in den Raum und nahm Platz am Tisch wie ein alter Bekannter, vor dem man zeitlebens auf der Flucht war. Heimlich setzte er sich nachts auf die Bettkante, komponierte die Träume und hielt einen fest, wenn man schweißgebadet hochschreckte. Vor seiner Macht gab es keinen Schutz und keinen Rückzug. Dieser Horror stand in hoffnungslosem Missklang zu dem erhobenen Zeigefinger, der allem, was 1945 und später im Osten geschehen war, das

Mäntelchen der „gerechten Vergeltung" überzuwerfen versuchte. Ostpreußens Hungerkinder blieben auf diese Weise einsame Wanderer zwischen den politischen Systemen und den zerklüfteten Erinnerungslandschaften.

Nach dem Fall der Mauer 1989 und flankiert von der Not der in Deutschland eintreffenden jugoslawischen Bürgerkriegsflüchtlinge, rückten Flucht und Vertreibung allerdings wieder stärker in den Fokus der Öffentlichkeit. Noch lebende Zeitzeugen wurden interviewt, TV-Dokumentationen und Filme gedreht, die Gründung einer nationalen Gedenkstätte wurde beschlossen. Der Historiker Andreas Kossert legte mit seinem Werk *Kalte Heimat* überzeugend dar, dass die Integration der Vertriebenen keine Erfolgsgeschichte war, weil sie zum Preis ausgelöschter Kulturen und Dialekte sowie millionenfacher Heimwehexistenzen erkauft wurde. In der Literatur setzten *Im Krebsgang* von Günter Grass und *Altes Land* von Dörte Hansen Maßstäbe. Auch im medizinischen und psychologischen Bereich wuchs die Sensibilität für die Seelennöte und körperlichen Spätfolgen älterer Patienten, die im Kindes- und Jugendalter Flucht und Vertreibung erlebt hatten. Heimatverlust und Entwurzelung sprachen und sprechen in vielen Menschen Urängste an. Und sie werden, so scheint es, über das Ableben der letzten Zeitzeugengeneration hinaus ihre Bedeutung für die deutsche Bevölkerung behalten.[3]

Angesichts der epochalen Dimension des Themas verwundert, dass in der Bundesrepublik bislang kein einziger universitärer Lehrstuhl für die erzwungene Heimatlosigkeit von 12 bis 14 Millionen Deutschen eingerichtet wurde. Bestenfalls erinnerungspolitische Diskurse als solche stehen im Zentrum des wissenschaftlichen Interesses. Zentrale Aspekte der Ereignis-, Sozial- und Identitätsgeschichte warten hingegen auf ihre Erforschung.

Mit dem vorliegenden Buch soll der Versuch unternommen werden, zumindest für Ostpreußen und die Fortexistenz seiner entwurzelten Bewohner ein wenig Helligkeit ins Dunkel zu tragen. Denn obgleich die untergegangene Provinz in unserem kollektiven Bewusstsein verankert ist, hat das, was nach dem Fluchtgeschehen folgte, bislang keinen Platz in der deutschen Erinnerung gefunden. Dies gilt auf besondere Weise für Nordostpreußen, wo in Relation zu den Bevölkerungszahlen hundertmal so viele Opfer wie in den Gebieten westlich von Oder und Neiße zu beklagen waren. Zivile Todesquoten von 50 Prozent und höher gab es nach dem Krieg in keiner anderen Region Europas. Folgt man der Aussage des renommierten irischen Historikers Raymond M. Douglas, die Vertreibung der Deutschen sei „das am besten gehütete Geheimnis des Zweiten Weltkriegs"[4], hat dieser Ausdruck die Königsberger Hungerkatastrophe zweifellos miteinzuschließen.

Infolge dieser stillen Tragödie bot sich den Betroffenen nie eine Gelegenheit, die Bruchstellen ihrer Biografien zu kitten und diese durch wiederholendes Erzählen in eine zusammenhängende und geglättete Lebensgeschichte zu bringen. Ihre Nachkriegserinnerungen existierten weitestgehend isoliert und wurden nicht mit den Erinnerungen von Schicksalsgefährten vernetzt. Für die ehemaligen Hungerkinder bedeutete das eine enorme Belastung. Das Gute im Schlechten: Auf diese Weise blieben ihren Erinnerungen außergewöhnlich große Teile an Ursprünglichkeit, Authentizität und Prägnanz erhalten.

Hier ansetzend, lässt das Buch die Zeitzeugen erstmals umfassend selbst zu Wort kommen. Es schöpft dabei aus einem Fundus von über 50 lebensbiografischen Interviews, die der Autor zwischen 2010 und 2014 geführt hat. Viele der wiedergegebenen Ausschnitte bestehen aus längeren Passagen und sind lautgetreu verschriftlicht worden, um Ausdrucksweise und Erzählstil der interviewten Personen möglichst charakteristisch wiederzugeben. Im ersten Moment wirken manche Sequenzen deshalb bruchstückhaft und formal unangepasst. Doch dann offenbart sich gerade hierin ihr Erkenntniswert, denn ihre nie überschriebenen kindlichen Blicke auf die Nachkriegsereignisse bahnen auf beeindruckende Weise den Weg zum ursprünglichen Geschehen.

Bei großen Interviewprojekten sind weitere Informationen für eine fundierte Einschätzung der Quellen notwendig. Alle Zeitzeugen entstammen den Geburtsjahrgängen 1928 bis 1943, sie erlebten die Nachkriegszeit im Königsberger Gebiet. Ab 1951 befand sich die Mehrheit von ihnen in der DDR oder Bundesrepublik. Andere trafen dort erst während der späten 1950er- und 1960er-Jahre als Einzelausreisende aus der Sowjetunion ein. Da sie in keinem zentralen Verzeichnis erfasst wurden, blieb zu ihrer Auffindung der Weg über Inserate in regionalen Tageszeitungen, den Heimat- und Bürgerbriefen nordostpreußischer Kreis- und Stadtgemeinschaften sowie der Kolumne „Ostpreußische Familie" in der *Preußischen Allgemeinen Zeitung*. Meistens melden sich Leser, die über mehrere Stationen Kontakt zu einem Gesprächskandidaten herstellen konnten. Wenige Interviewpartner melden sich auch von selbst. Der Verein Edelweiß, eine 1991 gegründete Interessenvereinigung heute noch in Litauen lebender Ostpreußen, vermittelte außerdem etwa zehn Personen, die erst zwischen 1996 und 2000 nach Deutschland übersiedelten. Da in dieser Gruppe Verbindungen zu anderen ausgereisten Vereinsgefährten gepflegt werden, ergaben sich darüber direkte Wege zu weiteren Zeitzeugen.

Grundsätzlich standen die Vorzeichen für die Durchführung der Interviews günstig. Nach langem Schweigen und Verdrängen mochten zumindest einige Betroffene im hohen Lebensalter ihrer traumatischen Vergangenheit endlich unerschrocken entgegentreten. Ohne Furcht vor Konsequenzen und oftmals angeregt durch die Präsenz Ostpreußens im Fernsehen, schienen sie nun zu einer zweifelsohne anstrengenden Aufarbeitung bereit, um die Nachkriegszeit dem Vergessen zu entreißen.

Häufig deuteten sie an, dieses Ansinnen als Verpflichtung gegenüber früheren Weggefährten zu empfinden, die die Jahre nach 1945 nicht überlebt hatten. Manche schienen auch ein Ventil für ihren angestauten Erinnerungsdruck zu suchen. Etwa zwei Drittel der Mitwirkenden hatten ihr Schicksal vor dem Interview weder jemals niedergeschrieben noch in vollem Umfang versprachlicht. Das restliche Drittel hatte eines oder gar beides bereits getan, knapp die Hälfte hiervon auch in außerfamiliären Kreisen. Über so etwas wie biografische „Erinnerungsroutine" verfügte somit nur ein kleinerer Teil.

Die Kontaktaufnahme wurde oft von Unglaube, Skepsis, Neugier und Ungeduld begleitet. Der Zusage zu einem Gespräch schien in vielen Fällen ein innerer Kampf vorausgegangen zu sein. Viele bezweifelten ernsthaft, dass die eigene Lebensgeschichte für ein historisches Projekt von Bedeutung sei. Die Furcht, mit ihrer ostpreußischen Vergangenheit Informationen bieten zu müssen, die sie nicht liefern könnten, schien oft eine grundsätzliche zu sein und von ihren zahllosen Defensiverfahrungen herzurühren. Der Hinweis, dass die Lebensgeschichte in ganzer Länge und nach eigener Schwerpunktsetzung erzählt werden könne, trug im Vorfeld meistens etwas zur Beruhigung bei. Dennoch gingen viele angespannt in das Interview. In den Nächten davor hatten sie schlecht geschlafen und mit ihren empordrängenden Erinnerungen gerungen. Manche schienen von der Tatsache berührt, einen Zuhörer gefunden zu haben, der ihretwegen einen mehrstündigen Anfahrtsweg auf sich genommen hatte und für ihre Lebensgeschichte Zeit und Interesse mitbrachte. Überrascht zeigten sie sich bei der Begrüßung von den 45 bis 50 Jahren Altersunterschied, kommentierten dies aber durchweg positiv.

Alle Gespräche wurden bei den Zeitzeugen zu Hause geführt. Abgesehen von praktischen Gesichtspunkten (eingeschränkte Mobilität aufgrund von Alter und Gesundheit sowie Hinzuziehung von persönlichen Dokumenten, Fotoalben und anderen Erinnerungsgegenständen) sollten auf diese Weise mögliche Ablenkungsfaktoren minimiert werden.

Die Zeitzeugen leisteten in den Interviews Schwerstarbeit. Zwischendurch weinten, schwitzten und zitterten manche, besonders beim Entfalten intimer und schmerzlicher Erinnerungen. Einige bestanden darauf, eine bekannte Person an ihrer Seite zu haben, meistens den Ehepartner oder eine Tochter. Manchmal ging das Bestreben jedoch auch von diesen selbst aus, da sie sich von der Interviewsituation Aufklärung über Blindstellen im Familiengedächtnis erhofften. In einigen Gesprächen dolmetschten sie zudem bei komplizierten Sachverhalten, weil von den in den 1990er-Jahren aus Litauen übergesiedelten Personen nicht jede die Sicherheit in ihrer Muttersprache zurückgewonnen hat.

Alle Interviews wurden mit einem digitalen Aufnahmegerät gespeichert. Für die wissenschaftliche Folgenutzung sollen Kopien der Audiodateien in die Archive der Bundesstiftung Flucht, Vertreibung, Versöhnung, des Wolfskinder-Geschichtsvereins und der Preußischen Denkfabrik (alle in Berlin) überführt werden. Personen, die mit vollständigem Namen genannt sind, haben sich damit einverstanden erklärt. Von Frauen wird durchgehend der Mädchenname verwendet, weil sie unter diesem die Hungerzeit erlebt haben. An einigen Stellen wird eine namentliche Zuordnung einzelner Interviewabschnitte aus Gründen des Persönlichkeitsschutzes nicht vorgenommen.

Die Bezeichnungen nördliches Ostpreußen und Königsberger Gebiet stehen gleichbedeutend für den Teil Deutschlands, der nach dem Krieg unter sowjetische Verwaltung gestellt wurde. Da sich diese Arbeit auf die deutsche Zivilbevölkerung konzentriert, einige Zeitzeugen aus Dörfern stammen, die nach Kriegsende abgetragen wurden und dementsprechend keine russischen Namen erhalten haben, und sich außerdem in Interviews und Quellenmaterial fast immer der deutschen Ortsbezeichnungen bedient wird, werden diese konsequent verwendet. Hierdurch soll ein Neben- und Durcheinander von deutschen und russischen Namen vermieden werden. Im Ortsregister werden alle Orte auch mit ihren heutigen russischen bzw. litauischen Namen aufgeführt. Anhand der Landkarte können sie auch geografisch schnell verortet werden.

Danken möchte ich allen Interviewpartnern, die sich mir, oft unter größter persönlicher Mühsal, geöffnet und mir ihre Lebensgeschichte anvertraut haben. Ohne sie wäre meine Arbeit einzig auf Schriftquellen angewiesen geblieben und eine völlig andere geworden. Monate waren zu Beginn nötig, um überhaupt Zeitzeugen ausfindig zu machen. Hier unterstützten mich sämtliche Kreis- und Stadtgemeinschaften für das nördliche Ostpreußen. Bei der direkten Kontaktherstellung halfen mir zahlreiche engagierte Personen. An sie alle denkend, möchte ich namentlich Ruth Geede vom *Ostpreußenblatt* sowie Anita Motzkus hervorheben, die mich über die reine Zeitzeugenvermittlung hinaus mit weiteren wertvollen Hinweisen versorgten.

Auch in vielen Archiven erfuhr ich große Unterstützung. Kirsten Hoffmann vom Niedersächsischen Landesarchiv am Standort Hannover, Veronika Herbst vom Kreisarchiv Ludwigslust-Parchim und Dr. Christoph Hinkelmann vom Ostpreußischen Landesmuseum in Lüneburg lasen mir jeden Recherchewunsch von den Lippen ab. Das Landeshauptarchiv Schwerin erstellte mir vor meinem dortigen Aufenthalt eine exzellente Auflistung relevanter Bestände und bot einen der angenehmsten Lesesäle Deutschlands. Professor Wolfgang Freiherr von Stetten gewährte mir uneingeschränkten Zutritt zu seinem Privatarchiv auf Schloss Stetten. Besonders freundlich und hilfsbereit waren außerdem die Teams um Kirsten Bollin und Kathrin Blankenburg vom DRK-Generalsekretariat in Hamburg, die Mitarbeiterinnen und Mitarbeiter des DRK-Suchdienstes in München und die Beamten des Referats Staatsangehörigkeitsfeststellung im Bundesverwaltungsamt in Köln.

Mein Dank gilt ebenso sehr Marita Ellert-Richter und Gerhard Richter, die für dieses Buchprojekt sofort Interesse signalisierten. Prof. Dr. Ruth Leiserowitz, stellvertretende Direktorin am Deutschen Historischen Institut in Warschau und Betreuerin meiner Doktorarbeit zur Identität von „Wolfskindern", stand mir als Expertin auch nach der Promotion weiterhin wohlwollend-kritisch zur Seite. PD Dr. Christoph Muhtz vom Universitätsklinikum Hamburg-Eppendorf gewährte mir einige „Supervisionen" und spannende Einblicke in seine medizinisch-psychiatrischen Studien, an denen viele Flüchtlinge und Vertriebene aus Ostpreußen teilgenommen haben. Hildegard Ballerstedt vom Bürgerverein Wentorf bei Hamburg zeigte mir mit großem Einsatz und Detailwissen das Gelände der ehemaligen Heimschule Wentorf, in der in den 1950er-Jahren viele verspätet aus dem Osten eingetroffene Mädchen und Jungen behutsam an ein Leben in der Bundesrepublik herangeführt wurden.

Im Rahmen der Forschungen kreuzten weitere Menschen meinen Weg, die manche Weiche stellten oder dauerhaft zu ideellen Begleitern wurden. Ganz am Anfang stand ein Anruf von Klaus Bednarz, der mich ermunterte, statt dem Lehramtsreferendariat die ostpreußische Geschichte anzuvisieren. Ich bedaure sehr, dass er die Fertigstellung dieses Buches nicht mehr erleben kann. Auf der Suche nach historischen Bildaufnahmen aus dem niedersächsischen Grenzdurchgangslager Friedland lernte ich Dr. Christian Paul kennen. Zusammen teilten wir unser Interesse an der deutsch-russischen Beziehungsgeschichte und führten intensive Gespräche über das Entwurzeln und seine Folgen. Besondere Momente schenkten mir auch die letzten ostpreußischen Diakonissen aus der Königsberger Diakonie in Wetzlar (ehemals Königsberger Diakonissen-Mutterhaus der Barmherzigkeit) und aus dem Diakonissen-Mutterhaus Bad Harzburg. Ihre Ausgeglichenheit und Güte, mit der sie seit Jahrzehnten ihren Dienst im Exil versehen, haben mich tief beeindruckt.

Von meinen Freunden begleiteten Henning und Leonie die Arbeit mit ihren einfühlenden Fragen, Vincent und Rainer mit ihren bereichernden Gedanken und Uli mit ihrem besonders großen Herzen für Litauen und seine Menschen.

Meine lieben Eltern unterstützten mich in meinem Ansinnen bedingungslos. Ihnen schenke ich unvergänglichen Dank. Besonders verbunden fühle ich mich außerdem Robert, Kiki, Walter, Hauke und Andreas sowie Julie, Wiki, Tassi, Nanno und Kalle für ihre treue Begleitung und den stets geleisteten Zuspruch.

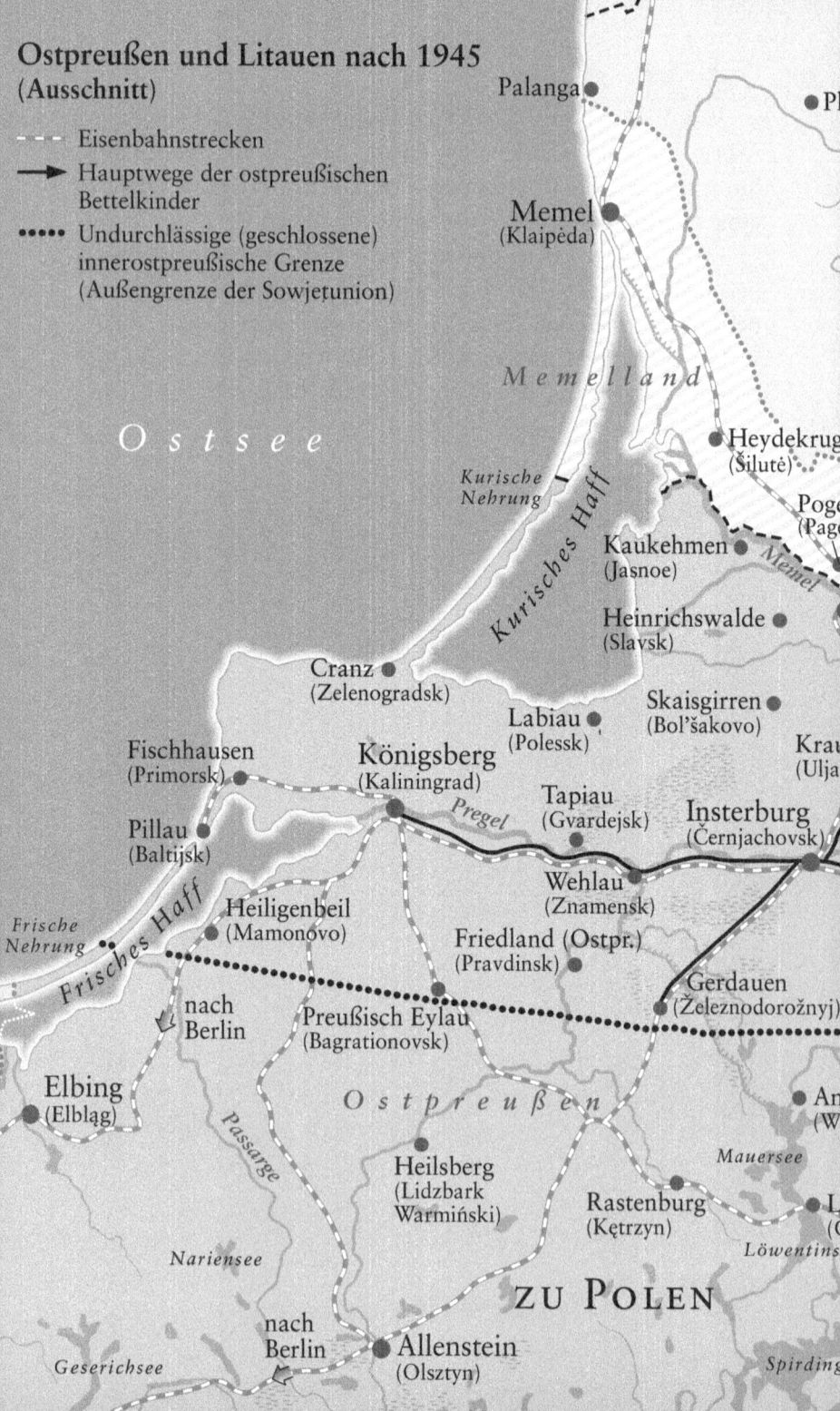

Entwurzeln
(1945 bis 1947)

Stunde null im Osten

Mai 1945. Frühlingswetter. Frieden.

Auf Rügen beschloss der sowjetische Kommandant, die Menschen müssen nach Hause, jetzt, wo die Waffen schwiegen und „Hitler kaputt" war. Pontons wurden miteinander verbunden, ein Schleppkahn aufgetrieben und ein paar ältere Schiffer verpflichtet. Die Rote Armee erteilte ihnen den Auftrag, ostpreußische Flüchtlinge in ihre Heimat zurückzubringen.

Bald stachen mehr als zweihundert Frauen, Kinder und Alte in See. Sie trugen noch dieselbe Winterbekleidung, in der sie ein Vierteljahr vorher dem Tod davongelaufen waren. Die Schuhe waren abgewetzter, manche Kragen ein wenig blank geworden und voller Barackenläuse. Aber die Menschen mühten sich um Reinlichkeit. Fläschchen mit Eau de Cologne kamen zum Einsatz. Eine Toilettenecke wurde eingerichtet. Auf provisorisch gespannten Leinen flatterten saubere Windeln.

Der Schleppverband fuhr langsam. Zwischendurch ankerte er vor der pommerschen Küste. Das Frischwasser ging zuneige und Nachschub blieb aus, weil aus Sorge vor Überfällen die Häfen gemieden wurden. Nach einer Woche näherten sich Ruderboote. Halbwüchsige Polen mit unrasierten Gesichtern kletterten an Bord, durchstöberten Reihe für Reihe der auf dem Oberdeck Sitzenden und nahmen sich aus deren Gepäck, was ihnen gefiel. Sie waren bewaffnet und wirkten nervös. Der Schiffsführer blieb vorsichtshalber auf der Brücke. Einer Frau, die sich gegen ihren Angreifer zur Wehr setzte, schlugen dessen Komplizen hinterrücks auf den Schädel. Umringt von ihren schreienden Kindern, sank sie zu Boden. Mehrere Bäuerinnen lösten sich daraufhin aus ihrer Lähmung und gingen die jungen Männer nun unerschrocken an. Diese zogen sich in ihre Boote zurück. Sie verschwanden im Nichts, hinterließen jedoch einen unguten Vorgeschmack auf das, was die Heimkehrenden in den nächsten Jahren erwarten sollte.

Nach diesem Vorfall versuchten sich die Passagiere zu beruhigen. Sie sprachen über ihre Erwartungen und überlegten, ob es sich lohnen würde, so spät im Frühjahr noch Kartoffeln zu pflanzen. In der folgenden Nacht wurde unter klarem Sternenhimmel ein Mädchen geboren. Am übernächsten Morgen blieb eine Alte leblos in ihren klammen Decken liegen. Unsicherheit und Apathie machten sich bemerkbar, als den Menschen auf der spiegelglatten Ostsee aufgedunsene Leichen entgegentrieben. Vorausfahrende Kutter waren laut Auskunft des Schiffsführers auf Minen gelaufen. Irgendwann kam Danzig in Sicht.

Anarchische Zustände erwarteten die von Bord Gehenden. In der zerstörten Hansestadt liefen sie polnischen Milizen direkt in die Arme. Die Männer ließen sie spießrutenlaufen und durchsuchten sie dabei bis auf die Unterwäsche. Schnellstmöglich zogen die Ausgeraubten auf eigene Faust weiter. Am linken Weichselufer trafen sie mit ostpreußischen Flüchtlingen zusammen, die von der Roten Armee in Westpreußen und Hinterpommern überrollt worden waren und auch nach Hause wollten. Deren Rückwanderung hatte sogar schon vor dem Kriegsende eingesetzt.

Das Problem der Weichselüberquerung stellte sich allen, auch dem vierzehnjährigen Artur Grigat aus dem Kreis Insterburg, der im März noch Zeuge der Vorbereitungen für die Schlacht um Berlin geworden war.

„In Dirschau war die Brücke kaputt. Jetzt mussten wir landeinwärts schauen, wo ist die nächste Brücke. Der ganze Nachschub kommt ja darüber. Und so war es auch. Da hatten se mit Schiffe gebaut, mit Kähne, ne richtig stabile Brücke, wo der Nachschub rüberging, Panzer. Da hat man jeguckt. Wo hat der Russe die Panzer her. Alles vom Amerikaner. Panzer, Lastzüge. Ohhh, da hat man nur gestaunt. Wir sagten immer, der Russe hat nichts mehr, der Russe hat nichts mehr. Von wegen.

Und dann kam, wo wir darüber gingen, auch gerad ein Panzer.

Der nahm die ganze Brücke ein. Da war denn nur noch an der Seite, dass man sich so hinstellen konnte. Und vor uns fuhr eine Frau mit der Schiebkarre. Ein kleines Kind da drauf. Ich denk, der Panzer muss ja nun bald anhalten, dass sie denn vorbei kann. Von wegen, der rollte weiter. Kam an die Schiebkarre, kippt um, plumps, das Mädchen im Wasser rein. Ein Russe, gleich, Kopfsprung hinterher, holt das Mädchen raus. Hält der Mutter das tropfnasse Kind hin."

Auch für die elfjährige Johanna Erlach bedeutete die Weichsel Anfang Juni ein gefährliches Hindernis.

„Am Ufer waren polnische Menschen. Wir konnten unsere Sachen festhalten, wie wir wollten. Die ham uns mit Rasierklingen die Hände zerschnitten und ham uns alles weggenommen. Da sind auch unsere Papiere und Fotos mit weggekommen. Was die Mutter liebte, was wir unbedingt retten wollten. Das war dann weg. Hatten ab da auch nichts mehr anzuziehen, nischt. Die haben allen die Hände zerschnitten. Auch vor uns Kindern wurde nicht haltgemacht.

Mit nem Floß haben die Menschen dann übergesetzt. Auf der anderen Seite haben wir erst mal kräftig geweint. Hat die Mutter dann irjendwann gesagt, nu, kommt, wir gehen weiter. Es ging ja zum Sommer. Sind wir tagelang eigentlich ganz gut gewandert. Gegen Abend suchten wir uns was zum Ausstrecken, dass wir mal schlafen konnten. Suchten wir irgendwo leere Häuser, warn ja Massen von da.

Wo wir in den Königsberger Raum kamen, da sind wir auf der 1, auf der Autobahn Nr. 1 lang, wie eine Hammelherde. Hunderte von Menschen. Wir waren froh, so gut voranzukommen."

Mehrere Zehntausend Ostpreußen gelangten bis zum Sommer 1945 zu Fuß auf der Reichsstraße oder als Mitfahrende auf

Güterzügen in ihre Heimat zurück. In Anbetracht der folgenden Entwicklungen mutet es aus heutiger Perspektive unverständlich an, dass so viele Menschen diesen Weg beschritten. Aus dem historischen Moment heraus erschien es aber durchaus sinnvoll. Gerade anfangs wurden viele Flüchtlinge von der Zuversicht auf Rückkehr zur Normalität getragen und empfanden keineswegs Furcht, sich und ihre Familien dem von der Nazipropaganda entworfenen „bolschewistischen Untermenschen" auszuliefern.[5]

Wer im Winter erfolgreich geflüchtet war und westlich von Oder und Neiße eine disziplinierte Rote Armee kennengelernt hatte, fühlte sich in seinem Ansinnen vorerst auch oftmals bestätigt. Denn viele Rückwanderer erlebten auch zwischen Oder und Weichsel, wie sowjetische Soldaten bei Überfällen, Scheinerschießungen oder anderen Bedrohungen durch polnische Banden und Milizen für die Deutschen Partei ergriffen und sich verteidigend vor sie und ihre Angehörigen stellten.

Kinder hingegen, die mit ihren Familien Ostpreußen gar nicht erst verlassen hatten, mussten in der Stunde null ungleich drastischere Erfahrungen sammeln. Nach dem dreieinhalbjährigen Russlandfeldzug von Wehrmacht und SS waren sie in der nordöstlichsten Provinz des zusammenbrechenden Reiches dem Vergeltungswillen der Invasoren vollkommen ungebremst ausgesetzt gewesen. Dementsprechend verheerend hatte sich für sie der erste Kontakt mit den sowjetischen Soldaten gestaltet. Dieser Moment war nahezu immer von entfesselter Brutalität und einem schlagartigen Totalwegfall des Schutzes durch Eltern und Großeltern bestimmt.

Wie im Falle der damals neunjährigen Ingrid Ramm, die in Neuhausen bei Königsberg lebte.

„Im Januar platzt mein Vater rein. In Uniform. Ich kann mich noch wie heut erinnern. Meine Mutter flehte ihn an, was soll das bedeuten. Er sagt, stellt keine Fragen, ich bin gekommen, um mich zu verabschieden. Er hatte nicht mal Zeit zu essen. Sein Panzer stand mit laufendem Motor auf der Chaussee vor unserm Haus. Mein Papi zog seine Pistole, tat Kugeln rein, und sagte: Wenn Albrecht [der jüngste, noch nicht eingezogene Sohn] zurück ist, dann soll er erst Ingrid, dann dich und dann sich selbst erschießen. Ich gehe den Russen nicht lebendig in die Hände.

Leicht gesagt, schwer getan. Wir beide standen da wie versteinert. Wir wohnten dicht am Flugplatz, der war vermint und wurde gesprengt. Deshalb haben uns die letzten deutschen Soldaten in den Bunker eingewiesen. Da saßen wir dann. Die anderen Bewohner und die Mutti, Albrecht, ich und der Hund. Wir hatten so einen schönen Schäferhund, unsern Cäsar. Ich hab ihn sehr gemocht. Der war gut trainiert. Der griff nur die an, die uns was wollten. Sonst tat er keinem was. Die deutschen Soldaten haben gesagt, es wird schlecht mit dem Hund. Wenn die Russen kommen, wird er sie angreifen.

Meine Mutti hat deshalb gebeten, sie sollen den Cäsar erschießen. Das war abends, es war dunkel. Mutti hat erzählt. Ich hab gehört, wie sie leise mit ihm erzählt hat. Er hat sich auf beide Hinterbeine gestellt, meine Mutti umgearmt. Und die Tränen liefen ihm. Ich weiß, das kann man nicht glauben, aber er hat geweint. Dann war aus.

Die deutschen Soldaten sind weggegangen und wir ham auf die Russen gewartet. Ich hab die ganze Nacht geheult. Obwohl, das war noch nicht das Schlimmste. Denn im Morgengrauen kommen die Russen rein, ganz in weiß. In der Nacht hatte es viel geschneit. Die ersten wollten nur wissen, ob deutsche Soldaten bei uns waren. Die nächsten wollten Uri Uri [gemeint sind Armbanduhren]. Alles wurde durchgewühlt. Und die Frauen wurden vergewaltigt. Meine Mutter hatte schon längst nicht mehr ihren Mantel an, die sah aus … [Ingrid hält inne]

Wir mussten aus dem Bunker raus, wurden wie Vieh getrieben, von der Front weg. Man konnte keinen Fuß setzen. Da war so gekämpft worden. Die Leichen waren zugeschneit. Diese Hügel, das waren deutsche und russische Soldaten. Geschlafen haben wir in Scheunen und Ställen. Manchmal in Häusern, auf Stroh. Wir wurden tagelang getrieben und getrieben und getrieben. Nur Kinder und Frauen, die Männer wurden weggenommen.

Die Vergewaltigungen gingen nicht zu Ende. Das Schlimmste, wir Kinder mussten uns das alles ansehen. Die Tische waren damals doch nicht so wackelig wie heute. Die waren massiv. Und die Frauen klammerten die Tische, mit ihren Händen. Das habe ich selbst gesehen. Die klammerten sich fest am Tischbein. Mit beiden Händen. Konnte man nicht aufmachen, die Hände. Verkrampfung, was weiß ich. So eine Kraft ist unglaublich. Da wurden sie an Ort und Stelle genommen."

Gestochen scharf sind auch die Bilder, die Christel Fischer von ihren ersten Tagen unter sowjetischer Herrschaft mit sich trägt, obgleich sie nicht mehr imstande ist, genaue Ortsangaben zu machen. Sie hatte mit ihrer Familie vor der Einkesselung Königsbergs die Stadt verlassen.

„Wir waren in so kleinem Bunkerchen. Das war schrecklich, verstehn Se. Die Mama stand und wir mit dem Bruder ham die Mama umarmt und dann die Erde schüttet auf den Kopf und jede Sekunde hast gewartet, dass das plötzlich reinknallt und uns gibt's nicht mehr.

Ja gut, dann kamen die Russen und wurde meine Tante Maria gleich von fünf oder sechs vergewaltigt. Meine Mama und ihre andere Schwester ham se dann so an de Hände genommen. Das Blut lief ihr überall. Das Bild kannst nicht vergessen.

Dann mussten wir auf der Straße laufen. Ich glaub, Richtung Königsberg. Als Kind hast dich nicht so dafür interessiert, wie und was. Unterwegs ham die Russen jenommen, was se wollten, Schmuck, Uhren und sowas all.

Irgendwo ham wir dann übernachtet. Meine Mama, die war hochschwanger, im siebten Monat. Wir ham auf dem Boden so jeschlafen. Die kamen nachts mit de Taschenlampe leuchten und suchen, wo de Frauen liegen. Damals hab ich noch nicht richtig so verstanden. Ich weiß nur, dass da ein junger Mann war, so ein Zwanzigjähriger. Ich weiß, dass es irgendwas nicht Gutes war. Die Mama hat gejammert. Er hat seine Arbeit gemacht und ist dann abgehaun.

Es wurde viel viel verjewaltigt. Die warn wie die Schweine. Anders kann man nicht sagen. Wissen Se, die ham gesehen, dass wir Kinder daneben liegen, das war ihnen egal. Auch meine Tante Johanna wurde verjewaltigt. Gut, wenigstens noch im andern Zimmer. Zu ihr kam auch ein ganz junger Soldat, und se hatte sich noch das Gesicht beschmiert, mit Asche. Tuch hat se sich so gebunden, dass se alt aussieht. Er hat sie mitjenommen. Wir haben nur jehört im Zimmer, wie wir waren, dass nebenan das Bett dann quietscht und dass se hat geweint. Aber das hat nichts geholfen. Und sie hatte auch zwei Kinder.

Am Morgen sind wir aufjestanden, sind wir auf den Hof jegangen. Und an de Tür unten direkt, da ham eine Frau und eine Tochter jewohnt. Die Tochter war bisschen älter wie ich. Wissen Se, wie Schneewittchen aussieht, so ein Mädchen war das. Schwarze schöne lockige Haare. Die Mutter wollte die Tochter beschützen. Da ham se se abgeknallt, die Mutter und de Tochter. So war es. Da lagen se beide vor de Tür."

Der Terror, dem die im Königsberger Gebiet verbliebene Zivilbevölkerung um das Kriegsende herum ausgesetzt war, zieht sich durch alle Berichte von Überlebenden. Vergewaltigungen von Angehörigen oder der eigenen Person, Plünderungen und Brandschatzungen sowie Misshandlungen, Zwangsverschleppungen und Erschießungen ließen die Werte- und Normengefüge der Kinder innerhalb von wenigen Tagen vollständig in sich zusammenbrechen. Hellwach und bis ins Kleinste aufnahmefähig, brannte sich den Kindern das Geschehen tief ins Gedächtnis, wenngleich sie vieles erst nachträglich einzuordnen verstanden. Der miterlebte Verlust von Würde, Souveränität und Handlungsfreiheit der Erwachsenen war schon zu diesem Zeitpunkt allumfassend.

Kinder, die bereits während der Kampfhandlungen oder Rückwanderungen sämtliche Angehörigen verloren, waren allerdings in einer kleinen Minderheit. In den überrollten Trecks sowie in den Kellern und Luftschutzbunkern gab es direkt nach der sowjetischen Eroberung immer noch funktionierende Sozialverbände, die sich bei einem Ausfall von Eltern oder Großeltern der Kinder annehmen konnten.

Die Rote Armee behandelte die Zivilisten anfänglich unter zwei Gesichtspunkten: Verhinderung von Partisanentätigkeit und Sabotage sowie Aushebung von Zwangsarbeitern. Auf die erstgenannte Vorgabe ist zurückzuführen, dass die gesamte in Königsberg angetroffene Zivilbevölkerung in rasch zusammengeführten Kolonnen aus der Stadt getrieben wurde und tagelang scheinbar sinn- und ziellos durch die Umgebung irren musste. Über die diesbezüglichen Gründe gibt es bis heute keine endgültige Klarheit. Wohl aber drängen sich Vermutungen auf. Zum einen wurden ältere Jungen von den Invasoren auffallend häufig der Mitgliedschaft in der nationalsozialistischen Werwolf-Organisation beschuldigt, die hinter den feindlichen Linien Anschläge verüben sollte. Die sowjetischen Befehlshaber handelten offenbar aus einer ausgeprägten Furcht vor einer Fortführung des deutschen Kampfes aus dem Untergrund heraus. In Anbetracht von sich formierenden Widerstandsbewegungen im benachbarten Litauen wollten sie durch eine Radikalentvölkerung der ostpreußischen Hauptstadt sichergehen, dass Sabotageakte unmöglich wurden. Zum anderen ermöglichte die Vertreibung der deutschen Zivilbevölkerung den Armeeangehörigen ein ungestörtes Plündern und Zerstören der Stadt. Darüber hinaus mag der Vorgang auch als allgemeine Vergeltungsmaßnahme gegenüber den Deutschen interpretiert werden.[6]

Die meisten Deutschen waren während der vorübergehenden Einkesselung Königsbergs Ende Januar und der Eroberung der Stadt Anfang April in den sowjetischen Machtbereich geraten. Beide Ereignisse wurden von ihnen als gleichermaßen apokalyptisch erlebt. Aus dem stickigen Dunkel eines Kellers ging es hoch ins gleißende Licht. Hier war die Luft geschwängert vom Machorkadunst der Soldatenmäntel, von Alkohol, warmem Blut und fremdsprachigen Kommandos. Wenn der Zufall es wollte, blieb Zeit, um durchsuchte Taschen und Köfferchen wieder zusammenzupacken, ehe die Gruppe weggetrieben wurde. Wahllose Schläge in die Menge wechselten sich ab mit dem Auftauchen vertrauenserweckender Posten, die sich im nächsten Moment als machtlos erwiesen, wenn Nachschubeinheiten in die Kolonne sprengten und sich aufs Neue Frauen herauszogen. An den Rändern frischer Bombentrichter lagen Menschen mit abgerissenen Gliedmaßen und aus dem Rumpf quellenden Organen. Markerschütternd, wo diese Unglücklichen noch die Kraft für einen Blickkontakt oder das Flehen um Hilfe aufbrachten.

Selbst die geschicktesten und lebenstüchtigsten Mütter gerieten hier an den Abgrund. Sich der Angriffe auf den eigenen Körper erwehrend, galt es die Blicke ihrer Kinder vom Gröbsten abzuschirmen und gleichzeitig die mitmarschierende eigene Mutter zu stützen. Die älteren Frauen waren zumeist die ersten, die zitternd vor Entkräftung aus der Reihe traten und sich an den Straßenrand setzten. Mit ihren Duttfrisuren und dem evangelischen Gesangbuch im Mantel versanken sie allmählich im Schnee. Auch den Säuglingen bescherte die Kälte einen sicheren Tod in nassen Windeln.

Trotz der chaotisch anmutenden Zustände gingen die Eroberer mit System vor. Einerlei, ob sie die Zivilisten Ende Januar bloß ein Stück von der Front wegführten oder nach dem Fall Königsbergs wochenlang über die Straßen Ostpreußens trieben. Stets wurden auf diesen Märschen zuerst die noch vorhandenen Männer separiert. In der Regel handelte es sich um Invaliden, Ältere und französische wie polnische Kriegsgefangene, die in vielen ostpreußischen Familien Funktionen des im Felde stehenden Hausherrn übernommen hatten. In einem zweiten Schritt wurden auch die kinderlosen Frauen und älteren Mädchen von den Müttern mit Kindern und Greisinnen getrennt.

Während der Marschpausen gab es Verhöre, die zumeist nachts in provisorisch eingerichteten Vernehmungsräumen durchgeführt und in zahlreichen Fällen von Folter und weiteren Vergewaltigungen begleitet wurden. An die Reaktion der mit ihr auf ein großes Gehöft in der Elchniederung geführten Menschen erinnert sich Elfriede Riemer.

„Da waren alte, ganz alte, einfache Leute. Ich weiß nicht, ob die lesen und schreiben konnten. Die haben dann angefangen, fromme Lieder zu singen. *Großer Gott, wir loben dich.* Dieses Paradoxe. Großer Gott, wir loben dich. In dieser Situation. Das Lied habe ich da gelernt. Und wissen Sie, diese Leute, die waren unwahrscheinlich leidensfähig. Die haben dadurch eine gewisse Ruhe rübergebracht. So Lieder wie: *Näher, mein Gott, zu dir.* Oder: *So nimm denn meine Hände. Jerusalem, du hochgebaute Stadt.* Das sind ja Lieder, die heute alle verpönt sind.

Wenn man so tagelang nichts Richtiges zu essen bekommt, dann haben Sie ja manchmal solche Wahnvorstellungen oder was weiß ich, so eine Fata Morgana. Das ist mir dann am nächsten Morgen passiert. Da hab ich dieses Jerusalem, du hochgebaute Stadt, vor mir gesehen. Mit dieser Melodie sind wir da auf den Straßen weitermarschiert. Das lag an diesen alten Leuten, die das auf uns so übertragen haben."

Ältere Mädchen wie Ursula Bolz mussten in diesem Zeitraum damit rechnen, jederzeit auch selbst vernommen zu werden.

„Wir waren alle in der Hitlerjugend. Da haben se uns verhört, wie viele Brücken wir aufgesprengt hatten und so was alles.

Als wir Rast gemacht haben, warn viele Frauen, die sich die Pulsadern aufjeschnitten haben. Und dann kamen se anjerannt. Hatten se schon zu hören bekommen. Ham se verbunden, die Russen. Das wollten se nicht, dass die Frauen ihnen da wegstarben.

Weiß nich, wie lange wir da waren, drei Tage oder länger. Wir hatten kene Nacht. Wir mussten immer rumjehen, damit du nicht erfrierst. Man hätt sich hinlejen können, ja, aber das war noch im April. Da war noch richtig kalt. Da bist besser rumjegangen. Dann zuletzt haben se uns wieder in Königsberg eingewiesen, in der Samitter Allee. Da waren Kasernen, von den Deutschen. Da hatten se die Garagen von den Lastern und dann ham se uns da reingejagt. Da war unten alles frei. Aus solche beweglichen Eisenstäbe waren die Böden. Der Wind, der haute unten richtig durch und zu essen hatten wir nichts. Eine Frau mit ihre Mutter, die sagte: Ihr habt auch nichts zu beißen. Wir haben ein Säckchen mit Zucker. Da hat se uns allen am Tag ein Esslöffel Zucker jegeben."

Ungeachtet dessen, dass sich die Entscheidungsträger des nationalsozialistischen Systems auf höherer und mittlerer Ebene zumeist rechtzeitig in den Westen abgesetzt hatten und die Rote Armee im Königsberger Gebiet allenfalls noch Ortsbauernführer und einfache Parteimitglieder ausfindig machen konnte, wurden Tausende von Zivilisten in Internierungslager gebracht, die in ehemaligen Kasernen und Gefängnissen eingerichtet worden waren. Die größten dieser Lager befanden sich in Preußisch Eylau, Georgenburg bei Insterburg und im Königsberger Stadtteil Rothenstein. Hier waren Kriegsgefangene und Zivilisten teilweise zeitgleich interniert.

Parallel wurden über 40 000[7] Menschen aus dem nördlichen Ostpreußen als Reparationsverschleppte in die Sowjetunion deportiert. Mangels Männern im arbeitsfähigen Alter waren hiervon überproportional viele Jugendliche ab 13 Jahren, Greise bis zu 70 Jahren sowie Frauen betroffen. Den Ablauf solch eines Selektionsverfahrens erlebte Gerd Balko mit seiner Familie auf einer Rampe des Güterbahnhofs in Preußisch Eylau.

„Hier befanden sich noch andere Deutsche. In einer langen Reihe mussten wir uns aufstellen und brauchten nicht lange zu warten. Wie ein Terrier in der Schafsherde sprang ein Offizier mit einer großen Papierliste die Reihe entlang und wedelte mit den Armen rum. Mal zeigte er mit dem Arm nach links, mal nach rechts und mal nach unten, welches soviel bedeutete, dass derjenige auf der Stelle stehen bleiben und zuerst einmal warten musste. Die Unbrauchbaren mussten nach links und die Brauchbaren rechts über eine andere Rampe gehen. Die unbrauchbaren Kinder versuchten sich an die brauchbaren Mütter laut schreiend festzuklammern. Aber das nützte nichts! Das Begleitkommando von dem Terrier hatte in solchen operativen familiären Trennungseingriffen wohl schon viele Erfahrungen gesammelt. Mit festen Handgriffen wurden die Kleinen von der Mutter losgerissen und mit kräftigen Fußtritten dorthin befördert, wo sie hingehörten. Wie von einer Sortiermaschine ausgestoßene Produkte waren Mutter und ich auf der Seite der Unbrauchbaren gelandet. Ohne geringste Chance sich verabschieden zu können, waren wir von Vater auf ewig und von meiner Schwester auf fast fünf Jahre getrennt worden."[8]

Auch die ersten Rückkehrerkohorten, die auf ihrer Flucht von der Roten Armee überrollt worden waren und bereits Ende März wieder Ostpreußen erreichten, blieben von der Zwangsarbeitergewinnung nicht ausgenommen. Sie wurden auf den Straßen abgefangen und an bestimmten Stellen gesammelt.

„Wir mussten von der Chaussee runter auf einen Bauernhof, die ganzen Leute, alle Flüchtlinge. Wir hatten uns paar Tage vorher mit zwei Jungs angefreundet. 15 und 17 Jahr alt. Und die Mutter. Wir waren da alle zusammen. Dann hieß es, die Jungs aufn Lastwagen rauf. Ja, guckten uns dumm an. Und dann seh ich den, kommt ein älterer Russe, guckt uns an. Wie alt? Der Siebzehnjährige sagt 15. Der Fünfzehnjährige sagt 13. Oh, denk ich, du bist noch kleiner. Ich sag 10. Ich konnte wieder runter vom Auto. Die beiden Jungens nicht." (Artur Grigat)

Während die Verschleppungsaktionen nach Sibirien im April ihren Zenit bereits überschritten hatten, füllten sich die Gefangenenlager im Wesentlichen erst nach der Eroberung Königsbergs und der Kapitulation der letzten deutschen Einheiten auf der Frischen Nehrung. Eine Stunde null wie im Westen, in der das Dorf die weiße Fahne hisste, die feindlichen Panzer gleich zum nächsten Ort durchfuhren und die Bauern zum Melken gingen und ihre Felder bestellten, gab es in Ostpreußen nicht. Alle Menschen waren geflüchtet, irgendwo festgesetzt, auf den Landstraßen unterwegs oder getötet.

Obgleich nach dem Kriegsende auch hier eine von der Roten Armee wiederhergestellte vordergründige Ordnung allmählich installiert wurde, hielten Frühjahr und Sommer 1945 für die Zivilbevölkerung eine Aneinanderreihung weiterer demütigender und beängstigender Situationen bereit. Denn das Eindämmen der entfesselten Vergeltung vollzog sich zeitgleich zur Entwicklung anderer Gewaltformen, die in Kombination mit sozialer und räumlicher Entwurzelung leise und unsichtbar daherkamen: materieller Besitz, der sich spätestens jetzt auf das unmittelbar am Leib Getragene reduzierte; ständig drohende Beschlagnahmung von einigermaßen annehmbar hergerichteten Unterkünften, die Militärangehörige für sich beanspruchten; dörfliche Restgemeinschaften, die durch Zwangsansiedlungen auf Gütern in den entvölkerten östlichen und nördlichen Landkreisen auseinanderbrachen, wobei noch mehrere Teilumquartierungen folgen konnten; weitere willkürlich anmutende Entscheidungen der neuen Machthaber, denen man in praktisch jedem Bereich seines Daseins recht- und wehrlos ausgeliefert war. All diese Erfahrungen narkotisierten in den Kindern und Frauen schließlich das Rechtsempfinden.

Die ersten Tätigkeiten, zu denen sie von den Siegern herangezogen wurden, waren Aufräum- und Demontagearbeiten. In zufällig zusammengewürfelten Gruppen mussten sie in Königsberg Schutt räumen und Straßenbarrikaden abtragen. Auf dem Lande hatten sie aus Häusern und Scheunen, die von Brandschatzungen bislang verschont geblieben waren, Möbel, Radiogeräte, Teppiche, Näh- und Landmaschinen sowie andere Wertgegenstände zu holen und in der Dorfmitte zum Abtransport zusammenzutragen. Eingesetzt wurden sie auch zum Abdecken ganzer Ziegeldächer oder zur Demontage von Mühlen, Molkereien und Industriebetrieben in städtischer Randlage.[9]

Auch zur Leichenbeseitigung wurde die Zivilbevölkerung verpflichtet. Angesichts der frühsommerlichen Temperaturen und der vielen gefallenen Soldaten und Flüchtlinge war diese Aufgabe vordringlich, um die drohende Seuchengefahr zu verringern. Viele Zeitzeugen berichten, dass der aus Ruinen, Gräben und Wiesen aufsteigende Verwesungsgeruch bestialisch war. Die sowjetischen Soldaten waren in der Regel gleich nach den Kämpfen beerdigt worden, doch die deutschen Soldaten waren noch unbeerdigt. Nachdem die Front im Winter über diese hinweggerollt war, hatte man vielen die Stiefel ausgezogen. Anschließend waren sie tiefen Minusgraden, Regenfällen und Sonnenschein ausgesetzt gewesen. Jetzt sah man mancherorts ältere Frauen die Erkennungsmarken einsammeln, um später vielleicht die Angehörigen verständigen zu können. Anschließend wurden die menschlichen Überreste, nicht selten zusammen mit Viehkadavern, in vorhandene Schützengräben und Bombentrichter gezerrt und verscharrt.

Im Kreis Gerdauen gehörte der zehnjährige Horst Simon solch einem Kommando an.

„Wir mussten alles, was da gefallen war, beerdigen. Mit den Frauen und die Kindern. Und wenn das nich ging, dann ham se 'n Loch da gegraben, naja, und denn schafften die Frauen nich, dann ham se 'n Band anjebunden, an den Beinen oder sonst was. Und dann mussten wir 'n Haufen Kinder ziehen, bis an den Loch ran. Standen Panzers da. Ausgebrannt. Mussten wir rausholen, die halbe Leiche da, halb verbrannt, halb nich, zogen se, riss auseinander, nech, und machst wieder weiter. Zwei russische Soldaten standen meistens immer dabei und ham aufjepasst. Man stumpft irjendwie ab von diese Beerdigungen, aber was solltest machen."

Ähnliche Situationen erlebte auch Gerd Balko in Preußisch Eylau.

„Greifkommandos holten sich die dafür notwendigen Arbeitskräfte mit Gewalt aus Häusern, wo Deutsche wohnten, oder griffen sie einfach von der Straße auf. Hierbei kannten die Russen keine Unterschiede. Egal, ob jung oder alt, ob klein oder groß, es wurde genommen, was man gerade erwischen konnte. Eines Tages haben sie mich auch erwischt und ich musste beim Leichenbeseitigen im Krankenhaus mithelfen. Alte vornehme Omas, die noch nie eine schwere körperliche Arbeit in ihrem Leben gemacht hatten, sollten jetzt die Toten aus dem Krankenhaus rausschleppen.

Das Krankenhausgebäude war durch Granateinschläge schwer beschädigt. Direkt vor dem Gebäude war ein tiefer Bombenkrater, der bis zur Hälfte mit Wasser gefüllt war. Bei der Räumung bzw. Flucht sind die Schwerverletzten und nicht Transportfähigen zurückgelassen worden und anschließend gestorben. Es war fast unmöglich, die Leichen über die beschädigte Treppe nach unten zu schleifen. Deswegen gab der Obergenosse des Leichenaufräumkommandos den Befehl, die Toten aus dem Fenster zu werfen. Aber wir hatten für das Rauswerfen einfach nicht die Kraft, sodass die Toten unmittelbar an der Wand mit dumpfem Geräusch auf den gepflasterten Gehweg knallten."[10]

Verpflichtungen zu solcherlei Diensten waren meistens nur von vorübergehender Dauer. Hatten die Deutschen ihre Aufgabe erfüllt, durften sie weiterziehen. In den ersten Wochen gab es gar keine oder bloß sporadisch Verpflegung. Später beschränkte sich ihre Versorgung mit Lebensmitteln auf eine knappe Ration Brot, manchmal auch etwas Suppe. Allerdings nur für die Arbeitenden. Kinder und Greise gingen im Regelfall leer aus. Wer den neuen Machthabern nicht von Nutzen war, blieb sich selbst überlassen.

Ostpreußens Zukunft war im Frühsommer 1945 völlig ungewiss. Die Provinz blutete aus unzähligen klaffenden Wunden und glich einem riesigen Heerlager. Die sowjetische Militärverwaltung im nördlichen Teil nahm auf zivile Interessen, die zu diesem Zeitpunkt ausschließlich deutsche gewesen wären, keine Rücksicht. Sie verfolgte im Gegensatz zur polnischen Zivilverwaltung im südlichen Teil allerdings auch keine Pläne für eine ethnische Säuberung. Auf der Potsdamer Konferenz im Juli 1945 war Nordostpreußen den Alliierten kaum mehr als einen Nebensatz wert. Derart weit schien Königsberg nur wenige Wochen nach Kriegsende schon von Restdeutschland entrückt zu sein.

Für die sowjetischen Soldaten blieb die Region gleichwohl exotisch. Das erbeutete Stück Preußen war die faschistische Höhle, in der sie nach geübter Vergeltung noch einen angenehmen Hauch von Westen einatmeten. Nirgendwo anders bewegten sich die sowjetischen Sieger so allmächtig auf den Trümmern des untergegangenen Deutschen Reiches wie in Königsberg. Und nirgendwo sonst spielte die einheimische Zivilbevölkerung in den Plänen der neuen Machthaber eine derart nachgeordnete Rolle wie hier.

Der Himmel über den ostpreußischen Kindern und Frauen verdunkelte sich daher weiter. Das letzte für sie wahrnehmbare Zeichen von der Außenwelt waren die sowjetischen Siegesfeiern am 9. Mai gewesen. Es gab keine Zeitungen mehr, keinen Rundfunk und keine Postverbindung. Im Spätsommer wurde schließlich die neu gezogene innerostpreußische Grenze zwischen dem sowjetischen und dem polnischen Teil hermetisch abgeriegelt. Dadurch kam der Strom rückkehrender Flüchtlinge ebenso zum Erliegen wie hier und da bereits aufkeimende Gedanken, das Gebiet ein zweites Mal zu verlassen.

Ostpreußens Stunde null war eine Totenmesse. Nur vereinzelt gewährte das Schicksal einen Aufschub. Nach strapaziösen Wochen bogen Johanna Erlach, ihre Schwestern und die Mutter am 22. Juni endlich von der Landstraße ab. Auf dem ihnen vertrauten Sandweg wurde der Schritt immer schneller. Sie trauten ihren Augen nicht, als ihr Zuhause in Sichtweite kam. Das Dorf Astrawischken im Kreis Darkehmen lag unberührt und wie im tiefsten Frieden vor ihnen.

„Die Ankunft war schön. Unsere Wohnung war noch da. Die Möbel waren alle drin. Bloß die Menschen haben gefehlt. Weder Nachbarn noch Verwandte. Nicht einer. Auch die Tiere waren weg. Keine Katz. Kein garnischt war da. Die russischen Soldaten entdeckten uns auch erst mal nicht. Da lebten wir wieder wie immer.

Sämereien findet man überall in den Häusern, in den verlassenen. Es war ja bloß ein Jahr drauf. Unsere Mutter hat den Garten bestellt. Wir ham gesät und gepflanzt. Es war schon sehr spät. Sind dann auch in den anderen Gärten ernten gegangen, Erdbeeren und was so gewachsen war.

Wir sind im ganzen Dorf rumgewandert. Auch in den anderen Häusern waren noch alle Möbel da. Bei dem einen Bauern hing sogar noch das Hitlerbild. Das Klavier stand noch. Und so 'n Bernhardinerhund, der war tot, den hatte der Besitzer selber noch erschossen, im Herbst. Der lag da auch noch drin. Die Fenster waren alle zu, die Türen heile. Der Krieg war richtig vorbeigegangen an unserem Dorf."

Preußens Atlantis

Ein Gespenst schwebte im Sommer 1945 über Ostpreußen. Es besuchte fast jede Ortschaft und wählte seine Opfer ganz zufällig aus. Die Unglücklichen bemerkten ihr Los, wenn sie plötzlich nicht mehr aufstehen konnten, Schweißperlen auf der Stirn hatten und nur noch gurgelnde, unverständliche Laute von sich gaben. Schlagartig waren sie dann vor Nachstellungen gefeit. Keine Arbeitsverpflichtung und kein Verhör drohten mehr. Es reichte ein einziges Wort ihrer Angehörigen, um das Gesicht jedes Rotarmisten versteinern zu lassen: Typhus.

Waren in der näheren Umgebung Krankenstationen eingerichtet worden, wurden die Betroffenen dort gesammelt. Mit großen feurigen Kringeln vor den Augen, aufsteigender Hitze und bleierner Müdigkeit lagen sie in diesen Anstalten bald dicht gedrängt auf Böden und Pritschen. Gab es Betten, waren diese doppelt und dreifach belegt. Da es an fachkundigem Personal und Arzneimitteln mangelte, beschränkten sich die medizinischen Maßnahmen häufig auf einfachste Dinge wie tägliches Fiebermessen. Selbst das Trinkwasser war knapp. Die vom Durst Gequälten mussten hoffen, dass jemand ein paar Eimer herbeischleppte und in die Badewanne goss. Von dort holten sich diejenigen, die noch gehen konnten, das Wasser dann selbst. Wer kein Gefäß bei sich hatte, schöpfte mit den Händen, während die Schwerkranken und Sterbenden auf die Gnade der noch Beweglichen angewiesen waren.

Zwischen den alten Männern, Bäuerinnen und Kindern standen schlecht gereinigte Toilettentöpfe. Es dauerte Stunden, bis die stinkenden Exkremente entsorgt wurden. Morgens hatte das Personal die vor Fieber fast Wahnsinnigen von den über Nacht Verstorbenen zu trennen. Die Kranken umklammerten die Toten und wollten sie nicht loslassen, um sich so lindernde Kühlung zu verschaffen. Auf die frei gewordenen Lagerstätten wankten sofort die nächsten Typhusbefallenen, während sich auf dem Flur die in Strohsäcke verpackten toten Körper reihten. Bis zum Frühjahr 1946 starben im Großraum Königsberg über 30 000[11] Menschen einen solch würdelosen Tod.

Beengte Wohnverhältnisse, ständige Umquartierungen und fortdauernde schlimme Internierungsbedingungen waren die Hauptursache für das Gedeihen der Seuchen. Zur mangelnden Hygiene und der abrupten Ernährungsumstellung kam das abverlangte Arbeitspensum erschwerend hinzu. Ungeachtet ihrer unterschiedlichen körperlichen Leistungsfähigkeit mussten Frauen und Jugendliche ab etwa zwölf Jahren Eisenbahnschienen schleppen, Lichtmasten setzen, als Schauerleute im Königsberger Hafen arbeiten, in der Zellulosefabrik Steinkohle zerkleinern, Bäume fällen, den Pflug ziehen oder andere landwirtschaftliche Tätigkeiten ausführen. Kinder wurden hier und da zu Aushilfszwecken eingesetzt, suchten zumeist aber in den Ruinen der Städte sowie in Dörfern nach Essbarem, Kleidung, Kochgeschirr, Brennstoff und Tauschmaterial für den sich ausbildenden Schwarzmarkthandel.

Neue soziale Bindungen, die länger als einige Wochen oder Monate hielten, entstanden nur schwerlich in einem Klima aus permanentem Wohnortwechsel, wachsenden existenziellen Ängsten und aufkeimender Günstlingswirtschaft. Kaum ein Deutscher blieb in diesen Nachkriegsmonaten über längere Zeit an einem Ort. Mal war der dringende Arbeitskräftebedarf auf einer Sowchose (das waren die auf den Gütern eingerichteten landwirtschaftlichen Produktionsstandorte der Roten Armee) der Grund. Mal gab die plötzliche Versetzung eines Kommandanten oder die Entlassung wegen fehlender Beschäftigungsmöglichkeiten zu Beginn des Winters den Ausschlag. In den Archiven sind Fälle dokumentiert, in denen Frauen an über zwanzig verschiedene Orte zum Arbeitseinsatz verbracht wurden.[12]

In seiner ganzen Tragweite wird der „Entheimatungsprozess"[13] anhand einer Liste[14] von etwa 300 namentlich aufgeführten Personen erkennbar, die zwischen 1945 und 1948 für eine Weile auf der Sowchose Brakupönen im Kreis Gumbinnen lebten. Es ist auf ihr kaum ein Dorf aufgeführt, aus dem mehr als eine Familie stammte. Über die Hälfte der Menschen hatte ihren Wohnsitz in Königsberg oder dem Samland gehabt. Einige kamen auch aus dem südlichen Teil Ostpreußens. Das Ausmaß der sozialen und räumlichen Entwurzelung lässt sich in diesem Fall so genau rekonstruieren, da diese Liste später in die sowjetische Besatzungszone geschmuggelt wurde. Durch Propagandamärsche, Internierungen, kurzfristig aufgestellte Arbeitskommandos und Zufallseinweisungen auf die Sowchosen war die deutsche Restbevölkerung in kleinste Einheiten zerfallen, von denen sich nun die meisten wiederum in einer ihnen nicht bekannten Umgebung befanden. Der Heimvorteil gegenüber den Besatzern, der normalerweise jedes besiegte Volk noch eine Weile über die Zeit rettet, war somit innerhalb weniger Monate aufgehoben.

Die Kinder sahen sich während dieser Phase zwei Einflüssen ausgesetzt, die ihre Entwicklung prägten. Zum einen verschwamm ihr Verhältnis zur Mutter zu einer Art Schicksalsgemeinschaft auf Augenhöhe. Zum anderen bewegten sie sich in komplett entvölkerten Landstrichen. Beides beförderte ihren Scharfsinn und ihre Verwilderung und wurde durch den Sowchosenalltag in der Regel forciert. Wie im Falle des zehnjährigen Erwin Makies aus der Elchniederung.

„Wir warn noch nicht lange zurück von der Flucht und hatten zu Hause gerade Heu gemacht, die Mutter und wir Kinder. Aufm Feld ham wir jearbeitet, da kam ein Russe mit nem Gewehr. Sofort auf den Leiterwagen. Wir wurden zusammengetrieben und dann auf ne Kolchose gebracht. Das war eigentlich 'n Gutshof, da hatten die sich einquartiert gehabt. Der Chef war ein Offizier. Ob die für die Regierung gearbeitet haben oder für sich, das weiß ich nicht. Jedenfalls ham wir die als Kinder wie so ne

Art Großgrundbesitzer erlebt. Die ham sich hingestellt und ham die Leute, die se einjefangen hatten, den Sommer über für sich arbeiten lassen. Die Mutter und die Tante wurden gleich ab nächstem Morgen eingespannt. Und wir Kinder mussten dafür sorgen, dass wir was zu essen hatten. Später im Herbst auch nach Feuerholz. Wo es herkam, hat kein Mensch nach gefragt. In de umliegenden Dörfer, wir konnten uns da völlig frei bewegen."

Vor dem Hintergrund der Härte ihres Daseins wurde den Kindern das Überschreiten von Grenzen, die ihnen bis dahin gesetzt waren, zur Normalität. Leerstehende Häuser, herrenloses Eigentum, erhängte Bauern und Alte in Scheunen und auf Dachböden, herumliegende Pistolen, Maschinengewehre und Handgranaten, das war der Alltag. Die Kinder stromerten durch ein untergegangenes Land ohne Gesetze. Allgegenwärtig war der Zwang, etwas Essbares auftreiben zu müssen. Da sie der Kontrolle ihrer arbeitsverpflichteten Mütter zunehmend entglitten, erfuhren sie gleichzeitig eine enorme Schrankenlosigkeit.

Daran erinnert sich auch ein Zeitzeuge, der mit seinen Brüdern und der Mutter vom familieneigenen Grundstück in Eydtkuhnen eingesammelt worden war.

„In Danzkehmen haben wir in der Schlossruine gewohnt, im Keller. Das war in der Nähe von Trakehnen. Da hatten wir viel Zeit und wir Jungens konnten uns frei bewegen. Die Gegend war so still, wir ham nur die Rohrdommel gehört. Über den Sommer sind wir barfuß jelaufen. Da ham wir uns oft was eingetreten. Bin mit dem Hacken mal in eine Sense rein. Das hätt böse ausgehen können, da hätte man an Tetanus oder sonst was sterben können. Im Radius von zehn, fünfzehn Kilometern haben wir alles abgestreift, was unsere Beine uns getragen haben. Da kamen wir durch Dörfer, da wohnte kein Mensch drin. Waren auch noch nich abgerissen oder verwahrlost, so wie se das heute mal in

Filme zeigen. So war das zu der Zeit nicht. Da gab's hier und da ne Ruine und sonst nur ganze Häuser.

Aber wir haben die als Kinder dann auch noch mit zerstört. Wir ham Brennholz jeholt, überlegen Se mal, Fensterrahmen ham wir rausgenommen, Türen ham wir rausgenommen, waren alles Holztüren, die ham wir zerdeppert. Bekloppt ist so was, und es war ja Wald da. Bloß das Holz war grün und wir hatten keine Axt und keine Säge. Und in Wald durfte man nicht reingehen. Weil das so gefährlich war. Da lagen Tretminen. Selbst Russen sind auf die Minen jegangen. Die wollten im Wald nach Beeren und Pilze. Aber unsere Mutter hat gesagt, da geht ihr nicht hin. Um die Wälder ham wir immer 'n Bogen gemacht, sind wirklich nur auf Wege oder Straßen, nur auf Trampelpfade jegangen.

Wir ham insgesamt viel Unfug jemacht. Wir sind auf Flugzeugwracks gestoßen und auf Panzer, die zerschossen waren. Die hat keiner beseitigt. Da ham wir drin jespielt. An dem Flugzeug, warn so lange Drahtseile, das war gutes Material, das war noch nicht mal verrostet. Wir ham am Bowdenzug gezogen, den wollten wir abmachen und später zum Tauschen mit nach Litauen nehmen. Ham's aber nicht abbekommen. Ein Panzer stand da auch, der war ausjebrannt, war nicht mehr drin. Durch den offenen Deckel sind wir rin und ham das alles inspiziert. Es lagen viele Gucklinsen in der Gegend verstreut, von irgendwelchen optischen Geräten. Damit ham wir Feuer jemacht, über die Sonne, wir hatten ja kene Streichhölzer, in so nem Fass, und dann die Flakmunition reingeschmissen. Das hat ordentlich geknallt. Auch Werfergranaten lagen da rum, in Kisten, originalverpackt, aber ohne Zünder. Das war unser Spielzeug.

Die Soldaten sind unter freiem Himmel verfault und verrottet. Die Köpfe waren schon lose. Das kam von den Fleischmanschen. Im ersten Jahr, wenn Sommer ist, skelettieren die einen Menschen total. Da bleibt nichts übrig. Nur das Skelett. Und diese Köpfe, die da lagen, das können Se gar kenem erzählen, die haben wir mitjenommen und den Mädchen in die Stube hingestellt. Da ham sich die Erwachsenen nachher so drüber uffjeregt, wie man so was machen kann. Na ja, ist auch primitiv, ist ein richtiges Trauerspiel gewesen."

Ostpreußen bot den Kindern im ersten Nachkriegsjahr lauter apokalyptische Szenerien. Schwarzbunte Niederungsrinder, die mit dem Maschinengewehr abgeschossen worden waren und nun wie aufgepustete Riesenluftballons auf der Seite lagen. Gepflegte Bauernhäuser aus Rotklinker, in denen jemand offene Lagerfeuer veranstaltet hatte. Kristallvasen mit menschlichem Kot, die vor der zertrümmerten Wohnzimmeranrichte standen. Eine junge Frau mit abgeschnittenen Brüsten auf dem Misthaufen hinter dem Stall. Zielschießen einer Gruppe Betrunkener, die nach endlos vielen abgefeuerten Salven ein kleines Kätzchen lachend in die Höhe hielten. Weiße Bettwäsche, die auf den zweiten Blick blutverschmiert war. Ein Panzersoldat, dessen verkohlte Leiche auf die Größe eines Zwerges zusammengeschrumpft war. Ein freigelegter Zugang zu einem Luftschutzraum, in dem eine verschüttete Familie noch händehaltend auf der Holzbank saß. Die überschwemmten Höfe am Rußstrom, bei deren Absuchen man durch die zugefrorene Eisdecke Gabeln, Messer und Porzellantassen auf dem gefliesten Küchenfußboden entdeckte. Ein Keller voller Kissenfedern, aus denen ein halb verbrannter deutscher Soldat in Unterhemd mit einem monsterähnlichen Gesicht schaute. Oder ein Dorf, in dem sämtliche Weißstörche mit dem Maschinengewehr vom Himmel geholt worden waren. Mit solchen Bildern musste jedes Kind fertig werden, wenn es im Königsberger Gebiet auf Essenssuche ging.[15]

Es waren vor allem die sechs- bis zwölfjährigen Jungen, die sich in dieser Situation verhältnismäßig ungezwungen bewegen konnten und von den neuen Machthabern wenig zu befürchten hatten. Der räumliche Radius gleichaltriger Mädchen blieb tendenziell etwas kleiner und konzentrierte sich stärker auf die in ihrer Zusammensetzung wechselnden Wohnverbände. Doch auch sie waren in manchen Momenten unbegleitet unterwegs. Sexuelle Gewalt in der Öffentlichkeit war bereits im Frühsommer 1945 deutlich zurückgegangen und wurde, wo sie sich noch feststellen ließ, zunehmend strenger geahndet. Damit einher ging aber keine Stärkung des persönlichen Sicherheitsgefühls. Die meisten Mädchen und Frauen fühlten sich weiterhin vogelfrei.

In ihrer Furcht vor Vergewaltigungen sahen sie sich durch eigene Erlebnisse wie auch durch Hörensagen immer wieder aufs Neue bestätigt. Während sich Offiziere und höhere Dienstgrade im Laufe der Zeit mit einer deutschen „Putzfrau" oder „Köchin" zusammentaten (eine Entwicklung, die auf sowjetischer Seite bis hinauf in die ministerielle Ebene thematisiert wurde[16]), hatten die einfachen Mannschaftsgrade nach dem Kriegsende auf solche Art von Kontakten in viel geringerem Maße eine Chance. Für die meisten Soldaten war die weitere Nutzung des Königsberger Gebiets als „sexueller Supermarkt"[17] nur noch unter gleichzeitiger Inkaufnahme von Bestrafungen möglich. Dieses hinderte einen Teil von ihnen jedoch nicht, zufällig sich ergebende Gelegenheiten auszunutzen.

Solche Fälle sind beispielsweise in den Unterlagen des Bundesministeriums des Innern dokumentiert. Elfriede B. schildert, was ihr als Zehnjährige gemeinsam mit der Schwester unweit von Groß Heydekrug widerfuhr.

„Eines Tages trafen Anneliese und ich auf der Landstraße einen Soldaten. Er fragte uns etwas. Wir kannten nur ein russisches Wort: ‚Brot'. Der Soldat sagte etwas, wir verstanden nur ‚gehen wir' und ‚Brot'. Er führte uns ins Erlengebüsch, setzte uns auf seinen Soldatenmantel und begann, seinen Hosenschlitz aufzuknöpfen. Ich erschrak, sprang auf und lief weg. Der Russe nahm sein Gewehr und zielte auf mich. Meine Schwester war älter, sie verstand, was passieren kann. Sie schrie, rief mich zurück, denn sonst werde ich erschossen werden. Angstvoll kam ich zurück und setzte mich hin. Der Soldat vergewaltigte uns beide nacheinander durch den Mund. Ich erbrach, begann zu ersticken, fiel auf den Rücken. Es war schrecklich. Ich weiß nicht mehr, wie ich zur Besinnung kam. […] Der Soldat achtete auf nichts, ging weg, ließ uns weinend und ohne ein Stück Brot zurück."[18]

Selbst wenn erwachsene Angehörige in der Nähe waren, blieben die Mädchen in Gefahr. Dies galt besonders für Familienverbände, die sich vorerst der Einweisung in eine Sowchose entziehen konnten und in den entvölkerten Landstrichen ohne den Schutz einer größeren Gruppe lebten. Zum Beispiel die Familie Doll in der Elchniederung. Auf dem einsamen Hof der Großeltern verbrachten Eva und ihre Schwestern nach dem Typhustod der Mutter den ersten Nachkriegswinter.

„Da haben wir heimlich gelebt, die Russen warn weit weg, die Lager noch weiter weg. Der Opa hatte aus Maschendraht Reusen gebaut. Wir haben gefischt. Es gab viele Wildenten. Da lebten wir gut. Dann türmte sich im Frühjahr das Eis auf dem Rußstrom und die Russen haben das bombardiert und die erste Bombe gleich auf den Deich gesetzt. Da lief das ganze Land voll. Großvater beschnitt im Garten gerade seine Johannisbeerbüsche, da sagte Oma, das taut ja mächtig, da ist ja so viel Wasser um die Büsche. Da guckte Opa, du, der Deich ist gebrochen. Da hinten kommt das Wasser. Wir ganz schnell ins Haus, schnell noch Brot angeteigt, aber das dauerte gar nicht lange, da war das Wasser schon im Backofen drin. Der Opa rief noch, der Kahn, der Kahn. Das war ja ganz wichtig für uns. Dann wurden die großen Türen aufgemacht, der Kahn reingefahren, damit er nicht wegschwimmt und wir alle oben auf den Boden. Eine Tante war Fischerstochter, die konnte mit dem Kahn umgehen, hat den Brotschieber genommen und ist mit uns später rumgefahren, wo es höher gelegene Höfe gab. Da war das leicht, sind wir dorthin.

Als das Wasser aber wieder weg war, kam eine Nacht, wo plötzlich die Russen vor unserm Haus standen. Zehn oder zwölf Mann, glaub ich, oh, das war ganz furchtbar. Meine Oma hatte um mich solche Angst und hat mich festgehalten. Hat ein Soldat die Oma gepackt und der andere mich weggerissen und dann dachte ich, so, jetzt passiert es, jetzt bist du dran. Ich wusste ja, was auf mich zukommt. Schmiss er mich in das Zimmer, da wo meine Tante schon vergewaltigt wurde. Bin ich unter das Bett gekrochen, direkt über mir ein Russe mit meiner Tante. Da fiel mir ein, im Konfirmandenunterricht hat der Pastor gesagt, wenn ihr betet, betet so, wie es euch ums Herz ist. Und da hab ich in der Ecke diesen Bettpfosten umklammert und zum ersten Mal in meinem Leben richtig gebetet. Die Soldaten wollten mich ja jetzt bekommen, haben mit der Taschenlampe unters Bett geleuchtet, ah, da is se. Und dann ham se versucht, mich vorzuziehen, aber die Klamotten ham das nicht ausgehalten.

Als meine Tante einen Moment alleine war, hat sie das Fenster aufgerissen und geschrien, Kommandant, Kommandant. Da war im Nu das Zimmer leer, da sind sie abgehauen. Vorm Kommandanten hatten die einen riesen Schiss. Das war zu der Zeit ja schon streng verboten, was die gemacht haben."

Viele Zeitzeugen wissen von diesem Verbot zu berichten, erlebten aber ebenfalls noch 1946 die gefürchteten Vergewaltigungsausflüge zumeist niederer Dienstgrade in weitläufige Siedlungen und abgelegene Dörfer. Auch in den Königsberger Schrebergartenkolonien gehörten diese weiterhin zum Alltag. Blitzartig fuhren hier Lastkraftwagen vor, von denen junge Soldaten absprangen. Wie bei einer Treibjagd durchkämmten sie die Gärten von mehreren Seiten her und nahmen die ihnen genehmen Frauen an Ort und Stelle.

Mädchen im Kleinkind- und Kindesalter erfuhren die fortwährende sexuelle Gewalt seltener am eigenen Körper, aber bekamen sie doch stets aus nächster Nähe mit. Beispielsweise die 1939 geborene Brunhild Pentzeck im Kreis Labiau.

„Es war im Spätsommer, 45 oder 46, das kann ich nicht mehr genau sagen. Meine Mutter hatte gerade an dem Tag frei und hat Wäsche gewaschen. Da kamen ganz viele Russen, und meine Mutter ist gleich in den Tümpel gegangen. Wir hatten vor dem Haus, in dem wir damals wohnten, so einen ganz ekligen Teich, da war lauter Grütze und so ekliges Zeug drin. Und da ist sie bis zur Brust ins Wasser gegangen und hat gesagt, ist gut, wenn ihr was von mir wollt, kommt her und holt mich raus. Da haben die Russen gesagt, wir erschießen deine Kinder. Da fingen meine Schwester und ich an zu schreien, nein, nein, nein. Wir haben geschrien und geschrien. Eine Oma kam und sagte, das darf man ja wohl nicht, die Kinder bleiben außen vor. Wegen dieser Oma haben die Soldaten ihre Pläne fallen lassen. Als meine Mutter wieder rauskam, war sie völlig kalt, auch paar Tage krank und konnte nicht arbeiten. Dafür hat sie von dem Vorarbeiter Dresche gekriegt, mit dem Gewehrkolben, da war die grün und blau. Aber sie konnte wirklich nicht, sie war total unterkühlt und erkältet und schlapp. Und für diese Tage bekam sie auch kein Essen.

Jedenfalls hatte sie sich gerade erholt, kommen nachmittags wieder zwei Lkws mit Russen ins Dorf und wollen die Frauen. Da hat meine Mutter mich auf den Schoß genommen und ich habe meine kleine Schwester auf den Schoß genommen und so haben wir uns auf den Stuhl gesetzt. Mitkommen Frau. Nein, ich komme nicht mit. Ja, dann erschießen wir euch. Bitte, macht. Erschießt uns. Wir wollten auch wirklich sterben. Wir drei haben uns ganz ganz festgehalten. Und gerad in dem Moment kommt der feste Freund von der Freundin meiner Mutter ums Haus. Der war Major oder Offizier oder so was, jedenfalls hatte der was zu sagen. Und der kam um die Ecke mit seinem Jeep. Und die Soldaten, schjiieeet, weg warn die alle. Er muss ihnen ordentlich Bescheid gegeben haben. Wir hatten dann für längere Zeit Ruhe."

Wo mit keinem Schutz durch sowjetische Kommandanten zu rechnen war, musste sich auf andere Weise geholfen werden.

„Wir warn sicherheitshalber schon aus unserm Haus ausgezogen, das war direkt am Landweg. Sind in die Wiese runter, da stand Nachbars Haus noch bisschen weiter weg. Sind wir da eingezogen. Meine Schwestern und ich haben dann immer gespäht. Hatte die Mutter uns gesagt, dass wir aufpassen sollen und sie warnen. Einen Abend rufen wir, sieben Stück kommen. Da ist unsere Mutter in Panik und nach hinten raus in die Felder, weg war se.

Die Russen bullerten gegen die Tür, die warn mit aufgepflanzte Gewehre gekommen. Die hatten selber Angst irgendwie. Ham Se schon mal gesehen, Bajonett oben drauf auf die Gewehre, das ist beängstigend, das ist ja wie ein furchtbar langer Arm, der einen trifft. Die Frau, die Mama wollten se. Wir wissen nicht, wo die Mama ist, wir sind alleine. Da gucke ich um die Hausecke, also solche niederen Schweine, da standen die schon mit gelösten Hosen. Dieser Anblick hat mir für meine ganze Jugend den Rest gegeben.

Na, jedenfalls ging das hin und her, die durchsuchten das Haus und fanden die Mutter nicht. Wir zitterten und wussten ja auch nicht, wo se hingerannt ist. Da haben se uns geschlagen, immer von hinten in die Rippen, und ich war die Größte, ich bekam das meiste ab. In meiner Verzweiflung hab ich auf so ne Holzmiete draufgezeigt und da nahmen die ihre Bajonetts und stachen immer in den Holzstoß. Und die Kleene, meine kleine

Schwester, die glaubte das, dass die Mutter unter dem Holzstoß steckt, die schrie und schrie. Jetzt erstechen sie die Mutter. Die hat wirklich gedacht, wenn die Große das sagt, dann wird das auch so sein, die Mutter steckt darunter. Die war aber weit weit weg. Ham die das ganze Holz eingerissen, aber fanden die Mutter nicht. Sind wir alle drei noch mal verprügelt worden und dann hauten se ab.

Wo die Mutter dann Stunden später in der Nacht kam, war se total verbrennesselt. Sagt se, hier ist kein Bleiben mehr, wir müssen unsere paar Sachen jetzt zusammenpacken und fort. Da sind wir in der gleichen Nacht los, irgendwohin, wir wussten nicht wo. Sind in so 'n Getreidefeld rein und haben uns dort für die Nacht niedergelassen. Das Schöne dadran war, es war ja nun Sommer. Die Nachtigall hatte uns dort entdeckt und uns ein Lied vorgesungen, dass wir ruhig eingeschlafen sind und bis im hellen Sonnenschein rein am nächsten Tag dort geschlafen haben. Das Leid, das ging so richtig runter von der Seele.

Ja, was soll nun werden, wo wolln wir nu hin. Sagt die Mutter auf einmal, Mensch, da hinten ist doch Rauch. Da warn die Russen noch mal zurückgekommen und hatten unser Haus anjebrannt." (Johanna Erlach)

Vorfälle wie diese ließen viele Menschen die vermeintliche Sicherheit einer größeren Gemeinschaft suchen und trieben sie schließlich auch ohne Zwang auf die Sowchosen. Dort versprachen die Kommandanten zumindest ein Ende der Überfälle. Wo es keine Vergewaltigungen mehr gab, begannen allerdings die sexuellen Abhängigkeitsverhältnisse. Unterschiedliche Portionsgrößen bei der Essensausgabe und die Befehlsgewalt über verschieden schwere Arbeiten und Sondernachtschichten reichten den Zuteilenden häufig aus, um sich Frauen fortan auch ohne Gewalt gefügig zu machen.

Diese Zustände waren Ausdruck und Teil eines Systems, das

die Günstlingswirtschaft in Nordostpreußen insgesamt beförderte. Denn auch in anderen Bereichen bedienten sich die neuen Machthaber besonderer Dienste von Deutschen. Für Spitzeltätigkeiten, Denunziationen und die Überwachung einzuhaltender Arbeitsnormen wurden besondere Annehmlichkeiten wie bessere Lebensmittel und medizinische Versorgung, ein eigener Schlafraum und weniger Arbeit in Aussicht gestellt. Hier meldeten sich auffallend häufig Personen, die sich gegenüber ihren eigenen Landsleuten als derart sadistisch erwiesen, dass selbst die Russen den Kopf schüttelten.

Ein deutscher Kriegsversehrter auf einer Sowchose im Kreis Pillkallen tat sich etwa damit hervor, dass er auf die pflügenden Frauen doppelt so kräftig einschlug wie die sowjetischen Wachposten. Abends inspizierte er ihre Unterkünfte besonders penibel nach abgezweigten Kartoffeln, Rüben und Kohlköpfen. Wurde er fündig, durfte er die Lebensmittel für sich einstecken, während die Frau über Nacht in einen feuchten Kellerraum gesperrt wurde.

Auf der Sowchose Danzkehmen im Kreis Stallupönen gab es einen Mann ähnlichen Zuschnitts. Er rührte Kalk in einen Eimer Wasser und verteilte die weiße Flüssigkeit als Milch an Mütter mit ausgehungerten Kleinkindern. In der Königsberger Schrebergartenkolonie Rosenau lebte ein deutscher Mann, der Rotarmisten mit Informationen versorgte, in welchen Lauben sich junge Frauen versteckt hielten. Viele Zeitzeugen meinen, dass sich die sowjetischen Machthaber dieser Menschen zwar bedienten, sofern es ihnen nutzte, sie diese Charaktere aber letzten Endes genauso verachteten wie es die Deutschen taten.[19]

Stärkere Grautöne taten sich hingegen bei der Schutz- und Hungerprostitution auf. Einerseits registrierte man sehr kritisch, welche Mädchen und Frauen sich im Hinblick auf Ernährungszustand, Körperpflege und Bekleidung aus der Menge hervorhoben. Andererseits profitierten vom „russischen Freund" der Tante oder großen Schwester häufig ganze Wohngemeinschaften, vom Kleinkind bis zur Großmutter. Unabhängig von der sozialen Akzeptanz dieser Verbindungen blieb auch ein anderes Problem allgegenwärtig: Die Verhältnisse boten den Säuglingen keine Aussicht auf ein Überleben.

„Es wurden viele Babys geboren. Bei der Geburt hieß es dann, alle Kinder raus. Meistens hat man das Baby noch zu sehen gekriegt, manchmal aber auch nicht. Da hat die Mutter das, sobald sie es in de Hände hatte, getötet. Der christliche Glaube sagt ja, das ist trotzdem ein Geschenk, auch wenn es so passiert ist. Aber es gibt wenige, die sich daran halten, in dieser Zeit. Ich weiß von einer, die hat's zum Fenster rausgeschmissen und hat's da draußen krepieren lassen. Kann man nicht von Sterben reden. Dann lag es später auf dem Misthaufen und war nicht richtig zugedeckt. Das eine Händchen guckte eben raus. Haben wir beim Vorbeigehen gesehen. Was soll auch so ne junge Frau machen, die das erste Kind kriegt und dann in dem Zustand, die nicht ein Grübchen hat, nicht einen Tropfen Nahrung, was soll die machen. Ich kann die Frauen nicht verurteilen, die ihr Kindchen totgemacht haben.

Wir hatten auch so ein Kind, einen kleinen Jungen, der hieß Klaus. Der ist im Oktober geboren, der Kleine. Es war noch Beerenzeit, und die Mutter hat uns geschickt nach Brombeeren. Wo wir wiederkamen, war das Kind da. Irgend in Lappen gewickelt. Da lag es nun, meine Schwestern und ich skeptisch geguckt. Na ja. Die Mutter musste dann wieder fort, musste arbeiten, war ja die Herbstzeit, pflügen oder was, ich weiß es nicht. Da hat se dann gesagt zu mir, du versorgst jetzt das Baby. Und ich hab's gemacht. Diese Lappen, die ich da als Windeln hatte, das war alles altes Zeug. Zum Trinken brauchten wir ein Fläschchen, das mussten wir klauen. Haben Haferähren abgezogen und so zerquetscht. Wir kriegten den Hafer ja nicht aus der Hülle raus. Aber das Gequetschte habe ich dann ausgekocht, und diesen

Schleim, den hat das Kindchen dann gekriegt, ohne Zucker, ohne alles, mit Wasser gekocht.

Na, er blieb dann auch bei uns. Er lachte uns schon an. Heiligabend lebte er noch. Da sind wir mit den anderen Kindern losgezogen auf Raub, hatten ja Hunger, nach paar Kartoffelschalen bei de Russen zu finden. Wo wir wiederkamen, da saß die Mutter am Herd mit ihm, die Ofentüre stand auf, damit es bisschen hell war im Zimmer. Licht war ja nischt mehr, keine Kerze. Am ersten Feiertag kam der Herr Fischer, hat angeklopft und gefragt, ob er das Baby taufen dürfte. Mutter sagte ja, wir standen drum rum und ham geguckt. Am zweiten Weihnachtstag schlief er ein. So dünn die Ärmchen. Da kam er zu den anderen Toten in den Bunker."

Angesichts des Mangels an Geräten, Maschinen und Vieh bildete die Arbeitskraft der deutschen Frauen das größte Kapital der Kommandanten. Infolgedessen hatten die erwachsenen Deutschen auch ohne Stacheldrahteinzäunung und nächtliche Bewachung den Status unsichtbarer Gefangener. Personalpapiere, die ihnen 1946 ausgestellt wurden, sammelten einige Leiter gleich wieder ein, um einer möglichen Flucht vorzubeugen. Wer es dennoch versuchte, wurde in den entvölkerten Landstrichen umgehend ausfindig gemacht und zurückgebracht. Die Strafmaßnahmen reichten bei solchen Vorkommnissen oder bei anderen unerwünschten Verhaltensweisen von Essensentzug über erhöhte Arbeitsnormen bis hin zu Misshandlungen und Karzer.[20]

Das Deutsche Rote Kreuz stellte in den 1950er-Jahren mit Blick auf das Schicksal dieser Menschen fest, dass die Einlieferung in die Sowchose den Verlust der persönlichen Bewegungsfreiheit nach sich zog, damit einen faktischen Gewahrsam bedeutete und folglich einer Internierung gleichkam. Aufgrund dieser Zwangserfahrung bezeichneten viele Überlebende ihr Sowchosen-Dasein rückblickend als Lagerzeit. Internierungslager im eigentlichen

Sinne waren die Einrichtungen allerdings nicht, weil sie weder hermetisch abgeriegelt waren, noch die eingewiesenen deutschen Kinder, Frauen und Alten von den neuen Machthabern als Gefahr wahrgenommen wurden. Trotzdem sammelte die ostpreußische Zivilbevölkerung in diesen Einrichtungen besonders nachhaltige Gewalt- und Todeserfahrungen. Für ihre Erlebnisse fehlt eine prägnante Bezeichnung, ein gleichwertiger Begriff zum Wort Internierungslager. Ein solcher Begriff müsste die typischen Kennzeichen ihres Schicksals benennen (Einweisung ohne begangenen Rechtsbruch, Ausbeutung der Arbeitskraft, Zwang, Hunger, Erniedrigungen, körperliche und psychische Folter, Krankheit, Siechtum und Tod) und in einen angemessenen Zusammenhang setzen können (staatliche Direktive, generelle Unterbindung von Eigeninitiative, Kollektiverfahrung).[21]

In welchem Maße sich Resignation und Apathie unter der Restbevölkerung ausbreiteten, hing unter anderem von der Person des Kommandanten, dem sogenannten Kapitan, ab. Wo dieser durch sein Auftreten das erodierende Gerechtigkeitsempfinden stabilisierte, blieben die Deutschen vorerst in der Lage, Solidarität zu üben.

„Bei uns in Danzkehmen lief ein Mann rum, der war so ne Art Bürjermeister für die Deutschen, der hieß Fröhlich. Der war Opfer des Faschismus, hatte er zumindest anjegeben, bei de Russen. Der hatte zu deutscher Zeit jesessen. Wahrscheinlich hat er ne Straftat begangen oder was. Jedenfalls ist der Fröhlich nachts mit nem Russen gekommen und ham dem Siegfried seine Mutter verjewaltigt.

Und den andern Tag sind die Frauen zur Arbeit, und da war Uffstand. Die deutschen Frauen ham richtig Uffstand jemacht. Ham se den Fröhlich mit de Forke bedroht, und den Russen auch. Wagenräder hatten se sogar, wollten die beiden da aufziehen und se bearbeiten.

Da kam der Kapitan und sagte, was hier los ist. Pistole hat er jehabt, die schwingen damit ja gleich, Stoi und so, hier, Ordnung. Hat er sich anjehört, die Frauen. Da sagt er, Schluss, Feierabend. Die beden, die haste nie mehr wiederjesehn. Der Fröhlich war weg und sein Kollege auch. Die ham se wegjenommen, die Russen. Streng waren se auch zu ihre eigenen Leute." (Bruno Dettmann)

Ihre Abhängigkeit vom Kommandanten, der nun das geltende Recht schuf, sprach und vollstreckte, wurde den Kindern bei einem Wechsel der Sowchose besonders deutlich vor Augen geführt.

„Es lag viel an dem jeweiligen Kommandanten, der das Sagen hatte. Manche hatten ihre Jungs im Griff. Und manche ließen sie gewähren, da war's schlimm. Wir waren zuerst auf dem Gut Prosit. Da war ein sehr netter Kommandant. Wenn dort Vergewaltigungen stattfanden und die Frau den erkannt hat, hat er den Vergewaltiger öffentlich schikaniert. Hat er alle Mann antreten lassen und ihn dann gescheucht, durch den Dreck und alles Mögliche. Und danach ham se den ausm Verkehr gezogen.
Der Kommandant sorgte auch direkt für uns, dass wir was zu essen hatten. Wir kriegten aus der Russenküche. Hat er gesagt, wenn das Brot alle ist, sollen wir zu ihm kommen. Das war dann meine Aufgabe, das Brot zu holen. Die Russenfrauen gaben mir mitunter aber kein Brot, wollten sie mir nicht geben. Bin ich über den Flur in dem Kommandanten seine Stube. Hab ihm verständlich gemacht, dass ich kein Brot kriege. Sagt er, Tür aufmachen. Hab die Tür aufgemacht, hat er da was reingebrüllt in die Küche, schon hatte ich 'n Brot unterm Arm. Die Russenfrauen wussten Bescheid, aber die waren schlimmer wie die Männer. Die haben uns gehasst. Getan hat uns aber keiner was, absolut nicht. Alle Deutschen, die da waren, die hat der Kommandant beschützt.

Wir sind da aber nicht geblieben, weil das Gut dichtjemacht wurde. Da mussten wir von Prosit weg und sind in Georgenfelde jelandet. Da gab's ein Leben unter einem grausamen Kommandanten. War so 'n kleiner Untersetzter, der hatte für die Deutschen überhaupt nichts übrig. Brutal. Der rückte auch nichts raus, so mit Lebensmitteln. Die Frauen wurden selbst im Stall beim Melken bewacht, immer paar Posten. War nicht möglich, was zu klauen. Ham die Frauen ihm gebeten, um bisschen Milch für die Kinder. Sagt er, das sind nicht seine Kinder. Ja, aber das eine Kind ist doch vom Russen. Guckt er, ich hab das Kind nicht jemacht, und ein deutsches Kind kriegt von mir nichts. Da fingen die Menschen dann an zu sterben. Die sind verhungert, weil es nichts zu essen mehr gab. Da sind allein von unserer Familie drei Stück gestorben." (Hubert Schwark)

Demoralisierend wirkte sich auf die Restbevölkerung nicht zuletzt auch das ineffektive Wirtschaften aus, an dem sie als Befehlsempfängerin direkt beteiligt war. In Ostpreußen hatten sich die landwirtschaftlichen Arbeitsabläufe und Kulturräume über Jahrhunderte durch ein Nebeneinander von adligen Großgrundbesitzern wie eigenständigen Groß- und Kleinbauern herausgebildet. Diese Strukturen sollten übergangslos einem systembedingten Gigantismus weichen, der in seiner Realitätsferne und Schablonenhaftigkeit für die Deutschen auf ganzer Linie niederschmetternd war.

Die von höheren sowjetischen Stellen stammenden Planungsvorgaben richteten sich nicht nach dem zu erzielenden Ertrag, sondern nach der zu bearbeitenden Fläche. Deren praktische Durchführung oblag grundsätzlich den Kommandanten, ungeachtet der Frage, ob diese überhaupt über landwirtschaftliche Fachkenntnisse verfügten. Das hatte zur Folge, dass viele ihrer ausgegebenen Befehle keine Rücksicht auf Bodenverhältnisse, Erntezeitpunkt und sachgerechte Lagerung nahmen. Noch verschärft und nicht etwa abgemildert wurde die Lage durch die militärischen Ackerbearbeitungs-, Sä-, Ernte-, Dresch- und Transportkommandos, die gemeinsam mit den deutschen Arbeitskräften zum Einsatz kamen. Die eingesetzten Soldaten zeigten wenig Eifer, da sie meist anderen Einheiten und Kommandanten unterstellt waren und für die schwere körperliche Arbeit keine zusätzliche Entlohnung erhielten. Aufgrund häufiger Umstationierungen liefen sie außerdem kaum Gefahr, für geleisteten Pfusch belangt zu werden.

In der Praxis kamen weitere Negativfaktoren hinzu, die gerade von den Kindern aus bäuerlichen Familien sehr genau wahrgenommen wurden. Die wenigen noch zur Verfügung stehenden Zugpferde wurden nun viel roher und gewalttätiger behandelt als zu deutscher Zeit und verloren dadurch weiter an Kraft. Vom ohnehin knappen Saatgut wurde schon vor der Pflanzung ein Teil zum Schnapsbrennen abgezweigt. Gepflanzte Kartoffeln wurden nicht angezogen, die jungen Stauden vom schneller wachsenden Unkraut überwuchert und die bizarren Biotope schließlich beim verspäteten Jäten komplett abgemäht. Reifes Getreide wurde auf den Feldern vergessen, unreifes hingegen geschnitten, dann aber nicht gebunden und erst in vergammeltem Zustand zum Dreschen transportiert. Der ganzen Misere standen die Mütter in unzureichender Arbeitskleidung und mit verrostetem Werkzeug gegenüber, das auf den umliegenden Bauernhöfen wahllos zusammengesucht worden war. Das Missverhältnis von geleisteter harter körperlicher Arbeit und erzieltem Ertrag nahm dadurch immer bedrohlichere Ausmaße an.

Am meisten machten den Ostpreußen allerdings die fehlenden Rückzugsmöglichkeiten zu schaffen. Nirgendwo einen Schrank mit sauberer Wäsche oder Lebensmittelvorräten zu wissen, kein Bett mehr in geschützten vier Wänden zu besitzen und über keine wirksame Handhabe gegen das sich ausbreitende Ungeziefer zu verfügen: All dies nahm den Menschen jeden gedanklichen Fluchtpunkt. Den Frommen unter ihnen blieb der christliche Glaube, verbreiteter waren allerdings Kartenlegen und Tischleinbefragen. Die Härten der Realität blieben ohnehin niemandem erspart:

Nächte, in denen man vor Hunger nicht in den Schlaf fand und die Mutter von einem Ringel Fleischwurst fantasieren hörte. Angst, nie mehr saubere Haut zu haben. Eine Scheibe Brot als Tagesration, aus der sich das Wasser drücken ließ. Mäuse auf den Dielenbrettern, die man von seiner Krankenstätte aus entkräftet beobachtete. Momente, in denen man als Dreizehnjährige nackt am Graben saß und darauf wartete, dass der einzige Schlüpfer, den man besaß, nach der Wäsche wieder trocken wurde. Ein schlafendes Mädchen, dessen Zöpfe sich zu bewegen schienen, weil so viele Läuse in ihnen unterwegs waren. Die bettlägerige Frau schräg gegenüber, die trotz ihres Elends mit leuchtenden Augen von ihren Söhnen erzählte, denen sie vor Sportturnieren riesengroße Butterbrote geschmiert hatte und die erschossen worden waren, als sie sich im April 45 vor ihre Mutter gestellt hatten. Krätze, die den ganzen Körper mit Vogelei großen Knötchen überzog und durch den Juckreiz blutende und eiternde Wunden verursachte, die allmählich zu einem Schorfpanzer wurden. Eine vollkommen durchnässte Arbeitskluft, mit der man sich jeden Abend zu Schwester und Mutter ins mittlerweile stinkende Bett legte, weil die ausgezogene Kleidung in der kalten Gartenlaube bis zum nächsten Morgen nicht trocknete und man sie dann nicht wieder anbekommen hätte. Kieselsteine, die sich angenehm an den Gaumen schmiegten und beim Lutschen den Hunger verringerten, bis man sich irgendwann nur noch schlapp, aber nicht mehr gequält fühlte. Fünf- und Sechsjährige, die auf offener Straße in den merkwürdigsten Stellungen „Vergewaltigen" spielten. Ratten, die einem nachts Hände und Gesicht annagten. Die ostpreußische Wirklichkeit im Jahre 1946 war grässlich.[22]

In dieses Elend platzten zwischen August und Dezember über 200 000[23] sowjetische Neusiedler. Diese Menschen machten den Deutschen nicht nur die Arbeitsplätze und den letzten gerade noch annehmbaren Wohnraum streitig, sie belasteten die ohnehin mangelhaften Möglichkeiten, an Nahrung zu gelangen, zusätzlich und drastisch. Nicht weniger schlimm war für die Einheimischen, dass mit den Zivilisten aus der Sowjetunion eine zweite Welle von Rache- und Vergeltungsbedürfnis nach Ostpreußen schwappte. Die Neubesiedelung des Königsberger Gebiets wurde somit zur Vorbotin der nächsten Katastrophe.

„Während sich das Verhältnis unter der militärischen Besatzung im Laufe der Zeit zwischen russischen Soldaten und Deutschen verbessert hatte, war mit den neuen zivilrussischen Einwanderern überhaupt kein zwischenmenschliches Zusammenleben möglich. […]
Besonders deutsche Frauen mussten wieder darunter leiden. Außer einem dreckigen kurzen Hemdchen, das den blau gefrorenen Piepmatz kaum bedeckte, hatten die drei- bis sechsjährigen Russenjungen nichts an. Der russischen Muttersprache waren sie zum Teil noch nicht mächtig, aber ‚Frau Fick-Fick' konnten sie den deutschen verschüchterten Frauen nachschreien. Unter Schadenfreude von erwachsenen russischen Dorfbewohnern mussten zum Teil alte deutsche Frauen die primitivsten obszönen Beschimpfungen und Beleidigungen über sich ergehen lassen: Oft wurden sie durchs ganze Dorf getrieben und zusätzlich mit Steinen, Knüppeln und Dreck beworfen. […] Konnten wir dreizehn- bis vierzehnjährigen Deutschen während der Militärbesetzung uns noch auf den verlassenen Dörfern relativ frei bewegen, so war das nach der Zivilrussenansiedlung unmöglich geworden. Wenn wir Jungen auch nur am Dorfrand wahrgenommen wurden, war sofort ein Kinderrudel mit Peitschen, Knuten und sonstigen Marterwerkzeugen hinter und über uns her.

[...] Das Schlimme an der Sache waren nicht die zugefügten Schmerzen und Erniedrigungen, die man unschuldig einstecken musste, viel schlimmer war, dass man durch die zunehmende Unterernährung nicht mehr die Kraft zum Weglaufen hatte. Wenn man einer wilden Horde russischer Jugendlicher oder sonstiger Verrückter und Besoffener ausgesetzt war, gab es kein Entrinnen mehr. Selbst zum Schreien hatten die meisten keine Kraft mehr. Wir konnten nur noch versuchen, die Arme vors Gesicht zu halten und alles andere über uns ergehen zu lassen."[24]

Der deutschen Restbevölkerung blieb nichts anderes übrig, als in Kellern, Ruinen oder Bretterbuden Zuflucht zu suchen. In ihrer bisherigen Funktion eines beliebig verschiebbaren Arbeitskräftereservoirs wurde sie überflüssig. Auch in den Sowchosen waren ihre körperlichen und ideellen Reserven aufgezehrt worden. Beschleunigt durch einen selbst für ostpreußische Verhältnisse harten Winter auf 1947 sollte aus dieser Situation eine außerordentliche schwere Hungersnot erwachsen.

Hungern in der Kornkammer

Der britische Historiker Keith Lowe schildert in *Der wilde Kontinent* eindrucksvoll, wie nach dem Zweiten Weltkrieg nicht nur Besiegte, sondern auch Sieger hungerten. 1945 fehlte es in vielen Teilen Europas an Nahrungsmitteln. Bauern waren gefallen, invalide oder in Gefangenschaft geraten, das Vieh und Saatgut requiriert, die Transportwege zerstört und die Absatzmärkte zusammengebrochen. Überall blühte der Schwarzmarkt. Wer konnte, flüchtete aufs Land, wo es sich trotz aller Einschränkungen leichter überleben ließ als in den bombardierten Städten.[25]

Die vielerorts schwelende Gefahr einer Hungerkatastrophe ließ sich daher nicht so leicht bannen. Im zweiten Nachkriegswinter führten Unterernährung, schlechte Wohnverhältnisse, Seuchen und ungewöhnlich strenge Kälte auf beiden Seiten des fallenden Eisernen Vorhangs zu Hunderttausenden Toten. Diese Zahl ist gewaltig, relativiert sich im Hinblick auf die abgetrennten deutschen Ostgebiete aber, denn westlich von Oder und Neiße starb allenfalls ein halbes Prozent der Menschen den Hunger- oder Seuchentod. In Nordostpreußen lag die Zahl der Toten bis zum Frühjahr 1947 dagegen um das Einhundertfache höher.[26]

Dass es ausgerechnet in der Kornkammer des untergegangenen Reiches zu so einer katastrophalen Entwicklung kommen würde, war bei Kriegsende noch nicht vorhersehbar gewesen. Die Rote Armee hatte, abgesehen vom Großraum Königsberg, eine weitgehend unzerstörte Provinz eingenommen. Mit ihren intakten Gütern und Dörfern sowie der bäuerlichen Restbevölkerung wären in Ostpreußen sogar günstige Voraussetzungen für eine rasche Wiederaufnahme des landwirtschaftlichen Arbeitsbetriebs gegeben gewesen. Doch dem stand das „sowjetische Dogma des alleinigen Staatseigentums"[27] entgegen. Statt die Deutschen auf ihre Höfe zurückzuschicken und wirtschaften zu lassen, waren Mensch und Land radikal verstaatlicht worden und eine Selbstversorgung fortan nicht mehr möglich. Mit fatalen Auswirkungen, wie sich nun zeigen sollte.

In den ersten Nachkriegsmonaten hatten sich in den unterkellerten Ruinen Königsbergs noch ausreichend Gläser mit Eingemachtem, auf den Dachböden verlassener Bauernhöfe Getreidevorräte und nahe den Gehöften unentdeckt gebliebene Rüben- und Kartoffelmieten angefunden. Auf den Feldern war das im Herbst 1944 eingesäte Wintergetreide gereift. Und von den Kühen, die aus ganz Nordostdeutschland kommend vor ihrem Abtrieb in die Sowjetunion in Ostpreußen konzentriert worden waren, hatten als Melker eingesetzte Deutsche gelegentlich etwas Milch abzweigen können. Doch schon im Winter waren viele Menschen an Unterernährung und Seuchen gestorben. Im Laufe des Jahres 1946 war die Hungerkurve dann stetig weiter angestiegen.

Die sowjetischen Behörden verschärften diese Situation zusätzlich, als sie in der zweiten Jahreshälfte 1946 Neusiedler aus der Sowjetunion mit großen Versprechungen in ihr erbeutetes Stück Deutschland lockten. Dass die bereits aufs Äußerste strapazierte Lebensmittelversorgung angesichts der Bevölkerungsverdopplung in sich zusammenbrechen musste, nahmen sie in Kauf. Bei den Neusiedlern geweckte Hoffnungen durften nach dem Eintreffen nicht sofort wieder verstieben. Ihre Grundbedürfnisse hatten also unbedingt und vorrangig befriedigt zu werden. Die neu installierten zivilen Verwaltungsstellen mussten dementsprechend alle Kräfte auf diese Aufgabe richten. Die deutsche Restbevölkerung konnte dabei nur stören. Im Gegensatz zu ihren Landsleuten zwischen Elbe und Oder lebte sie in keinem kommunistischen Schaufenster, war dem Blick der Weltöffentlichkeit entzogen und daher ohne Belang für Moskaus weitere Interessen.[28]

Die Ostpreußen waren damit gezwungen, von den letzten Ressourcen zu zehren, die ihre Heimat noch herzugeben wusste. Sie töteten Hunde und Katzen, derer sie habhaft wurden, bedienten sich an Viehkadavern, fingen in selbstgebauten Fallen Spatzen und Krähen und räumten die Nester von Staren, Kiebitzen, Schwalben und Störchen leer. Sie durchsuchten Abfälle nach Essbarem, durchwühlten Pferdeäpfel, um Haferkörnchen zu finden, brieten schwarz gefrorene Kartoffeln mangels Öl oder Butter in Wagenschmiere und garten Kartoffelschalen an den Außenwänden von Kachelöfen. Sie aßen Fische, Muscheln, Krebse, Frösche, Igel, Brennnesseln, Melde, Sauerampfer, Knospen und Baumrinde und ernteten in verlassenen Gärten unreifes Obst, um anderen Hungrigen zuvorzukommen. Zum Salzen verwendeten sie Kalidünger, als Quellmehl den Klebstoff für Sperrholzplatten.

Auch die Schwarzmärkte entfalteten eine ungeheure Anziehungskraft auf viele Deutsche. Hier bot sich ihnen die Chance, Gegenstände des täglichen Bedarfs an Russen und Litauer zu verkaufen oder direkt gegen Essbares einzutauschen. Zu Kriegsende von aller materiellen Habe befreit, waren viele überhaupt erst durch das Stöbern in Ruinen, durch Einbrüche oder Diebstähle in den Besitz ihrer Verkaufsware gekommen. Blass und hager boten sie am Rande dieser Märkte ihre Habseligkeiten zu Spottpreisen feil, Tassen, Teller, Flaschen, Sektgläser, Handwerkszeug aller Art, aber auch Wäsche, in der Hoffnung, sich vom Erlös ein paar Lebensmittel kaufen zu können. Abends packten sie ihre Sachen vor Kälte zitternd in einem Wägelchen zusammen und gingen zurück in ihre feuchten, oft ungeheizten und überbelegten Behausungen. Als völlig rechtlose Händler mussten sie täglich aufs Neue Ängste vor Betrügereien, Milizkontrollen und Misshandlungen ausstehen. Besser erging es in dieser Hinsicht denjenigen, die sich eine Marktnische erobert und bei den Russen dadurch ein gewisses Ansehen erlangt hatten. Wer aus Woll- und Filzresten Puppen mit lebensechten Gesichtern herstellen, aus Draht Rechenmaschinen bauen, beschädigte Fahrräder wieder funktionstüchtig machen oder Baisers backen konnte, hatte zumindest vorübergehend leichtere Überlebensbedingungen.[29]

Auf den anwachsenden Hunger reagierten nicht zuletzt auch die Kinder mit Verhaltensänderungen. Sie wurden zunehmend roher, abgebrühter und härter im Nehmen. Gefragt waren Instinkt und Scharfsinn. Noch schneller als viele Erwachsene vermochten sie sich auf die neuen Verhältnisse einzustellen. Das Russischlernen fiel ihnen leichter, beim Betteln waren sie erfolgreicher und beim Stehlen um Vieles wendiger.

„Wir wussten, in Darkehmen ist Markt. Da standen die Russenfrauen, hatten so schönes Weißbrot gebacken und verkauften das für viel Rubel. Wir hatten keine Rubel, aber Hunger hatten wir. Da sind wir, wie man's heute auch macht, wenn man klauen will, mit nem ganzen Haufen Kinder ran an dem Stand und haben irjendwas erzählt, dass einer dann das Brot nebenbei klauen konnte. Und sind dann gerannt. Die mit dem Brot musste zusehen, dass sie als Erste wegkam. Das war richtig ausgemacht, alles. In de Kirche war dann der Treff.

Und wir, die wir nicht geklaut hatten, wir ham jesagt, was denn, wir ham doch nischt. Meistens haben wir Prügel gekricht, aber mussten se uns ja wieder laufen lassen. Und wisse Se, das konnt man ertragen, weil man ja wusste, nachher krieg ich 'n Stückchen Brot. So war der Gedanke. Die, die geklaut hatte, saß dann in der Kirche mit dem Brot und hat gewartet, bis wir nachkamen. Was die sich verkneifen musste. Dieser Geruch von Brot und der Appetit drauf und der Hunger. Und dann noch warten, bis nu die Gruppe von sechs oder sieben Kinder da ist, das war nich leicht.

Meine mittlere Schwester, die wollte anfangs nicht klauen. Die sagte, ich kann das nicht. Da ham wir gesagt, wir werden dir das schon lernen. Hat se von uns 'n paar geklebt gekriegt. Bis sie sagte, ja, ich mach's, ich versuch's. Und das ist ihr dann auch gut gelungen. Von dem Haufen Kinder kam jeder mal ran, immer 'n anderes Kind, damit das nicht auffällt.

Wenn der Dieb mal erwischt wurde, ach Gott, dann wurde das Kindchen nach Weedern ins Herrenhaus geschleift. Da war so 'n ganz kleines Verlies. Ging wirklich die Treppen so ins Dunkle runter. Da wurde das Kind dann eingesperrt, bis es durch Durst fast bewusstlos war. Das dauert ja nicht lange, zwei Tage, länger braucht das nicht, stirbt man dann so langsam ab. Kurz vorher wurde es rausgeschmissen aus dem Keller. Wir wussten denn schon etwa und ham immer geguckt nach dem armen Wesen. Und dann musste man das Kind auf dem Rücken nach Hause schleppen, weil es nicht mehr selbst gehen konnte durch den Wassermangel." (Johanna Erlach)

Der sich stärker bemerkbar machende Selbsterhaltungstrieb ließ die Solidarität unter den Gleichaltrigen allerdings nach und nach bröckeln.

„In Neuendorf bin ich Kartoffelklauen gegangen. Durfte ich, hatte die Oma mir erlaubt, mit nem andern Mädchen zusammen. Kam bald so 'n Reiter an, hatt uns natürlich gesehen und schon von weitem geschossen. Und ich konnt so schlecht laufen, war immer nicht sportlich. Da war 'n Weidenbusch. Ich sag, komm wir verstecken uns da. Das Mädchen: nein, ich lauf nach Hause. Na gut, ich hab mich in dem Busch versteckt, sie ist nach Haus gelaufen. Ich hab gebetet. Und da hör ich, bum, bum, wie der da aufm Pferd an mir vorbei und hinter dem Mädchen her.
Und weil wir ja zwei warn, hatt er von der ne Schwester mitgenommen. Die beiden sind in Keller gekommen. Ich bin da nicht hinterher. Das hat mir auch nicht leidgetan. Komisch, oder? Ich bin zur Oma." (Brigitte Krause)

Auch in Königsberg verursachte der Hunger unter den Kindern und Jugendlichen zunehmende Gefühllosigkeit.

„In so nem großen Haus lebte unten eine Familie Eisermann. Die nahm alles auf. Die konnte zwar zu essen nichts geben. Aber wir konnten wenigstens bei ihr schlafen. Ich weiß noch heute, die Schiller, den Namen werde ich nie vergessen, allein schon durch den Dingens da, den bekannten Schiller und den Goethe da. Na ja, auf jeden Fall lag die auf der Chaiselongue. Auf so ner Couch, wir sagten aber Chaiselongue, weil ja nur eine Lehne dran war. Die lag da drauf und ich lag an ne Erde und es war so kalt. Da hab ich gedacht, mein Gott noch mal, warum liegt die Frau auf der schönen Chaiselongue? Wenn die doch bloß sterben würde. So hab ich gedacht.

Dann sagte sie, noch eine Pellkartoffel, noch eine Pellkartoffel. Ich sag, Schillersche, hör auf. Wir haben keine Pellkartoffel. Da kam aber von nebenan ein Mann. Der hatte das gehört, die Wohnungen waren sehr hellhörig. Der hat der Frau eine Pellkartoffel gebracht. Die hat sie auch gegessen. Ich denk, guck mal, sie kriegt ihre Pellkartoffel. Wir kriegen nichts. Auf einmal sagt se, noch eine Zigarette, noch eine Zigarette. Und ich weiß nicht, woher ich den Knochen hatte. Hab ich ihr 'n Knochen gegeben. So, sag ich, Schillersche, jetzt kannst du rauchen, die kriegst du nicht auf.

War gemein.

Die Nacht ist sie gestorben. Das Bett war noch nicht kalt, da war ich schon drin. Jetzt hatte ich meine Chaiselongue. Meinen Sie vielleicht, ich hätte an die Tote gedacht? Nicht im Entferntesten." (Leni Kosemund)

Zwischen dem Herbst 1945 und dem Frühjahr 1947 befanden sich die Deutschen in körperlicher wie geistiger Hinsicht auf einer immer schneller rotierenden Abwärtsspirale: Hungersymptome jeglicher Art, verlangsamte Bewegungsabläufe, Nervenzusammenbrüche, Ruhr, Diphterie und Typhus. Den Kindern fielen durch Vitaminmangel die Zähne aus, ihre Münder bluteten.

Sie verloren die Lust zum Spielen, redeten nicht mehr und hockten mit ausdruckslosen Gesichtern lethargisch auf dem Boden. Während einige mit Wasserbäuchen und kürbisgroßen Köpfen aufgedunsen und erstarrt wirkten, schienen andere von innen heraus zu vertrocknen. Kleine Jungen sahen aus wie alte Männer, die Stirn voller Falten, Hungerhaare im ganzen Gesicht und den Kopf voller Platzwunden, weil sie vor Schwäche immer wieder hinfielen. Viele Kinder entwickelten Knickbeine. Beim Gehen ragten ihnen die Knie im spitzen Winkel vor die Füße. Bei ehemals rundlichen Müttern hing jetzt die Haut in großen Falten herunter, wurde dadurch anfälliger für Schmutz und wirkte dann besonders grau, trist und abstoßend. Augen traten aus übergroßen Augenhöhlen wie eingefasste Glaskugeln hervor. Zähne wurden durch die Fleischlosigkeit der Lippen freigelegt und gaben dem Gesicht ein Totenschädel ähnliches Aussehen. Kantig wie ein Schnabel ragte den Alten die abgemagerte und durch den Fleischverlust verlängerte Nase aus dem Gesicht.

Viele Frauen verrichteten die Feldarbeit nur mehr taumelnd, litten unter Geschlechtskrankheiten, lagen wochenlang in ihren Unterkünften und waren im Fieber nicht ansprechbar. Bei einem bloßen Anzeichen der Besserung wurden sie in den Sowchosen von Wachtposten unter Androhung von weiterem Essensentzug und Gefängniskeller wieder zur Arbeit geführt. Damit waren sie zumindest tagsüber erneut von ihren Kindern getrennt.[30]

Typisch für die kaum zu erfüllende Mutterfunktion in jener Zeit ist der Fall von Martha S., der 1954 durch ein westdeutsches Versorgungsamt dokumentiert wurde. Gemeinsam mit ihren fünf Kindern und der Schwiegermutter war sie 1945 in die Sowchose Groß Klitten im Kreis Friedland (Ostpr.) gebracht worden. Als einzige arbeitsfähige Person ihrer Familie erhielt sie dort fettlose Wassersuppe und 300 Gramm Brot. Diese Ration teilte sie mit den sechs anderen. Noch im selben Jahr starben die Schwiegermutter und drei der Kinder. Sie selbst erkrankte an Typhus und lag anderthalb Monate, ohne das Bewusstsein wiederzuerlangen. Ein sowjetischer Arzt gab sie auf. Eine Freundin der Schwiegermutter übernahm die letzten beiden Kinder. Wider Erwarten überlebte Martha S., scheiterte jedoch ein weiteres Mal an der Aufgabe, ihre Kinder satt zu bekommen.

„Mir ging es besser, doch das Gehen musste ich neu anfangen, der Kopf war kahl wie geschoren, auf Händen und Füßen (wie man sagt: auf Vieren) bin ich gekrochen, habe mich am Türgerüst oder anderem Gegenstand hochgerafft, ich war nur noch ein Knochengerüst, sitzen konnte ich nicht. [...]
Das zweieinhalbjährige Mädel wurde zusehends elend, gehen hatte das Kind nie gekonnt, später auch nicht mehr sitzen. Die linke Seite wurde ihr gelähmt. Verkrüppelt ist das Kind Ende Mai 1947 verstorben. Das letzte Kind, der jetzt 14-jährige Junge, hatte den Typhus überstanden, sah aus wie ein Skelett und lag meistens. Eine kleine Stelle öffnete sich bei ihm im linken Bein, die immer größer wurde. Das klare Wasser tropfte heraus. Es war im April 1947. Wir hatten nichts zu essen. Das kleine Mädel und der Junge baten um ein Stückchen Brot. Ich konnte das Jammern und Weinen nicht mehr anhören. Ich hatte nur den einen Wunsch, wir schliefen alle ein und wachten nicht mehr auf.
Trotzdem ich so schwach war, raffte ich mich auf mit einer Tasche in der Hand, ging auf das Feld, wo ich im Herbst 1946 an den Möhrenmieten gearbeitet hatte. Um ein paar Möhren für die hungrigen Kinder zu holen, hatte ich mir vorgenommen, den Posten, der an der Möhrenmiete stand, zu bitten um ein paar Möhren. An der Möhrenmiete angekommen, war kein russischer Posten da. Eine Miete war angebrochen. Ich nahm mir die Tasche voll mit. Gerade wollte ich den Heimweg antreten, da hörte ich Fluchen, ich soll stehen bleiben oder er schießt.
[...] Als ich zur Besinnung kam und aufstehen wollte, konnte ich nicht. Doch erst auf die Seite, dann auf die Knie richtete ich

mich langsam hoch. Die Welt sah anders aus als zuvor. Auch die Tasche mit den Möhren war fort. Ich lag ein ziemlich weites Stück von der Möhrenmiete weggeschleppt in der Feldfurche. Unter den Füßen Berg und Tal, erreichte ich das Lager. Auf die Sonne gesehen war es 18 Uhr. Um 14 Uhr bin ich fortgegangen. Als ich die Tür öffnete, schrien mein Junge, eine Frau Kahnert und Frl. Gerda Schulz aus Königsberg laut auf. Das Gesicht war schief und dick angeschwollen. Mein Junge, der damals sieben Jahre alt war, spricht heute noch davon."[31]

Mütter, die sich mit ihren Kindern im zerstörten Königsberg oder an der Ostseeküste aufhielten, konnten sich häufig etwas freier bewegen als die Frauen in den Sowchosen. Manche von ihnen klammerten sich an zwei Arbeitsstellen und waren Tag und Nacht auf den Beinen, in ständiger Furcht vor einer Bestrafung für den doppelten Bezug der Brotration. Sie hatten kürzere Wege zu den Schwarzmärkten und konnten sich eher etwas erbetteln, teilten im Wesentlichen aber dasselbe Schicksal: im Wissen, ihren Kindern nicht gerecht zu werden, lebten sie in einem unheimlich aufreibenden Zustand aus nachlassenden Kräften, Todessehnsüchten und doch immer wieder aktivierendem Mutterinstinkt.

Die allerwenigsten Frauen brachten es unter diesen Umständen fertig, Tagebuch zu schreiben und ein solches später auch noch mit in die sowjetische Besatzungszone zu schmuggeln. Umso wertvoller erscheinen die mehrblättrigen Aufzeichnungen der Erna Ewert aus dem Ostseebad Cranz. Ihre im Winter 1947 zu Papier gebrachten Notizen führen den Leser ungewohnt nah und authentisch an das Innenleben einer Verhungernden heran.

„Wir können nicht mehr weinen. Ich möchte mein Herzblut, mein Augenlicht, alles hergeben, könnte ich für uns Essen besorgen. //

Ja, ich möchte stehlen und koste es mein Leben. Ich will essen und für die Kinder Brot haben. //
Wir haben alle vier Hunger wie reißende Wölfe. Wenn man Holz anfressen könnte. //
Der Hunger hat uns zu Unmenschen werden lassen. Wir haben kein Gefühl für Sauberkeit noch Ordnung. Ich könnte Morde begehen um ein Brot. //
Ich habe Hunger, Hunger. Ich fühle nichts, ich höre nichts, ich weiß nur, dass ich Hunger habe – Brot."[32]

Wahnhaft kreisen die Gedanken dieser jungen Mutter um Kartoffelschalen, Brotkrusten und Heizmaterial. Ihren knapp gehaltenen Einträgen entnimmt man, dass sie verfaulte Abfälle isst, mit der Tochter aus Pfützen trinkt, sich für die verbotene Brennholzsuche schlagen und viele Male in den Bunker sperren lässt. Hier und da schimmert wachsender Stumpfsinn hindurch. Dann wieder Anflüge unbändiger Wut und Auflehnung. Zum Beerdigen ihres Sohnes fehlt die Kraft, Landsleute leihen ihr keinen Spaten, Tiere zerren über Nacht den verscharrten Leichnam fort. Andere Frauen beobachten sie verständnislos beim Schreiben, prophezeien, dass auch sie bald im Wald liegen werde und ihre Notizen von Würmern gefressen würden.

Doch ein Funke Hoffnung glüht noch in Erna Ewert: Jemand aus ihrer Familie werde überleben und die Aufzeichnungen in eine andere Welt tragen. Dieser Jemand war sie am Ende sogar selbst. Aber im sich normalisierenden Alltag der DDR wirkten ihre Hungererfahrungen zunehmend fantastisch und unwirklich. Erna Ewert begann, den Inhalt ihres Tagebuchs zu fürchten. Bis zu ihrem Tode versteckte sie es.

Einer der wenigen Zeitzeugen, dem es auch noch mit dem Abstand mehrerer Jahrzehnte gelingt, die erlittenen Auswirkungen der Unterernährung in eindrückliche Worte zu fassen, ist

Gerd Balko. Im Winter 1946/47, auf dem Höhepunkt der ostpreußischen Hungerkatastrophe, war er 14 Jahre alt.

„Menschen, die vorher durch ihre Lebenslust, Fröhlichkeit und Sauberkeit auch in harten Zeiten aufgefallen waren, versanken durch Nahrungsmangel in eine tiefe Apathie: Für Körper und Kleidungsreinigung reichte die Kraft nicht mehr aus. Sie verdreckten und verlumpten bis zur Unkenntlichkeit. Sogar das Kratzen hatten sie aufgegeben, obwohl sie von oben bis unten voller Läuse und Flöhe waren. Ohne Widerstand wurden sie vom Ungeziefer geradezu aufgefressen bzw. ausgesogen. […]

Mit dem zunehmenden Nahrungs- und Energiemangel bricht früher oder später die normale Denklogik zusammen. Man denkt nicht daran, wie schön der Vogel singt, sondern: Wie kann ich den Vogel fangen und auffressen? Der Energiemangel im Gehirn verzögert und behindert die Zusammensetzung von Gedanken zu einer praktischen Handlungsbereitschaft so drastisch, dass die ersten Gedanken schon wieder vergessen sind, bevor man die letzten zu Ende gedacht hat. In solchen Schwächeperioden bedarf es einer unwahrscheinlichen Kraftanstrengung und Konzentration, um sprachlich etwas vermitteln zu können. Energiemangel behindert das deutliche Aussprechen und erzeugt nur affenähnliche Laute sowie mürrisches gegenseitiges unverständliches Anquaken. Das Zusammenleben wurde dadurch noch zusätzlich erschwert. Auch zum Zuhören reichte meistens die Kraft nicht mehr aus.

Alles wurde zur Last oder Belästigung. Um dieser Belastung zu entgehen, versteckten sich viele in Sprachlosigkeit und der damit verbundenen Isolation. Ihr Schicksal war somit besiegelt: Ohne Kommunikation keine Information – und ohne Information konnte man überhaupt keine Nahrungsmittel auftreiben. Der Zerfall von Moral, Sitte und Kultur entblößt den Menschen in seiner nackten Gemeinheit. Nachbarn, die sich vorher gut verstanden und in einem guten Verhältnis miteinander gelebt haben, verwandeln sich innerhalb kürzester Zeit zu Bestien. Anstatt in extremer Not sich gegenseitig zu helfen und zu schützen, bildet sich an einem bestimmten Punkt der allgemeinen körperlichen und geistigen Schwäche das Gegenteil heraus."[33]

Selbst engste familiäre Bindungen zersetzten sich unter diesen Umständen. Denn der Besitz von etwas Essbarem zog zwangsläufig die Frage der Verteilung nach sich. Gab man jedem ein bisschen, reichte die Nahrung oft genug keinem zum Überleben. Wollte man die Kräftigsten auf jeden Fall durchbringen, musste also den Schwächsten ihr Anteil vorenthalten werden. Vor solche Abwägungen sahen sich nicht nur Mütter gestellt. Häufig waren es gerade die größeren Töchter und Söhne, die inzwischen die Rolle des Hauptnährers übernommen hatten. Während sie noch Lebensmittel zu organisieren vermochten, waren die Erwachsenen schon stärker geschwächt und entscheidungsunfähig. Die frühere Familienhierarchie stand damit kopf. Hatten Mütter und Großeltern wenige Monate zuvor noch völlig natürlich die Richtung vorgegeben, oblag es nun Zehn- und Zwölfjährigen, darüber zu befinden, wer zum Sterben freigegeben wurde.

Greise und elternlose Kinder, die von Restfamilien mitunter seit den ersten Nachkriegsmonaten irgendwie mitgeschleppt worden waren, wurden wegen ihrer geringen Nützlichkeit für die Gemeinschaft in der Regel als Erstes verstoßen. Ein Teil dieser Todgeweihten sah das von selbst ein und zog sich ohne Widerstände zurück. Andere versuchten jedoch, mit Vorwürfen oder Bockigkeit verbissen gegen ihr Schicksal anzukämpfen. Das hatte zur Folge, dass den Alten schlagartig jede Zuwendung entzogen wurde und einst angenommene Kinder und Pflegegeschwister mit Prügeln davongejagt wurden. Die von den sowjetischen Behörden eingerichteten Waisenhäuser konnten einige Tausend dieser Kinder aufnehmen, waren in ihren Kapazitäten jedoch begrenzt, sodass viele anhanglose Kleine in den Ruinen Königsbergs Unterschlupf suchten, von wo aus sie jetzt zu ihrer Nahrungssuche aufbrachen.

„Diese allein gelassenen, verstoßenen Kleinkinder waren die ersten direkten Hunger- und Kälteopfer. Starker Kälteeinbruch ließ auch die letzten Abfallhaufen zu unankratzbaren Eispanzern gefrieren. Hiergegen waren die mit Lumpen bekleideten und mit Teelöffeln für die Nahrungssuche im Abfallhaufen ausgerüsteten kleinen Elendsgestalten machtlos. Konturlos der Erdfarbe angepasst, war die zusammengefrorene kleine tote Menschenmasse oft nicht viel größer als ein großer Maulwurfshaufen. Nur beim genauen Hinsehen konnte man manchmal die kleinen Finger erkennen, in denen der kleine Teelöffel bis zuletzt festgehalten worden ist. Am Anfang des Winters waren noch einige Deutsche mit den letzten Kraftreserven in der Lage, verhungerte Kinder von den Abfallhaufen herunterzuholen und anderweitig auf irgendeine Art beizusetzen. Bei zunehmender eigner Schwäche war dieses nicht mehr möglich. Die Kinderleichen hat man höchstens noch umgekippt, wonach sie von Unrat und Schnee zugedeckt worden sind."[34]

Viele der hungrigen Kinder suchten die Nähe zu den notdürftig weiter betriebenen Krankenhäusern, rechneten sie sich hier doch etwas größere Erfolgschancen auf Nahrung aus. Der Arzt Johann Schubert, der im Königsberger *Krankenhaus der Barmherzigkeit* arbeitete, beobachtete im Januar und Februar 1947 ganze Scharen von Kindern, die sich von morgens bis abends vor dem Krankenhaus und den angrenzenden Wohnbereichen des Personals aufhielten. Nie mehr vergessen sollte er ihren jammervollen Singsang, der mit kraftlosen, weinerlichen Stimmen vorgebracht wurde. Die Aufforderung „Onkel gib mir doch ein Stückchen Brot" monoton wiederholend, standen sie in Grüppchen vor den bewohnten Räumen der unteren Etage seines Wohnhauses in der ehemaligen *Frischbierschule*, bettelnd von einer Tür zur anderen gehend, sich gegenseitig ablösend, weinend, frierend, blau vor Kälte und mit gefrorenen Tränen. Oft wurde er morgens von diesen Kindern geweckt. Wütend riss er dann die Tür auf und wurde „trotz aller unserer Verrohung stets von Neuem entwaffnet beim Anblick dieser schmutzstarrenden Lumpenbündel, aus denen die kleinen greisenhaften Gesichter mit den tiefliegenden, vom Hunger unnatürlich vergrößerten Augen einem verzweifelt entgegenstarr[t]en." 35

Eine Überlebende dieses Dramas ist Christel Fischer. Im Winter 1947 bettelte sie für sich und ihren kleinen Bruder Harry auf den Königsberger Straßen um Nahrung. Ihre Schwester Edeltraut war bereits 1945 gestorben, die Mutter während der zweiten Typhuswelle im Frühjahr 1946. Anschließend waren Christel und Harry zwischen den noch lebenden Tanten hin- und hergeschoben worden, bis auch die letzte ihnen klargemacht hatte, nicht mehr für sie sorgen zu können.

Trotz übermenschlicher Anstrengungen schaffte Christel es nicht, ihrer Rolle als große Schwester gerecht zu werden. Weder konnte sie Harry zur Aufnahme in einem Waisenhaus verhelfen noch etwas anderes als Kartoffelschalen anbieten und verhindern, dass er in Sandalen durch den Schnee lief. Nach ihrem erfolglosen Versuch, ihn in einem Waisenhaus abzugeben, brach er auf offener Straße zusammen. Mit einem irgendwo aufgestöberten Schlitten zu ihrem Bruder zurückkehrend, fasste Christel deshalb den Entschluss, ihn wieder in die bisherige Unterkunft zu bringen.

„Und dann wissen Se, wie ich ankam, er war steif [sie bricht in Tränen aus], können sich vorstellen, dein Bruder liegt [sie klopft auf den Tisch] wie ein Klotz Holz, steif gefrorn. Und ich hab ihm aufn Schlitten jelegt und hab ihm nach Hause gebracht.

Und in der Nacht, da höre ich [sie macht ein Keuchen und Stöhnen nach]: Trinken, trinken. Ja, was Trinken war. Wasser hab ich ihm gegeben. Vielleicht hab ich jewärmt bisschen, ich weiß nich, ich weiß nich mehr. Dann am Morgen ist er aufjewacht und fragen Se mich, wie lange hat gelebt, er hat nich lange jelebt. Vielleicht paar Wochen, vielleicht 'n Monat, ich weiß nich.

Da bin ich immer allein zum Betteln jegangen und wenn ich irgendwo hab jefunden verfrorne Kartoffeln, da hab ich bisschen immer so gerieben mit Wasser, ja, wie für ein kleines Kindchen, verstehn Se. Das war kein Brei, das war mehr Wasser, ohne Salz, ohne Zucker, das gab's nich. Sag ich: Harry, du musst was essen. Er ist nur aus dem Bett aufjestanden und dann aufn Fensterbrett konnt er sich so hinsetzen. Und dann saß er. Ist nich mehr rausgegangen. Sagt er, Christel, ich will essen, aber das schmeckt mir nich. Ich sag, Harry, ich hab nichts.

Verstehn Se, wir haben Kartoffelschalen bekommen. Dann habe ich se abgewaschen und wir hatten da so kleines Herdchen. Dann haben wir aufm Herd trocken gelassen. Nachher in der Pfanne haben wir reingelegt. Fett, Salz, das gab's nich. Einfach so 'n bisschen angebraten, und das haben wir gegessen. Ja, das ist ganz klar, dass dem Jungen hat das nicht geschmeckt. Aber ich sag, was soll ich machen, ich hab nichts. Wir haben nich mehr jewusst, wie Brot schmeckt. [sie macht eine Pause und atmet tief]

Ein Morgen ist er, in der Nacht ist er eingeschlafen. Da habe ich mit meinem toten Bruder noch geschlafen in meinem Bett, und morgens ist er nich mehr aufjestanden. Ja, da mussten wir ihm auch beerdigen. Und wo wir haben jewohnt, gleich nebenan war der Friedhof, für die Deutschen noch. Und dann ham wir ihm im Kartoffelsack, wissen Se, das kann man nich vergessen, in ein Kartoffelsack haben wir ihm reingesteckt."

Auch Leni Kosemund erlebte 1947 das Sterben ihrer Geschwister und ihres invaliden Vaters in einem Königsberger Mehrparteienhaus ohnmächtig und aus nächster Nähe mit.

„Ich hab am 5. Januar meine kleinste Schwester verloren. Sie hat noch nachts nach mir gerufen. Ich wollte aufstehen und zu ihr hin. Sie lag im Kinderbettchen. Sagt mein Vater, nein, du gehst nicht zur Sigrid. Lass sie in Ruhe. Na, ich glaub, sie hat auch nur zweimal gerufen. Ich sag, Papa, lass mich doch, lass mich doch zur Sigrid gehen. Nein, bleib liegen. Am andern Morgen war sie tot. Da hat er zu mir gesagt, du hättest das Kind gar nicht rausgekriegt. Du hättest ihm nur wehgetan. Die Sigrid war voller Wasser. Das stimmt. Ich hatte das Gefühl, sie war die Kräftigste von uns, weil sie am dicksten war. Aber sie war voller Wasser. Als sie dann tot war, hab ich's selbst gesehen, plötzlich war sie ganz dünn. Da bin ich runtergegangen zu unserm Nachbarn und hab ihn gefragt, ob er nicht einen schönen Kissenbezug hat, die war ja nur so klein. Da gab er mir dann einen weißen. Mein Bruder und mein Vater haben sie eingewickelt. Und dann ist sie abgeholt worden. Bin nicht mitgegangen. Sie ist wohl in ein Grab gekommen, mit einer anderen Toten, also richtig beerdigt worden. Dann war zwanzig Tage Ruhe.

Am 25. kam ich nach Hause vom Betteln, da sagt mein Vater, erschrick dich nicht, der Hans ist tot. Wie, der Hans ist tot? Währenddem ich weg war, ist der Junge gestorben. Ist zu meinem Vater noch vorher ans Bett gekommen und hat zu ihm gesagt: Papachen, schlag mich doch bitte tot. Dann hat er sich hingelegt und ist nicht mehr aufgestanden. Ich konnte den Hansi nicht selbst einpacken. Aber ich hatte ne Wolldecke, in die er eingewickelt wurde. Das war so ein toller Junge. Mit zehn war er Vorturner im Turnverein. Der boxte gegen Siebzehnjährige. Er ist auch mit zu einem andern ins Grab gekommen. Ich wollt sie alle auf dem Friedhof haben. Wissen Se, das ist so: Immer wenn einer gestorben war, der wurde an den Straßenrand gelegt. Dann kam morgens ein Leiterwagen, ein Pferdefuhrwerk, da stand einer aufm Wagen mit der Mistgabel. Gut, der hat die Mistgabel nicht in die Menschen reingehauen, aber er hat versucht, die so bei den Klamotten zu packen und denn rauf auf den Wagen, rauf auf den Wagen. Und dann wurden die alle in einen Bombentrichter gebracht. Da wollt ich meine aber nicht hinhaben, sie sollten richtig beerdigt werden.

Hansi war also am 25. Januar gestorben. Am 29. morgens wollt ich dann selbst nicht mehr. Rita merkte ich schon, irgendwas mit der stimmte nicht. Mein Vater sagte mir nichts und der Peter, der lag in seinem Bett. Und ich war müde. Ich wollte nicht mehr aufstehen. Ich hätt aber Holz holen müssen, es war ja kalt. Ich hab nur gesagt, ach weißt du, Papachen, lass mich doch auch sterben. Und das war zu viel für meinen Vater. Da hat er gesagt: Nein, dich will ich nicht auch noch sterben sehen. Aber mit einer Stimme, ich hätte nicht gewusst, dass man als Kind so was empfinden kann. Muss dazu sagen, ich war ein Papakind. Ich liebte meinen Vater über alles. Na ja, ist schon gut, ist schon gut, bin ich dann aufgestanden. Hab das Holz raufgeholt, hatte vorher meine Schwester und meinen Vater warm zugedeckt, die lagen oben zusammen nebeneinander. Komm ich wieder rauf, ich guck den an, da hat er sein Gesicht abgedeckt. Ich sag, was hast du denn gemacht. Warum hast du dich denn abgedeckt. Sagt er, das sind die einzigen Worte, die er noch gesagt hat: Geh, geh, es ist alles gut. Das war alles. Das war mittags. Es wurde dann schon dunkel, da konnt mein Vater erst sterben, so lange hat er gekämpft. Er hatte nicht viel Gift gehabt. Trotzdem hab ich hinterher immer gedacht, warum hast du uns nicht alle mitvergiftet?

Nu, das war der 29.

Am 30. war die Rita dann tot.

Und am 31. war der Peter tot.

Da warn se alle tot. Alle fünf.

Hab ich mir jemanden besorgt, der mir geholfen hat, das Eis aufzuhacken. Hat mir auch jemand geholfen, sie einzuwickeln. Wie der eingepackt war, mein Vater, hab ich überlegt, vielleicht ist er doch nicht tot. Hab ihm immer wieder die Augen aufgemacht. Aber er konnte nicht mehr. Ich seh se noch, wie sie da unten in dem Loch liegen. Als wir sie dann mit Schnee zugeschippt haben, hab ich gedacht, hoffentlich kommt der Sommer nicht und ihr treibt wieder hoch."

Trotz der reduzierten Geistesfunktionen in der konkreten Situation brannte sich die Abschiednahme von Elternteilen und Geschwistern fast allen Kindern ins Gedächtnis ein. Wie Leni und Christel bringen sie diese Momente noch 65 Jahre später in teils krassem Gegensatz zu ihren sonstigen Erinnerungslücken mit bestimmten Handlungen, intensiven Eindrücken oder konkreten Zeitangaben in Verbindung.

Etwa der Freitagmittag, an dem man ohne zu weinen das letzte Mal die Fieberstirn der Mutter mit etwas Wasser befeuchtete; die unbeherrschte Reaktion beim Betteln, als man die kleine Schwester aus Wut über deren Lethargie eine Treppe hinunterstieß und daraufhin wie in Zeitlupe ihr rosafarbenes Mäntelchen durch die Luft fliegen sah; die nächtliche Berührung am Oberarm, auf die unvermittelt eindringliche und klare Abschiedsworte folgten; der Anblick von Augen, in denen sich der ganze Irrsinn, die Verzweiflung und Hoffnungslosigkeit zu sammeln schienen; hinüberdämmernde Geschwister, die von fröhlichen Menschen, Essen und Musik fantasierten und dadurch Neidgefühle weckten; die tote Mutter mit mehlverschmiertem Gesicht in sitzender Haltung, deren angewinkelte Beine nach dem Hinlegen emporragten, weil die Leichenstarre schon eingetreten war; die sich einstellenden Automatismen nach dem Tod von Angehörigen, wenn man wie ferngesteuert von irgendwoher ein Laken beschaffte und sich die ungefähre Grabstelle mit aller Macht einzuprägen versuchte; oder die Tage danach, in denen man benommen umherirrte, endlich weinend ein Regenwasserabfallrohr umarmen konnte und sich in unendlichen Nebelwänden verlor.[36]

Die Lebendigkeit solcher Detailerinnerungen sieht der Literaturwissenschaftler Jürgen Manthey darin begründet, dass der Augenblick das eigentliche Zeitmaß für die Hungernden war. Durch das, was dieser an Intelligenz, Kraft und Improvisation mobilisierte, prägte er sich für immer ins Gedächtnis, grub sich ein und lebte dort weiter. Verlust und Tod permanent vor Augen, blieb die Wahrnehmung auf das fixiert, was für die eigene Existenz von unmittelbarer Bedeutung war und im Moment vielleicht Rettung versprach. Daher ragen einzelne Ereignisse als Erinnerungen wie eine Insel aus einer Zeit, in der das Sterben um einen herum längst zu einer unbestimmbaren Menge geworden war.[37]

Den Tod von Menschen, die einem fernstanden, verknüpfte man deswegen auch kaum mehr mit bestimmten Gesichtern und persönlichen Geschichten. Solche Szenen lassen sich heute allenfalls aus symbolischen Momentaufnahmen ableiten, die Überlebende mit sich tragen – etwa der Küchentisch einer verhungerten sechzehnköpfigen Familie, dessen Ränder wie bei einem Schweinetrog tiefe angenagte Einbuchtungen aufwiesen; Tausende Läuse, die, einer schwarzen Schnur gleich, wie auf Kommando Körper und Kleidung verließen und dadurch zuverlässig das nahende Ende ihres unbekannten Wirts ankündigten; das irre Brüllen eines Mannes in der Nachbarschaft, der die Beherrschung verloren und mit Teer übergossenes Pferdefleisch gegessen hatte; oder süßlich schmeckende Klopse vom Schwarzmarkt, die einem das Geraune um Menschenschlachter und in den Ruinen verschwundene Deutsche plötzlich ganz nahe brachten.[38]

Dem Zusammenwirken von Hunger und strengem Frost hatten auch die Erwachsenen nichts mehr entgegenzusetzen. In der klirrenden Kälte erlosch ihr Schmerzempfinden. Viele erlitten ein leises und einsames Ende in Ruinen und Schrebergärten. Andere lagen morgens mit schwarz gefrorenen Gesichtern und verzerrten Gliedmaßen vor den Eingängen des *Krankenhauses der Barmherzigkeit* im Schnee. Am Abend zuvor hatten sie noch vergeblich um Aufnahme in das Krankenhaus gebeten. Manche Menschen fielen bei ihrer Suche nach Lebensmitteln auch direkt auf offener Straße um oder blieben erstarrt an Gartenzäunen sitzen, wo sie sich für eine kurze Verschnaufpause niedergelassen hatten.

Die Bestattung solcher in ganz Königsberg aufgefundenen Namenlosen war schwierig. Ausgehobene Schützengräben aus Kriegszeiten eigneten sich zwar weiterhin als Massengräber. Doch wenn diese gefüllt waren, kapitulierten die Beerdigungskommandos vor dem tiefgefrorenen Boden. In ihrer Not bestimmten Miliz und Krankenhausverwaltungen schließlich Orte, an denen sie die Leichen zur Zwischenlagerung stapeln ließen.

Ähnlich verfuhr man auch auf dem Lande. Im Waisenhaus in Pillkallen wurden die verstorbenen Insassen in einen ehemaligen Kuhstall gebracht. In der Sowchose Trausen im Kreis Gerdauen bewahrte man die Toten im früheren Schweinestall auf. In Ströpken im Kreis Darkehmen wurden sie in einem ehemaligen Wehrmachtsbunker unterhalb des Friedhofs gesammelt. Dort hinderte niemand die Kinder, sich die aufgeschichteten Leichen aus nächster Nähe anzusehen. Ungestört beobachteten die Mädchen und Jungen, wie sich Ratten und Mäuse an den entseelten Körpern zu schaffen machten. Von der Menge der Toten ließen sie sich nicht beeindrucken. Anfangs gruselte ihnen vor einzeln hervorragenden Köpfen, Armen oder Beinen. Doch auch das konnte sie irgendwann nicht mehr schrecken.[39]

Überlebende berichten, jene Zeit nicht als grausam empfunden zu haben. Selbst das Anzünden der Leichen im Frühjahr habe einen nicht aus der Bahn geworfen, obgleich bei ungünstigem Wind der Rauch der brennenden Angehörigen und früheren Spielkameraden direkt in die eigene Unterkunft gezogen sei. Solche Feststellungen sind das Ergebnis eines abstumpfenden Gewöhnungseffekts. Er bewahrte die Kinder vor dem kompletten physischen Zusammenbruch und war Voraussetzung für ihr weiteres Funktionieren.

Ein eindrucksvolles Zeugnis hierfür ist der in seiner Ausführlichkeit vielleicht erste überhaupt festgehaltene Erlebnisbericht eines Königsberger Jungen, der von den Russen mitsamt seiner Familie nach dem Kriegsende in die Siedlung Charlottenburg eingewiesen worden war. Nach der Ankunft des siebzehnjährigen Helmut G. in Hessen hatten ihn Mitarbeiter des Evangelischen Hilfswerks im Juni 1948 während eines Besuchs der mit Spendengeldern erbauten Hilfswerksiedlung Vilbel kennengelernt. Das Gespräch mit ihm zeichneten sie direkt im Anschluss auf. Als besonders bemerkenswert erschien ihnen die Ruhe und Gleichgültigkeit in den Aussagen Helmuts, die, wie sie ausdrücklich anmerkten, „nur aus einer über lange Zeit zur Gewohnheit gewordenen Alltäglichkeit geboren sein können".

„Als die erste Frühlingssonne kam, fand ich morgens oft bei meiner Suche nach Brennholz Männer, die irgendwo lagen und sich nicht rührten. Im Anfang dachte ich, das seien Betrunkene, denn wir hatten manchmal solche Russen gesehen. Aber diese, die ich morgens sah, waren nicht betrunken, sie waren tot. Mutter sagte mir, dass sie vor Schwäche umgefallen und wohl gestorben seien. Meist waren es alte Männer mit grauen und weißen Haaren. Aber bald sah ich auch jüngere und dann kam Mutti einmal nach Hause und sagte, sie habe die erste tote Frau gesehen, die in einem Hauseingang gelegen habe. […]

Ganz zu Anfang blieben sie oft lange liegen, aber da war es noch kalt und man merkte nicht so schnell, dass sie tot waren. Aber als es dann warm wurde, ging es schneller damit. Es waren meistens die Angehörigen, die ihre Toten mit einem kleinen Wagen wegbrachten. Auch ich habe oft mitgeholfen. Meinen Onkel, seine Frau und deren Tochter und den zweiten Bruder meines Vaters und meine Großmutter und meinen Cousin habe ich mit begraben. […]

Ich weiß noch ganz gut, wie schwer es im Anfang war, die Toten auf den niedrigen Wägelchen wegzufahren. Da mussten immer drei helfen, weil die Hände und die Beine auf dem Boden schleiften. Aber mein Freund sagte mir einmal, man darf sie nicht so lange liegen lassen, dann werden sie wieder weich. Am besten geht es im Winter, wenn alles gefroren ist. Im Sommer haben wir oft ein Bügelbrett oder ein anderes Brett dazu benutzt. Dieser Freund, der mit uns am 12.11.1947 aus der ‚Trümmersiedlung' herausgegangen ist, hat alle seine Angehörigen mit begraben helfen. Die Familie bestand aus neun Menschen. Ich sah ihn, wie er mit seiner Mutter im Herbst 1947 seine letzte Schwester zum Schützengraben fuhr. In der Zwischenzeit war die Stelle in dem Schützengraben-Grab schon weit weg von uns. Erst als wir uns bei der Ausweisung wiedersahen, erfuhr ich, dass auch seine Mutter noch gestorben ist." [40]

Der Hunger in Deutschlands einstiger Kornkammer zerstörte die Existenz Zehntausender Familien. Doch Spuren, die das bezeugen würden, lassen sich kaum irgendwo mehr finden. Die Überlebenden haben das Erfahrene jahrzehntelang verdrängt, um an ihrem Schmerz und Verlust nicht zu ersticken. Sie litten unter Schuldgefühlen und Erinnerungslücken und kaschierten ihre Erlebnisse, wo immer es ging. Auch fehlte es an dokumentierendem Bildmaterial aus der Zeit zwischen 1945 und 1948, ebenso an Listen, in denen die Toten namentlich verzeichnet und ihre Grabstellen festgehalten worden sind.

Aus diesen Gründen lassen sich die Opferzahlen nicht genau beziffern. Mit Sicherheit muss aber von 105 000[41] ostpreußischen

Zivilisten ausgegangen werden, die nach dem Kriegsende im Königsberger Gebiet ihr Leben ließen. Diese Zahl ist bewusst defensiv errechnet und berücksichtigt auch keine Fluchttoten oder Personen, die während der Kampfhandlungen oder als Verschleppte in der Sowjetunion verstorben sind.

Grob unterteilt waren für das erste Fünftel die Gewalthandlungen, Propagandamärsche und Internierungsbedingungen im Frühjahr 1945 verantwortlich, für die beiden nächsten Fünftel die durch Nahrungsumstellung und hygienische Missstände begünstigten Seuchen und für die beiden letzten Fünftel die direkten Auswirkungen der Unterernährung. Die Gesamtzahl war im Wesentlichen das Ergebnis einer vom Kampf gegen den Faschismus längst wieder losgelösten offensiven sowjetischen Expansionspolitik. Die einheimische Bevölkerung wurde nicht mehr auf ihre Höfe zurückgelassen. Jeder Anlauf zur Selbstversorgung wurde unterbunden. Die Arbeitsverhältnisse in den Sowchosen besaßen Zwangscharakter und waren von Ineffizienz und häufiger persönlicher Vorteilnahme durch Militär- und Parteiangehörige gezeichnet.

Eine historische Kontextualisierung der Ursachen für diese Entwicklung gelingt nicht, wenn sie eilfertig als bloße Auswirkungen der deutschen Niederlage abgetan werden. Sie lassen sich aus etwaigen Kriegszerstörungen und sich daraus ergebenden Folgen ebenso wenig herleiten wie allein aus dem vermeintlichen Vergeltungsbedürfnis der sowjetischen Eroberer für deutsche Kriegsverbrechen. Auch am Ausnahmewinter 1947 können sie nicht festgemacht werden, der das Sterben zwar beschleunigte, aber keinen auslösenden Eigenanteil besaß. Dies beweist schon ein vergleichender Blick ins benachbarte Litauen, wo ein Massensterben ausblieb.

Die Entstehung des Hungers im nördlichen Ostpreußen erschließt sich erst in der Annahme, dass aus Moskauer Perspektive auf die vorhandene Zivilbevölkerung keine Rücksicht genommen werden musste. Bis weit in die erste Jahreshälfte 1946 hinein war die Gegend ein Militärgebiet ohne jeglichen Aspekt eines politischen Handelns für die dort noch lebenden Deutschen. Anschließend galt sie als neu zu besiedelnde Region, deren Zivilpolitik strikt auf sowjetische Neusiedler ausgerichtet wurde.

Die Mehrheit der zivilen ostpreußischen Nachkriegsopfer ist daher auf die zerstörerische Systemumstellung zurückzuführen. Das Hungern und Sterben war bei Kriegsende nicht festgeschrieben, sondern eine Folge der Zerschlagung noch bestehender sozialer Strukturen. Durch diesen Schritt wurde die Verwandlung Nordostpreußens zur sowjetischen Oblast Kaliningrad vollzogen. Erkauft wurde sie mit einer sechsstelligen Zahl an Ziviltoten, lange nachdem die Waffen des Zweiten Weltkriegs zum Schweigen gebracht worden waren.

Mehr als sechzig Jahre später ehrte ein deutscher Außenminister am Ort des historischen Geschehens gefallene Rotarmisten, ohne anschließend auch eine Geste für die elendig zugrunde gegangenen deutschen Kinder, Frauen und Alten zu finden. Der Auftritt Guido Westerwelles im Mai 2011 in Kaliningrad blieb ohne größere Resonanz. Weder im Fernsehen noch in den großen deutschen Tageszeitungen und Nachrichtenmagazinen wurde dem Auswärtigen Amt das stille Übergehen der eigenen Nachkriegsopfer kritisch angemerkt.[42]

Bis heute gibt es keine angemessene Form der öffentlichen Erinnerung an das apokalyptische Massensterben in Ostpreußen. In der Hoffnung auf Informationen mag der Suchende vielleicht am ehesten das populärwissenschaftliche Standardwerk zum *Hungerwinter – Deutschlands humanitäre Katastrophe 1946/47* in die Hand nehmen. Laut Klappentext zielt das Bestreben der Autoren darauf ab, eine „Lücke im nationalen Gedächtnis"[43] zu schließen. Wem, wenn nicht den Ostpreußen, müsste hier besondere Aufmerksamkeit eingeräumt werden? So sucht man denn auf 200 Seiten, liest noch mal genauer, beginnt sich verwundert die Augen zu reiben und klappt das Buch am Ende zu, ohne einen einzigen Satz zu ihrem Schicksal gefunden zu haben. Fast könnte man annehmen, Ostpreußens Hungerkinder hätten im Nirgendwo um ihr Überleben gekämpft.

Waisenhäuser und Wolfskinder

Dunkle Löcher öffneten sich und zogen die übrig gebliebenen Kinder in die Tiefe. Sie fielen und fielen. Unten auf dem Grund warteten nur Nebel, Kälte und Leere. Es wurde schwarz und still um sie herum. Die Welt hatte aufgehört zu existieren. Durch die Betäubung drangen von Ferne irgendwann Stimmen ins Bewusstsein: „Deine Mutter ist tot, hör endlich auf zu schreien." „Junge, hier sterben so viele Mütter, sie alle werden drüben im Park gemeinsam beerdigt." „Geh mal nach Hause, du wirst hier erfrieren."[44]

Bereits im Sommer 1945 hatten deutsche Diakonissen und Rotkreuzschwestern in Krankenhäusern damit begonnen, Kinder notdürftig zu betreuen, die seit der ersten Typhuswelle ohne Angehörige waren. Katholische Geistliche hatten bald darauf erste Waisenhäuser in unzerstörten Königsberger Villen eingerichtet. Laut einem Bericht der operativen Gruppe der Volkskommissariate für Inneres und für staatliche Sicherheit gab es im Dezember in ganz Nordostpreußen acht Heime für insgesamt 652 Kinder. Die Historikerin Ruth Leiserowitz stellte hierzu fest, dass die Militärverwaltung weder über politische Einflussnahme auf das Kinderheimpersonal noch über besondere Lebensmittelzuteilungen entschied, da die Einrichtungen vorläufig informell existierten. Es oblag demnach der deutschen Leitung, sich mit dem jeweils zuständigen sowjetischen Kommandanten gutzustellen, um etwa an Brotreste oder Abfallprodukte aus Militärküchen wie Kartoffelschalen und Rübenschnitzel zu gelangen, damit den Kindern regelmäßig eine Suppenmahlzeit geboten werden konnte.[45]

Im April 1946 wurde beschlossen, auf dem Lande weitere sechs und in Königsberg weitere drei Waisenhäuser einzurichten, im Oktober 1946 standen schließlich 2500 Plätze zur Verfügung. Diese Maßnahmen erfassten allenfalls die Spitze des Eisberges. Die Registrierung und Versorgung aller Waisen war unmöglich. Außerdem sah sich das Personal im Interesse der bereits aufgenommenen Kinder nur bedingt dazu in der Lage, noch mehr Bedürftigen die Tür zu öffnen. Unzählige Kinder, die von entkräfteten Angehörigen dorthin gebracht worden waren, wurden deshalb abgewiesen. In der Hoffnung, für ihren kleineren Bruder oder die Nichte doch eine Aufnahme zu erwirken, leugneten ältere Geschwister und Tanten ihre Verwandtschaft. Gelang ihnen dies überzeugend, nahmen sie zum Preis vermeintlich höherer Überlebenschancen in Kauf, ihr jüngstes, gerade namenlos gemachtes Familienmitglied nie mehr wiederzusehen. Es galt einzig, den Moment zu überleben. Für Gedanken an später war kein Raum.

Die meisten Zeitzeugen erinnern sich, dass sie als Waisenhausinsassen trotz der nun etwas geordneteren Verhältnisse weiterhin mit dem Tod konfrontiert blieben. Der neunjährige Burkhard Sumowski hatte einen Platz in einem Heim gefunden, das in dem Anwesen des ehemaligen ostpreußischen Luftgaukommandeurs im Königsberger Stadtteil Maraunenhof eingerichtet worden war. Obgleich es eines der am besten geführten war, bedeutete die Aufnahme für viele seiner Schicksalsgefährten keine Rettung.

„Wir Jungen hatten unsere Pritschen im Gartenpavillon der Hauswirtschaftsschule, die Mädchen waren im Haupthaus untergebracht. Fast täglich wurden neue Kinder gebracht, die allein und ziellos in den Ruinen herumgeirrt waren. […] Wenn wir morgens im Schlafsaal des Gartenpavillons aufwachten und ein Junge nicht mehr aufstehen konnte, riefen wir die Nonnen. Sie schickten uns fort, wickelten die Kinder in Verdunkelungspapier, von dem es immer noch Unmengen gab, trugen sie hinten in den Garten und begruben sie.

Die meisten der kleinen Kinder kannten nicht einmal ihre Namen, sie wussten nicht, wie ihre Mutter hieß, woher sie kamen und wie alt sie waren. Wir Größeren gaben ihnen Vornamen, damit wir sie anreden und ihnen ein wenig helfen konnten. Manche von ihnen mussten schreckliche Dinge erlebt haben. Sie waren psychisch so gestört, dass sie den ganzen Tag auf ihren kleinen Betten saßen und ihre Oberkörper rhythmisch-monoton hin- und herbewegten. Andere pendelten unaufhörlich mit ihrem Kopf von rechts nach links, von links nach rechts. Ihr Anblick war kaum zu ertragen. Claus, ein Junge, der vielleicht zehn Jahre alt war, saß da und schlug unablässig die Hände gegeneinander, dabei lallte er unverständliches Zeug. Mit ihm reden konnte man nicht. Auch er starb nach ein paar Tagen.

[…] Sonntags gab es nach dem Frühstück immer einen richtigen kleinen freiwilligen Gottesdienst. Ich nehme an, so andächtige Zuhörer wie uns hat der Priester nie wieder gehabt. Nach der Liturgie redete er von all den Dingen, die unser tägliches schwieriges Leben betrafen. Er tröstete uns, half uns zu verarbeiten, dass wir Eltern, Geschwister und andere Verwandte verloren hatten. Seine Ansprache gab uns Mut und auch Kraft. Dieser Priester war wirklich ein besonderer Mensch. Leider habe ich seinen Namen vergessen, er war meistens unterwegs, um Essen aufzutreiben, während die Nonnen uns betreuten. […]

Eines Tages waren plötzlich und überraschend die lieben Nonnen und der freundliche Priester verschwunden. Es hatte keinen Abschied gegeben, niemand hatte uns etwas erklärt. Wir waren tief erschrocken. Wenn es den Schwestern zu viel geworden wäre, sie hätten uns sicher Bescheid gesagt. Statt der Nonnen kamen die Russen. Offenbar wollten sie die Federführung übernehmen. Es gab einen neuen Heimleiter, einen kriegsversehrten russischen ‚Kapitan', dessen Rang dem eines Majors entsprach. Er brachte zwei bewaffnete Soldaten mit, die nicht uns bewachen, sondern uns vor umherziehenden, zum Plündern neigenden Russen beschützen sollten. […]

Jedes Kind musste ab sofort regelmäßig seine Zähne putzen. Da es weder Zahnbürsten noch Zahnpaste gab, bekamen wir einen großen Sack Viehsalz. Die groben Körner wurden in kleine Stoffsäckchen gefüllt und mit dem Hammer zerkleinert. Dann zeigte uns der Kapitan, wie man damit seine Zähne putzt. Er tauchte den nassen Zeigefinger in das Salz, steckte ihn in den Mund, rieb ihn auf den Zähnen hin und her und spülte schließlich mit Wasser nach. So scheußlich dies auch schmeckt, keinem von uns Kindern blieb diese Prozedur erspart. Einer der beiden Soldaten wachte darüber, dass wir morgens und abends alle das Viehsalzritual durchführten." [46]

Die Erinnerungen Sumowskis sind gleich in mehrfacher Hinsicht aufschlussreich. Zum einen geht aus ihnen hervor, dass die sowjetischen Machthaber die Betätigung der Kirche grundsätzlich akzeptierten. Dies deckt sich mit den Aussagen evangelischer Pfarrer, die bis zur Ausweisung der ostpreußischen Restbevölkerung sogar offiziell genehmigt ihren seelsorgerischen Dienst versehen durften. Zum anderen wurden im Laufe des Jahres 1946 alle deutschen Waisenhausleiter gegen sowjetische ausgetauscht. In der Regel hatten diese keine pädagogische Ausbildung, sondern waren Militärs. Ähnlich den Verhältnissen auf den Sowchosen hing das Wohlergehen der ihnen Anvertrauten stark von der Motivation des jeweiligen Kapitans ab. Das Bemühen einiger Direktoren schien sich aus echter Besorgnis um das Überleben der Kinder zu speisen. Andere Leiter brachten den traumatisierten Insassen jedoch keine Sympathie und Fürsorge entgegen. Manche bereicherten sich sogar an den Lebensmittelzuteilungen der Behörden, die für die Kinder gedacht waren.

Diese Erfahrung musste etwa die achtjährige Gertraud Groß machen, die im Frühsommer 1947 gemeinsam mit ihrer Schwester von Soldaten aus einem Chausseegraben im Großraum

Königsberg gezogen und auf die Ladefläche eines Militärlasters gehoben worden war.

„Bei unserer Ankunft in den Kasernen in Kalthof wurden uns die Haare abrasiert und wir bekamen ein Kleid, aus Blaumannstoff. An Unterwäsche und so was kann ich mich nicht erinnern. Wir kamen in ein Verwaltungsgebäude aus rotem Backstein. In den Schlafsälen waren Eisenbetten, und in jedem Bett schliefen vier Kinder. Zwei vorne und zwei hinten. Wenn man die kleinen Kinder fragte ‚Wie heißt du?', antworteten sie Püppi oder Ähnliches, und auf die Frage ‚Wie heißen deine Eltern?' sagten sie Papa und Mama. Es gab einmal am Tag Essen. Meistens Kascha (Graupenbrei) oder Kapusta (Kohlsuppe). Zu trinken gab es Tee. Die großen Jungen standen vorne an der Speisesaaltür, und wenn geöffnet wurde, gingen sie an den Tischen entlang und schoben das Brot zusammen und steckten es sich ein.

Es war eine Brutstätte von Darmkrankheiten, und das Zuviert-in-einem-Bett-Schlafen hat das sicher noch verschlimmert. Die an der Ruhr litten, hatten es am schwersten. Wenn die Durchfallkrämpfe begannen, fiel ein Stück Darm aus dem Po heraus und die Kinder waren nicht in der Lage, sich aufzurichten. Es musste erst ein anderes Kind kommen und den rosa Zipfel mit zwei Daumen zurückdrücken, und dann konnte das Kind sich wieder aufrichten. Es waren auch einige, die eine Krankheit hatten, da bildete sich Schorf in den Kniebeugen, und wenn sie die Beine angewinkelt hatten, konnten sie diese nicht wieder gerade strecken, da dann die ganze Fläche aufriss.

Obwohl wir jetzt im Heim lebten, gingen wir fast täglich in die Stadt, um Essbares zu erbetteln. Wenn wir etwas bekommen hatten, aßen wir davon schon unterwegs möglichst viel, denn einen Teil mussten wir den großen Jungen an der Torwache abgeben. Wenn wir dann ins Lager zurückkamen, fielen die anderen Kinder über uns her und nahmen uns den Rest ab.

Eines Tages wurde alles anders. Es wurde geputzt und geschrubbt. Es gab dreimal Essen am Tag und sogar Milch zum Trinken und Kakao und Fleisch im Mittagessen. Bald klärte sich alles auf. Ein Offizier mit Dolmetscher kam und unterrichtete uns, dass eine Kommission zur Besichtigung komme und wie wir uns verhalten sollten. Wenn sie Fragen stellen, dürfen wir nicht antworten und keiner darf diese Leute von sich aus ansprechen, sonst wird er anschließend erschossen. Die Delegation kam, es waren hohe russische Offiziere und Zivilisten. Viel später habe ich erfahren, dass diese Zivilisten vom Schwedischen Roten Kreuz waren. Als man sie durch alle Räume geführt hatte, auch durch die Schlafsäle, wollten die Offiziere die Leute nach unten begleiten. Mit rasend klopfendem Herz sagten ein anderes Mädchen und ich, auf dem Boden hinter der Tür hat man die Kranken eingeschlossen. Es gab eine große Aufregung, die Delegierten hatten unsere Sprache verstanden und bestanden darauf, dass die Brandschutz-Stahltür geöffnet wird. Hinter der Tür krochen die halb verhungerten Kinder auf dem Boden. Die Ruhrkranken lagen in ihren Pfützen, und denen der Darm vorgefallen war, die blieben in der Hocke, weil ihnen keiner helfen konnte. Die Zivilisten waren entsetzt und die Offiziere standen mit roten Köpfen da und scheuchten den Lagerleiter und andere herum. Der Direktor wurde danach nicht mehr gesehen. Es wurde erzählt, dass er Lebensmittel der Kinder zum Schnapsbrennen verschoben hatte. Wir hatten große Angst, dass wir bestraft werden. Aber es geschah uns nichts."[47]

Dass sich die sowjetischen Stellen im Rahmen ihrer Maßstäbe und zur Verfügung stehenden materiellen Möglichkeiten überhaupt für die deutschen Waisen einsetzten, lässt die Annahme zu, dass die endgültige Entscheidung über die Zukunft der deutschen Bevölkerung erst im Laufe des Jahres 1947 getroffen wurde und man sich bis dahin verschiedene Optionen offenhalten wollte. Im Falle einer Deportation der Ostpreußen in die sowjetische Besatzungszone konnten die Behörden auf ihre humanen Handlungen verweisen. Für den Fall, dass die Deutschen aber doch dauerhaft als Arbeitskräfte im Königsberger Gebiet blieben, hätte man sich mit den Kindern eine neue sowjettreue Kaderschicht herangezogen.

In diesem Licht ist auch der Schulunterricht zu sehen, der zum Schuljahr 1946/47 nominell für alle deutschen Kinder eingeführt wurde. Die Behörden richteten dafür parallel zu den russischen Neusiedlerschulen eigens auch deutschsprachige Schulen im gesamten Königsberger Gebiet ein. Struktur und Lehrplan wurde für diese Institutionen aus dem sowjetischen Schulwesen übernommen. Zur Gewinnung geeigneter Lehrkräfte zog man Personen aus der deutschen Restbevölkerung heran und bereitete sie in Schnellkursen auf ihre Tätigkeit vor. Galten sie als politisch unbelastet, stellte die sowjetische Auswahlkommission fachliche Anforderungen hintan. Es genügte die Teilnahme an einer Einführung in sowjetische Pädagogik und sowjetische Geschichte. Russische Lehrkräfte wurden in der Regel ausschließlich für den Russischunterricht eingesetzt.

Im Jahre 1947 befanden sich 49 deutsche Schulen in Betrieb. Sie wurden von insgesamt 5632 Kindern besucht, von denen 3698 inzwischen in einem Waisenhaus wohnten.[48] Heiminsassen gingen also mit hoher Wahrscheinlichkeit auch in den Unterricht. Für die anderen Kinder galt diese Aussage in einem negativen Sinn ebenso. Wer weiterhin unbeaufsichtigt in den Königsberger Ruinen lebte oder auf einer Sowchose als mithelfende Arbeitskraft benötigt wurde, erfuhr häufig gar nicht erst von der Existenz dieser Schulen. Nimmt man die Gesamtgruppe der eigentlich schulpflichtigen deutschen Kinder in diesem Jahr, wurden allenfalls 15 Prozent vom Unterricht erfasst. Dieser konnte den Kindern kaum mehr als einfache Lese-, Schreib- und Rechenübungen bieten. Aber er hielt sie nicht zuletzt mit Fahnenappell, schön klingenden Liedern, Diavorträgen und Landeskunde für einige Stunden von der Straße fern. Waisenhausinsassen erinnern sich, dass mit dem Stillen des allergrößten Hungers auch ihr Bedürfnis nach geistiger Nahrung langsam zurückkehrte. Da sich die meisten der ihnen vorgesetzten Reime, Gedichte und Fibeltexte jedoch um die ruhmreiche Rote Armee drehten, wahrten sie zum Inhalt Distanz.

Selbst in den bestgeführten Waisenhäusern blieben die Kinder im Unklaren darüber, was man mit ihnen vorhatte. Was um sie herum und mit ihnen geschah, mussten sie hinnehmen, wie es kam. Nie erklärte ihnen jemand, warum die deutschen Heimdirektoren über Nacht ausgetauscht worden waren und was die neuen Kapitane mit ihnen vorhatten. Selbst wo sie deren Sympathie und Fürsorge spürten, ging es für sie nach wie vor ums Überleben. Die Nahrung blieb knapp, die medizinische Versorgung kärglich und ihre Schlafstelle beengt und ungeschützt.

Ungeachtet dieser Härten und Missstände hatten die Waisenhausinsassen im Vergleich zu ihren obdachlosen Schicksalsgefährten auf dem Höhepunkt der ostpreußischen Hungerkatastrophe das bessere Los gezogen. Doch im Frühjahr 1947 wurden die Karten neu gemischt. Den anderen Kindern tat sich jetzt von unerwarteter Seite her ein Tor auf: Litauen. Wie ein Lauffeuer ging in jenen Wochen die Kunde durch ihre Reihen, dass die Reise ins Nachbarland angeblich Rettung versprach. Dort sollte es Bauern geben, die noch auf ihren Höfen wirtschafteten und deutschen Bettlern zu essen gaben. Diese Vorstellung wirkte besonders auf die älteren Kinder elektrisierend. Seit fast zwei Jahren hatten sie sich selbst versorgen müssen, sie waren längst daran gewöhnt, über ihr Schicksal eigenständig zu entscheiden. Abgesehen von der begrenzten Platzzahl waren die Heime mit ihrem sowjetischen Charakter schon deshalb nie eine echte Alternative für sie gewesen.

In einem letzten Akt des Aufbäumens erschlossen sie sich nun dieses fremde Land. Während die innerostpreußische

Grenze im Süden bewacht und weitestgehend undurchlässig war, konnte die ehemalige deutsch-litauische Grenze häufig ungehindert passiert werden. Wer nicht in den dortigen Grenzgebieten lebte und zu Fuß ging, fuhr als blinder Passagier mit dem Güter- oder Personenzug oder hoffte auf eine Mitnahmegelegenheit per Lastwagen. Ungeachtet des Wetters und der Jahreszeit hockten sie sich auf Puffer, Trittbretter und Dächer, setzten sich in offene Waggons oder versteckten sich inmitten der Ladung. Bei ausbleibenden Zwischenfällen erreichten sie über Tilsit das Memelland und den Nordwesten Litauens, über Insterburg den Großraum Kaunas und den Süden des Landes. Dabei überwanden sie Strecken von bis zu 250 Kilometern und bettelten anschließend in einem Radius von 15 oder 20 Kilometern um eine Bahnstation. Wenn sie noch Angehörige hatten, die von einer Versorgung durch sie abhängig waren, fuhren sie nach einigen Tagen mit Kartoffeln, Brot, Mehl und Eiern nach Ostpreußen zurück. Weil sie mittlerweile die ganze Verantwortung für ihre Restfamilie trugen, blieben sie aber nicht lange, sondern brachen schon bald zur nächsten Tour auf.[49]

Ausgangspunkt solch eines Pendlerdaseins war für Königsberger Kinder meistens der Nordbahnhof. Diese Gegend war vielen vertraut. Hier hatten sie sich schon monatelang zuvor herumgetrieben, weil ihnen die aus- und umsteigenden Rotarmisten öfter einmal Essensreste hinwarfen. Aus so einem Moment heraus ergriff auch Dora Schwarz mit ihrem jüngeren Bruder eines Tages die Gelegenheit und stieg, von nagendem Hunger getrieben, kurzerhand in einen abfahrbereiten Zug.

„Wir sind immer jejangen zum Bahnhof, betteln. Sehe ich einen Soldaten, der hat Speck gegessen, wissen Se. Der nimmt das Brot und beißt da so rein. Da hat er jefragt mich, irgendwas. Da dacht ich, meine Güte, was ist das für ein Wort, was meint er. Hab ich genickt mit dem Kopf. Da hat er was hingeschmissen auf die

Erde. Hab ich gedacht, nehm ich. Tritt er aber mit dem Fuß noch zweimal so drauf und schießt dieses Stück dann zu mir. Da dacht ich, na ja, nehm ich sowieso. Ich hatte Hunger, da war das egal. Hab ich bisschen saubergemacht und ham wir gegessen. Das hat geknirscht zwischen die Zähne, aber was sollst du machen. Das war so.

Und dann seh ich, wie da der Zug steht. Wir wussten von den anderen Kindern, dass sie in Litauen erfolgreich waren. Wollten wir auch versuchen. Ham wir jewartet, und als es pfiff, mussten wir laufen und schnell sein. Durftest nicht abrutschen. Und ich war so eine Kleine. Habe mich zu den Leuten in den Zug gesetzt. Die Schaffnerin hat ganz grimmig geguckt. Kommt se auf mich zu. Macht plötzlich so ein Deckelchen unter der Bank auf. Darf ich mich reinlegen. Die ganze Fahrt lang. Und mein Bruder stand draußen in der Kälte auf dem Trittbrett.

Sind wir öfter bis nach Kaunas gefahren. Eine Nacht hin, da paar Tage rumgelaufen und gebettelt, eine Nacht wieder zurück und dem Papa und den kleinen Geschwistern das Essen gebracht. Ging immer so hin und her, manchmal auch bisschen länger. Schnee und Eis war zu der Zeit nicht mehr, aber sehr kalt war schon noch. Wir ham geschlafen in irgendwelchen Fluren, auf die Treppen. Sind die Leute jekommen, so über uns drübergestiegen. Keiner hat gefragt, wollt ihr ein Kissen haben oder eine Decke oder habt ihr was gegessen. Keiner hat gefragt. Die Haustüren warn damals alle offen, is nich wie heute, ein Schloss und du kannst nich mehr rein. Die Litauer hatten auch Angst, nicht so vor die Deutschen, aber vor die Russen. Wenn Deutsche waren bei ihnen, also Faschisten, dann wurden die Russen ganz wild mit ihnen."

Das Hin- und Herfahren zwischen Ostpreußen und Litauen erforderte Konzentration, Scharfblick, Geistesgegenwart und Vorsicht. Beim Aufspringen rutschten Kinder ab und gerieten unter die anfahrenden Züge. Bei tiefen Minusgraden blieb die Haut am Metall kleben. Steif gefroren vor Kälte oder unaufmerksam vor Müdigkeit, konnten sie auch während der Fahrt zwischen den Waggons auf die Schienen fallen. Hinzu kam, dass das Verhalten der sowjetischen Soldaten, Zivilisten und des Zugpersonals völlig unwägbar war. Manchmal wurden die Kinder geflissentlich übersehen, manchmal aus jeder Bahnhofsnähe gejagt oder Opfer sadistischer Handlungen.

Am meisten fürchteten sie nun aber die sowjetischen Jugendbanden, die im Gefolge der Roten Armee nach Ostpreußen gekommen waren und ebenfalls versuchten, in Litauen Lebensmittel zu ergattern. Mit ihnen machte die vierzehnjährige Leni Kosemund unfreiwillig Bekanntschaft.

„Richtung Moskau fuhr ein richtiger Waggonzug. Da lagen wir auf den Dächern. Wenn ich später mal diese Dingens da gesehen habe, diese Wild-West-Filme, wo die Cowboys von Waggon zu Waggon gesprungen sind, ob Se's glauben oder nicht, das haben wir auch gemacht, wenn die Russen hinter uns her waren. Die wollten uns da runterjagen. Das waren richtige Gruppen, die dann auch betteln gegangen sind. Die kriegten aber nichts von den Litauern. Deshalb haben die versucht, uns die Sachen abzunehmen. Aber wir kannten uns da oben auf dem Dach meistens besser aus wie die. Wir konnten gut laufen, selbst wenn wir rutschten, wir ham uns immer abgefangen.

Die Dächer waren ja so abgerundet. Hab mir den Rucksack dann oft hingelegt und auf ihm geschlafen, während der Fahrt. Daher habe ich auch immer noch die Bauchlage. Ich kann bis heute nicht anders liegen. Na, jedenfalls schlafe ich einmal so fest und wie ich dann morgens wach werde und denk, wo ist mein Rucksack, da hatten se mir den geklaut. Und neben mir, den will ich wachmachen, den hatten se erstochen. Der hat sein irgendwas nicht abgegeben, was weiß ich. Den ham se richtig abgestochen.

Als wir ankamen in Kaunas, war es noch dunkel. Bin dann über ihn rübergestiegen und hab gemacht, dass ich runterkam.

Später haben wir noch ne bessere Stelle gefunden. Unter den alten Zügen waren solche Wasserkästen. Und da ist so ein schmaler Hohlraum nach oben hin, können sich vorstellen. Da haben wir uns zwischen geklemmt und hatten dann eine ruhigere Fahrt als auf dem Dach."

Viele der pendelnden Kinder weiteten ihre Aufenthalte in Litauen von Mal zu Mal aus, kehrten immer seltener zurück und empfanden Angehörige, die immer an demselben Ort blieben, zunehmend als Last. Irgendwann blieben sie ganz im Nachbarland, ihr Selbsterhaltungstrieb hatte gesiegt. Die dortige Lebensmittelversorgung, die um so vieles besser war, animierte nun auch Erwachsene zum Aufbruch. Mütter, die noch die Kraft dazu besaßen, setzten alles auf eine Karte und versuchten, gemeinsam mit den ihnen verbliebenen Kleinkindern nach Litauen zu gelangen. Waren sie aus ihren Arbeitsverhältnissen offiziell noch nicht freigegeben, verließen sie die Sowchosen eigenmächtig. Dieser Entschluss wurde von großen Ängsten begleitet, blieb im Gegensatz zu 1945 und 1946 aber meist folgenlos. Die Frauen waren inzwischen so ausgezehrt, dass ihre Arbeitskraft kaum noch als vollwertig galt. Kommandanten unternahmen deshalb auch keine nennenswerten Anstrengungen mehr, sie zurückzuholen.

Ella J. flüchtete im März 1947 während einer Nachtschicht aus der Sowchose Kaukehmen und überquerte mit ihrem Sohn die zugefrorene Memel. Martha S. verließ die Sowchose Saalau im Juni, nachdem dort vier ihrer Kinder gestorben waren, und fuhr mit ihrem letzten Sohn per Bahn nach Litauen. Elfriede S. hatte auf der Sowchose Norkitten drei Angehörige verloren, setzte sich von dort im Juli mit ihren beiden letzten Töchtern ab und erreichte Litauen zu Fuß. Ein Teil der Mütter versuchte, die eigenen Kinder bei litauischen Bauern unterzubringen und anschließend alleine ins Königsberger Gebiet zurückzukehren, um hier von möglichen Transporten Richtung Westen zu erfahren. Andere wollten mit ihren Kindern um jeden Preis zusammenbleiben, mussten bald aber feststellen, dass sich das Auseinanderdriften der Restfamilie nicht unbedingt verhindern ließ.[50]

Im Frühsommer 1947 bevölkerten schließlich Tausende ostpreußische Bettler die litauischen Feldwege und kleinen Straßen. Sie nahmen schnell wahr, dass die offiziell verbreiteten deutschfeindlichen Positionen nicht zu den Erfahrungen passten, die sie im direkten Kontakt mit der litauischen Bevölkerung sammelten. Diese begegnete ihnen selten abweisend, im Regelfall unvoreingenommen und häufig auch wohlmeinend. Außerdem war das Betteln im tief katholischen Litauen nichts Unübliches.

Gleichzeitig verspürten die Deutschen aber auch einen hohen Konkurrenz- und Anpassungsdruck. Im Gegensatz zu ihren Erfahrungen im Königsberger Gebiet, wo die Gemeinschaft von Schicksalsgefährten trotz aller Zerfallserscheinungen über lange Zeit noch immer einen gewissen Schutz versprochen hatte, war es in Litauen nunmehr die komplette Loslösung von der eigenen Gruppe, die die Überlebensaussichten erhöhte. Essen und eine Schlafstelle erhielt nur, wer alleine an eine Tür klopfte. Gruppendienliches Verhalten war nicht mehr gefragt, stattdessen das Talent, sich möglichst zielsicher dorthin zu bewegen, wo bislang keiner vor einem gewesen war. Andere Deutsche bedeuteten nun in erster Linie eine Verringerung der eigenen Erfolgsaussichten, der Kontakt zu ihnen wurde daher zunehmend gemieden.

Allen Kindern füllte sich in Litauen allmählich der Magen. Doch die wenigsten fanden auf Anhieb eine dauerhafte Unterkunft. Ihre Tage bestanden aus der wiederkehrenden Abfolge von Betteln, Essen, manchmal etwas Arbeiten, einen Schlafplatz Suchen und Weiterlaufen. Das Vagabundieren war anstrengend und kraftraubend. Bei den meisten wuchs das Bedürfnis nach einem festen Dach über dem Kopf. In dem Moment, in dem sie ein solches gefunden hatten, konnten auftauchende Schicksalsgefährten zu einer richtigen Bedrohung werden.

Das erlebte auch Klaus Weiß auf einem Hof an der ehemaligen memelländisch-litauischen Grenze. Dort hatte ihn eine Familie aufgenommen, obwohl er noch zu klein war, um in der Landwirtschaft mitzuarbeiten. Aber seine Pflegemutter schloss ihn ins Herz. Mit Hausmitteln heilte sie ihn sogar von der plötzlich aufgetretenen Kinderlähmung, ungeachtet ärztlicher Prognosen, dass Klaus nicht mehr zu helfen sei.

„Bei meinen Pflegeeltern sind immer wieder andere Kinder vorbeigekommen, die gebettelt haben. Und meine Frau Mama, die hat gegeben, für jedermann, hab ich so seitwärts beobachten können. Die Kinder haben abgekriegt. Sie taten mir leid und ich hab mich innerlich gefreut, wenn sie was bekamen. Aber gesprochen habe ich mit ihnen nicht. Hatte vielleicht den Eindruck, dass ich mich irgendwie bisschen versteckt halten musste. War mehr so konzentriert, na, gibt die Mutter denen was, paar Eier, Stückchen Brot oder was. Ich war nicht neidisch, aber musste beobachten. Hab mich bisschen so gefühlt wie fast schon als der kleine Chef, stehe neben der Mama und gucke zu. Das ist vielleicht auch kindliche Verhaltensweise.

Dann kommt eines schönen Tages ein größerer Junge, kann man nicht sagen junger Mann, aber er war so drei, vier Jahre älter als ich. Und dieser Junge hat sich gegenüber dem Vater einge…, also er war schlauer als ich. Er hat dem Vater erzählt, ich hätte die Sau mit der Peitsche gehauen und das wäre nicht gut. Und der Vater erzählt dann der Mutter, was ich für Schweinerei gemacht habe. Dieser Junge war schon wirklich raffiniert, um meinen Platz zu besetzen.

Der Vater war sowieso für mich negativer eingestellt. Sagt er, vielleicht sollten wir den Klaus laufen lassen und den großen

Jungen nehmen, der kann denn helfen mir auf dem Feld. Aber die Frau Mama, die war dagegen. Hat darauf nicht geantwortet und mich einfach behalten. Da musste der größere Junge weitergehen."

Andere Kinder konnten sich ihrer errungenen Stelle noch weniger sicher sein. Zum Beispiel Inge Wedemann.

„Mich hat ein Ehepaar ohne eigene Kinder aufgenommen. Aber kann man nicht sagen, die ham mich als Tochter adoptiert, mehr so als Arbeitskraft. Ich musste die Hühner füttern, im Frühjahr das Gras vom Wegesrand für die Schweine sammeln. Konnte den Eimer kaum tragen für die Kuh melken da. Und wenn ich nicht richtig gemacht habe, gab's eine Klatsche. Einmal warn die beiden nicht zu Hause und die Kuh war bisschen weiter auf der Weide. Da kamen so große schwarze Wolken, und ich hab immer vorm Gewitter Angst gehabt. Vielleicht lag das auch an de ganze Kriegszeiten da und alles. Na, hab ich die Kuh näher ans Haus gebracht und am Graben festgemacht. Und wie die beiden zurückkommen, habe ich wieder eine Ohrfeige gekriegt, dass ich die Kuh ans Haus geholt habe.

Ach, ich glaub nachher, da habe ich die deutsche Sprache mehr und mehr so weggeschoben. Ich weiß noch, da kamen zwei Frauen aus Ostpreußen, die haben gefragt, ob sie was zu essen kriegen können. Und meine Wirtsleute waren geizig. Die hatten unterm Dach so gebaut, dass da der Käse reingelegt werden konnte, zum Trocknen. Das hat die eine der Frauen gesehen und zur anderen gesagt, guck mal, die haben genug und geben uns gar nichts. Das hab ich verstanden. Und die Frauen haben denn auch gleich gesehen, dass ich keine Litauerin bin. An meine Sprache, weil ich mit großem Akzent gesprochen hab. Hab denen nur paar Worte gesagt und die meinten, du bist doch eine Deutsche. Und ich hab gesagt, nein, bin ich nicht."

Bedingungslos ordneten die Kinder ihre Herkunft dem Essen und einer dauerhaften Bleibe unter. Dadurch drohten noch bestehende Kontakte zu Geschwistern genauso verloren zu gehen wie die Muttersprache. Unauffälligkeit um jeden Preis war angesagt. Ihre Freiheit bestand allenfalls noch im erneuten Aufbruch und Weiterlaufen. Wie weit dieser Isolationsdruck reichte, verdeutlichen besonders gut Fälle, in denen Kinder und Mütter gemeinsam nach Litauen gekommen waren. Selbst sie konnten sich dem unaufhaltsamen Prozess der Vereinsamung nicht entziehen.

Während etwa eine Achtjährige bei den Bauern um Lebensmittel bettelte, wartete deren Mutter hinter Büschen oder der nächsten Wegbiegung. Arbeit erhielt die Mutter wiederum nur ohne die Tochter. Diese musste sich später auf zahlreichen Höfen für Wochen oder Monate alleine zurechtfinden. Obwohl beide oft nur ein paar Kilometer voneinander getrennt lebten, kam der Kontakt zwischen ihnen über weite Strecken zum Erliegen. Die Abhängigkeitsverhältnisse zu den jeweiligen Wirtsleuten übten einen viel stärkeren Einfluss auf das Kind aus, auch da, wo diese traumatisierend waren.

Auf einem Hof bei Plungė versorgte das Mädchen das Vieh. Die Kerngehäuse von heruntergefallenen und heimlich verspeisten Äpfeln vergrub es aus Furcht vor Bestrafungen. Ein aggressiver Hahn attackierte seine nackten Beine, der Bauer schlug es in seiner Wut mit der Peitsche. Jeden Abend schickte er seine Frau nach draußen, bevor sich das Kind ausziehen und im Halbprofil vor ihm aufstellen musste. Dabei beobachtete er es und masturbierte. Als eine Nachbarin die Striemen der Achtjährigen entdeckte und streichelte, fühlte diese sich für einen kurzen Moment so geborgen wie bei ihrer Mutter. Aber die Angst vor dem Verlust ihrer Schlafstelle lähmte sie. Wieder keine Seife, sich entzündende Wanzenbisse, Katzenwäsche am Tümpel, Kettenhunde, die einen anfielen.

Angesichts dieser Alternativen ließ sie alle Prozeduren „wie ein Schaf" über sich ergehen. Ein Ausbruch aus dieser albtraumhaften Situation gelang ihr erst, als sie einen Tag lang alleine auf dem Hof war und sich an ihren Lebensversicherer nicht mehr gebunden fühlte. Bei der Mutter im Nachbardorf angelangt, konnte sie das Erlebte allerdings nicht in Worte fassen. Die Mutter schien sie auch so zu verstehen, war jedoch machtlos. Noch am selben Tag wurde die Achtjährige auf den nächsten Hof vermittelt. Dort wurde sie wesentlich besser behandelt, sah sich nun allerdings mit konkreten Adoptionsbestrebungen der neuen Pflegeeltern konfrontiert.

Unabhängig davon, ob die Mütter noch lebten oder nicht, hatten in Litauen alle Kinder das Gefühl, alleine zu sein. Christel Fischer erinnert sich daran, wie schwer das erste Jahr für sie war.

„Radviliškis, das war eine kleine Stadt. Da war ich erst bei eine Frau, hab se nachher immer Tante genannt. Das war eine sehr gute Frau, sie hat sich jedes Stückchen Brot mit mir geteilt. Nu, ich habe ihr auch geholfen, gearbeitet. Ohne das ging nich. Aber ich war nicht lang bei ihr. In der Nähe war der Markt. Kam ein Bauer an und hat mich mitjenommen, aufn Land. Wissen Se, wie das schwer ist. Im fremden Land, keine Sprache, ganz alleine, ohne gar nichts. Der Bauer konnte nicht viel Deutsch, nur bisschen. Wir konnten uns gerad so verständigen.

Das erste Jahr hab ich Kühe gehütet, das war 47. Was für Monat, was für Tag, weiß ich auch nich. Wenn es noch dunkel war, da musste ich de Kühe schon rausjagen, auf de Wiese. Da wurden mir die Füße geplatzt, verstehn Se. Morgens, das Gras, überall ist nass oder jefrorn, richtig blutig waren mir die Füße davon. Die Bäuerin war streng, aber sie hat mir dann von de Milch die Sahne, wenn se haben immer abjenommen, damit hat se mir abends immer bisschen eingerieben, da war es besser.

So einen langen Mantel habe ich bekommen. Manchmal hab ich mich darauf gelegt, zum Himmel geguckt und Lieder gesungen. Mama, Mama, warum hast du mich allein gelassen, warum hast du mich verlassen. Immer selbst ausgedachte Lieder habe ich gesungen. Da konnt man zwischen de Kühe weinen, ohne dass einen die andern gesehn haben."

Zur Einsamkeit gesellte sich der ungeheure Assimilationsdruck. Es genügte nicht, sich unauffällig zu verhalten und die Arbeiten auszuführen, die einem abverlangt wurden. Wer an einem Ort bleiben wollte, brauchte über kurz oder lang eine neue Identität. Name, Geburtsort, Sprache, all das hatte man aufzugeben, wie Günter Gleixner.

„In Kaunas bin ich von Haus zu Haus, von Tür zu Tür. Habe in Treppenhäusern und Eingängen geschlafen. Ich hatte Krätze am ganzen Körper. Und Läuse. So bin ich durch die ganze Stadt geschlichen. Die Leute haben mich nicht wahrgenommen.

Wenn du bleiben durftest bei einer Familie, das war das Größte. Irgendwann hatte ich so eine Stelle. Die haben mir gesagt, sie behalten mich, wenn ich nur Litauisch und Russisch spreche. Die haben auch viel Angst gehabt. Wenn sie sorgen für einen Deutschen, dann ruft Sibirien. Unten hat eine Lehrerin gewohnt. Die hat mir dann unterrichtet. Selbst das Denken auf Deutsch hat sie verboten. Da bin ich wirklich aus dem Himmel gefallen.

Ich habe einen neuen Namen und Geburtsort bekommen, Jurgis Glazneris aus Klaipėda. Die Papiere meiner Eltern aus Königsberg, haben sie gesagt, müssen unter die Erde. Verstecken. Vielleicht nach zehn, zwanzig, dreißig Jahren kannst du das wieder rausholen. Ja, da habe ich meine letzten Dokumente in einer Flasche selbst beerdigt. Danach war von zu Hause nichts mehr. In dieser Stunde, an diesem Tag, habe ich an nichts gedacht."

Viele litauische Ehepaare und Familien boten den ostpreußischen Kindern ähnliche Brücken aus der Not, teils aus Mitleid, teils aus wirtschaftlichem Eigeninteresse. Dabei gingen sie das Risiko ein, mit ihrer Nähe zu den Deutschen die eigene Ablehnung gegenüber dem sowjetischen System kundzutun und dadurch in den Fokus der neuen Machthaber zu geraten. In einem Klima aus drohenden Deportationen nach Sibirien, einsetzender Kollektivierung der Landwirtschaft, allgemeiner Sowjetisierung der Gesellschaft sowie einem Krieg zwischen Kommunisten und litauischen Partisanen war dies nicht ungefährlich. Der Zwang zu einer vollständigen Assimilation ergab sich hieraus von selbst. Die Vorgaben, denen sich die Kinder zu beugen hatten, hießen demnach Loslassen, Verdrängen, Anpassen und Nachvorneschauen. Wer dazu nicht bereit war, weil er sich ausgenutzt fand oder noch an ein Wiedersehen mit Angehörigen glaubte, blieb ein Vagabund.[51]

Trotz ihres Versuches, sich unsichtbar zu machen, wurden die deutschen Bettler von ihrer neuen Umwelt allerdings weiterhin wahrgenommen. Pfarrer tauften die überwiegend evangelischen Kinder nach katholischem Ritus ein weiteres Mal, Staatsbedienstete stellten neue Geburtsurkunden aus, Ärzte und Krankenschwestern erkannten beim Anblick der vom Hunger gezeichneten Körper sofort die Herkunft, Partisanen erkundigten sich während ihrer nächtlichen Besuche nach dem plötzlichen Familienzuwachs und Nachbarn registrierten auf den angrenzenden Höfen ohnehin jede Veränderung. Kurzum, die Assimilation der ostpreußischen Kinder vollzog sich mit dem Wissen weiter Teile der litauischen Bevölkerung.

Ihre rasche Anpassung wurde nicht zuletzt auch durch fehlende Perspektiven und Alternativen begünstigt. Eine dauerhafte Rückkehr in das Königsberger Gebiet zog jetzt keiner der Betroffenen mehr ernsthaft in Erwägung. Dafür waren sie bereits zu sehr entwurzelt. Gedanken an Ostpreußen riefen eher apokalyptische Szenen wach als positive Gefühle. Zukunftsvorstellungen ließen sich auf dieser Grundlage nicht entwickeln.

Abgeschnitten von sämtlichen Informationen aus den Besatzungszonen Restdeutschlands, blieb die Wahrnehmung der meisten Kinder daher selbst nach ihrer Rettung vor dem Hungertod auf die Gegenwart fixiert. Viele von ihnen redeten jetzt nicht nur auf Litauisch, sondern dachten und träumten fortan auch in dieser Sprache. Nach dem in Ostpreußen miterlebten Ausmaß der deutschen Niederlage fehlte ihnen schlichtweg auch die Vorstellungskraft, dass Deutschland überhaupt noch fortexistieren könne. Jede weitere Nutzung ihrer Muttersprache kam einer Brandmarkung gleich. Im Verdrängen und Vergessen schien sich ihnen der einzige Weg aus dieser Sackgasse aufzutun.

Ein bewusstes Festhalten an Sprache und Herkunft gelang allenfalls einem Teil der Kinder. Meistens den älteren, die bereits einige Jahre in deutsche Schulen gegangen waren und daher lesen und schreiben konnten. Außerdem denen, die mit Sicherheit noch Mütter und Geschwister am Leben wussten oder bei solchen Litauern Aufnahme gefunden hatten, die der Sowjetisierung ihres Landes verhältnismäßig unerschrocken begegneten.

In einer solchen Familie war Evelin Wenk gelandet. Der Pflegevater war Organist in Kaunas, seine Schwester Klavierspielerin. Beide ermöglichten ihr kleine Fluchten aus dem Alltag und ließen sie deutsche Schlager singen. Diese übersetzte Evelin für Mitsängerinnen auch ins Litauische, litauische Lieder wiederum ins Deutsche. Dafür durfte sie extra ein Heft anlegen und bewahrte sich auf diese Weise die Muttersprache in Wort und Schrift. Auch Edith Ehlert besaß einen Notizblock. Sie schrieb sich vieles von der Seele. Die zeitweilige Pflegemutter störte sich weder an dieser Tatsache noch daran, dass Edith regelmäßig ihren auf einem Hof in der Nachbarschaft arbeitenden Bruder besuchte und sich mit ihm auf Deutsch unterhielt. Eva Doll traute sich ebenfalls, Kontakt zu ihrer Schwester in einem Nachbardorf zu halten. Als tüchtige Sechzehnjährige aus einer Bauernfamilie genoss sie bei ihren Wirtsleuten hohes Ansehen. Sie vertrauten ihr sogar an, wo sie sich vorübergehend verstecken wollten, um einem nächtlichen Deportationskommando zu entgehen. Aus dieser Sicherheit heraus sprach Eva durchs Dorf ziehende kleinere Bettelkinder an und fragte sie auf Deutsch nach ihren richtigen Namen und Geburtsorten.[52]

Mit dem Weichen des ständigen Hungergefühls und dem Finden einer festen Bleibe erfuhren manche Kinder zum ersten Mal auch wieder kurze Momente der Unbeschwertheit und positiven Selbstvergewisserung. Beim Spielen mit Katzenjungen, Hundewelpen und Küken durchströmte sie Wärme. Erledigte die neue Mutter nach gemeinsamen Markttagen noch Besorgungen in der Stadt, passten sie währenddessen stolz auf das beladene Fuhrwerk auf. Wurden sie von der des Lesens unkundigen Dorfbevölkerung gebeten, aus dem Gesangbuch vorzulesen, verspürten sie Anerkennung. Schliefen sie in milden Sommernächten zusammen mit der ganzen Pflegefamilie auf dem Dachboden, umwehte sie ein Hauch von Geborgenheit. Begegneten ihnen gleichaltrige litauische Kinder interessiert und unvoreingenommen, regte sich neuer Lebensmut. Solche Situationen offenbarten gleichzeitig, wie weit sie bereits in die litauische Gesellschaft aufgenommen worden waren. Doch so angenehm sich diese Seiten des sich Einfügens auch anfühlten, so brennend blieb die Sehnsucht nach leiblichen Angehörigen. Abends lagen sie weiterhin mit quälenden Gedanken an Eltern, Geschwister und Großeltern auf ihrer Schlafstelle.

Viele Jahrzehnte später sollte für diese nach Litauen geflüchteten jungen Menschen der Begriff „Wolfskinder" populär werden. Nach dem einheitlichen Entstehungsprozess ihrer Schicksale begannen sich die Wege dieser Kinder ab dem Herbst 1947 allerdings aufzufächern. Was weiter mit ihnen geschah, stand meist in Abhängigkeit zu ihrem Lebensalter und dem verfügbaren Wissen um lebende Angehörige.

Für drei Wolfskinder-Typen war es demnach wahrscheinlich, im Falle einer sich bietenden Gelegenheit in die deutsche Gesellschaft zurückzukehren: die Pendler, die den Kontakt nach Ostpreußen nie komplett aufgegeben hatten; die Scheinwaisen, die von ihren Müttern bei Bauern untergebracht worden waren, aber von ihnen aus der Ferne weiterhin beobachtet wurden; und die Ältesten, jetzt im Prinzip schon Jugendlichen, die bereits mit einer gefestigten Identität nach Litauen gelangt waren und den starken äußeren Anpassungsdruck nicht an ihr Innerstes heranließen. Waren Wolfskinder in ihren neuen Familien hingegen zu Adoptivkandidaten oder unverzichtbar günstigen Arbeitskräften geworden, erschien ihre Zukunft weitaus ungewisser. Über ihr weiteres Schicksal sollte auch der Zufall mitentscheiden.[53]

Zweieinhalb Jahre nach Kriegsende hatten sich Ostpreußens überlebende Hungerkinder somit in 5000 Waisenhausinsassen und 25 000 bis 30 000 Litauen-Fahrer aufgeteilt. Von den Kindern ohne Angehörige waren die jüngeren in den Heimen des Königsberger Gebiets und die älteren in Litauen gelandet. Die pendelnden Versorger von Restfamilien wie auch die kleineren Kinder mit Müttern hatten ebenfalls das Nachbarland angesteuert. Sie alle hatten Gewalt-, Hunger- und Todeserfahrungen in unvorstellbarem Ausmaß gesammelt. Für viele folgten ab 1947 noch Isolation und Anpassungsdruck. Das Ergebnis war die vollständige Entwurzelung, an deren Auswirkungen die Betroffenen für immer zu tragen hatten.

Verpflanzen (1947 bis 1960er-Jahre)

Eine Welt im Güterzug

Während im südlichen Teil Ostpreußens viele Menschen vom polnischen Staat gleich im ersten Nachkriegsjahr Richtung Westen vertrieben wurden, trug sich Moskau vorerst mit keinen Gedanken an eine ethnische Säuberung von Königsberg und der Umgebung. Die sowjetische Führung war im Umgang mit nationalen Minderheiten erfahren. Die deutsche Sprache blieb im öffentlichen Raum erlaubt. Auch in den Schulen und Waisenhäusern durften die Kinder miteinander Deutsch sprechen. Eine deutschsprachige Zeitung erschien und ein deutscher Kulturklub wurde gegründet. Beide Einrichtungen sollten die Ostpreußen für den Kommunismus gewinnen.

Der Kulturhistoriker Per Brodersen hegt dennoch Zweifel an einem wirklichen Integrationswillen der sowjetischen Behörden. Denn diesen gelang es nicht einmal im Ansatz, gemeinsame kulturelle und mentale Schnittpunkte hervorzuheben. Knapp zwei Jahre nach Kriegsende existierte in der sowjetischen Führung keinerlei Problembewusstsein für die Lage der deutschen Restbevölkerung.[54]

Geweckt wurde dieses ausgerechnet durch einen Vorstoß der Zentralverwaltung für deutsche Umsiedler in der sowjetischen Besatzungszone (aus der 1949 die DDR hervorging). Zu Jahresbeginn 1947 hatte sich ihr Präsident Rudolf Engel an die Zentralkommandantur der sowjetischen Militäradministration in Deutschland (SMAD) gewandt und mitgeteilt, dass viele Ostpreußen zwischen Elbe und Oder um eine Ausreise ihrer Angehörigen aus dem Königsberger Gebiet baten. Die deutschen Verwaltungsstellen befürworteten dieses Anliegen, denn sie fürchteten das Anwachsen antisowjetischer Stimmungen in der eigenen Bevölkerung, die durch die Ungewissheit über die Situation ostpreußischer Familienmitglieder fortwährend Auftrieb erhielten. Ein Engagement in dieser Sache bot der Sozialistischen Einheitspartei Deutschlands (SED) und dem Verwaltungsapparat dementsprechend Aussicht auf Profilierung und zugleich Entschärfung der angespannten Atmosphäre.

Die entscheidenden Pläne, sich der Deutschen komplett zu entledigen, reiften in der sowjetischen Führung von da an über mehrere Monate. Unabdingbare Voraussetzung dafür war die Ankunft der sowjetischen Neusiedler gewesen, die die Einheimischen als Arbeitskräfte ersetzten. Gleichzeitig schienen die Verantwortlichen zu der Überzeugung zu gelangen, dass die nicht integrierbare Restbevölkerung einen dauerhaften Störfaktor darstellte. Kurzzeitige Überlegungen, die Ostpreußen in das Innere der Sowjetunion zu verbringen, wurden allerdings wieder verworfen, da der Anteil der nicht arbeitsfähigen Bevölkerung inzwischen weit überwog.

Nach der traumatischen Hungerkatastrophe und der Ansiedlung von Sowjetbürgern hatten auch die Deutschen selbst ihre Hoffnung auf eine Zukunft in der Heimat aufgegeben. Ihre Familien waren zerstört. Es gab keine sozialen oder staatlichen Schutzregulative, die ein Ende der Willkür und Angst versprachen. Das neue System ermöglichte keinen Rückzug ins Private und blieb auf ganzer Linie feindlich und fremd. Seinen Anspruch auf Dauerhaftigkeit untermauerte es nicht zuletzt mit neuen russischen Namen für alle Dörfer und Ortschaften. Unter diesen Bedingungen wollte niemand in Ostpreußen bleiben. Wer nicht in endgültige Apathie verfiel, wünschte sich nach Restdeutschland. Seelisch und körperlich zermürbt, fieberten die Menschen bloß noch ihrer eigenen Deportation in Richtung Westen entgegen.

Dieser bemerkenswerte Zustand darf nicht darüber hinwegtäuschen, dass es sich bei der folgenden Aussiedlung um einen Vorgang handelte, der von Zwang und ethnischer Kategorisierung geprägt war. Für die sowjetischen Stellen war nicht der Wille der deutschen Bevölkerung ausschlaggebend, sondern der

Vorsatz, die Herrschaft über die okkupierte Region weiter abzusichern, indem man einen Störfaktor unschädlich machte. Mit 48 Transporten verbrachte die Rote Armee zwischen Oktober 1947 und Oktober 1948 schließlich die letzten 100 000 Ostpreußen in die sowjetische Besatzungszone.[55]

Um die Ausweisung hatten sich im Vorfeld viele Gerüchte gerankt. Doch der genaue Zeitpunkt des Abtransports war für die Betroffenen nur selten vorhersehbar und ging oft überstürzt vor sich. Mit Bekanntgabe des Befehls fuhren schon Lastkraftwagen vor, die die Kinder und Frauen zu einem Sammelplatz brachten. Dort mussten sie dann wiederum mehrere Tage warten, bis für den jeweiligen Transport 2000 Personen aus der Umgebung zusammengeholt worden waren. Nominell stand jeder Familie die Mitnahme von 300 Kilogramm Gepäck zu. Doch die meisten besaßen weder so viel, noch verfügten entkräftete Mütter mit Kindern über die praktischen Möglichkeiten, solch eine Menge mit sich zu führen.

Als die deutsche Restbelegschaft der Sowchose Danzkehmen im Kreis Stallupönen abgeholt wurde, war Bruno Dettmann mit seinem Bruder Uli gerade von einer Betteltour aus Litauen zur Mutter zurückgekehrt.

„Es hieß, packt schnell eure Sachen. Außer unser zerlumptes Zeug hatten wir aber gar nischt, weder ne Zudeck noch 'n Kissen noch sonst was, nur die zerrissenen Sachen. Auf dem Bahnhof in Stallupönen war dann der Sammelplatz, da haben se uns hingefahren und erst mal die Papiere fertiggemacht. So 'n Reisezettel, aufgeschrieben wie viele Kinder und so. Eingekleidet worden sind wir nicht von de Russen. Aber unsere Mutter hat nen Arm voll Brot gekriegt, echtes, nicht so klitschiges. Und dann ham se gesagt, die Reise wird voraussichtlich 14 Tage dauern. Überlegen Se mal, 14 Tage. Da warn die Erwachsenen alle misstrauisch. Auch weil se uns in Viehwagen verladen haben. Jeht's wirklich nach Westen?

Mussten uns dann auf den Bretterboden setzen. Wurde aber nicht komplett zujenagelt. Die haben nur so halbe Türen jehabt, dass man rausgucken konnte. Blieb also offen. Im Oktober isses auch noch nicht so kalt. Und wir warn abgehärtet.

Deutsches Reich, ham die Erwachsenen gesagt. Als wir tatsächlich Richtung Westen fuhren, warn wir uns sicher, dass wir ins Deutsche Reich kommen. Wir waren die Jahre so blöde, auf Deutsch jesagt. Die Russen hatten uns nicht erklärt, dass es kein Reich mehr gibt, dass es jetzt Besatzungszone ist. Die ham bloß gesagt, Hitler kaputt. Aber das übersetzen Se mal einen, was das bedeutet."

Die Mutter von Brigitte Krause hatte in Gerdauen für Offiziersfamilien gearbeitet. Diese sorgten dafür, dass sie auf eine Liste für die ersten der abgehenden Transporte gesetzt wurde. Als sich die Anzeichen für einen Beginn der Aktion im Spätsommer 1947 verdichteten, schickte die Mutter Brigitte mit einem besonderen Auftrag ein letztes Mal nach Litauen.

„Ich sollte noch einmal fahren und den Gerd mitbringen. Das war mein Cousin. Seine Mutter war verschleppt worden. Er war todkrank, und andere Menschen hatten ihn mit nach Litauen genommen. Beim Betteln irgendwann hatte ich ihn gesehen. Fragen Se mich nicht, was für 'n Ort das war, weiß ich nicht. Jedenfalls sehe ich den eines Tages auf ner Wiese mit litauischen Kindern spielen. Da hatte ihn eine Familie wieder aufgepäppelt. Hab der Mutti dann davon erzählt und jetzt, als sich das zum Herbst hin zuspitzte, dass ein Transport gehen sollte, da meinte sie, ich soll den Gerd abholen, dass er mit rausfahren kann. Ich verstehe bis heute nicht, dass ich den Ort wiedergefunden habe. Eigentlich habe ich ne schlechte Orientierung. Ob das damals Instinkt war oder was. Na, ich habe Gerd jedenfalls mitgebracht und dann durften wir nicht mehr fahren. Es wurde aber nie gesagt, wann der Transport geht, es hieß immer nur bald, bald.

Wir hatten solche Sorgen mit unserer Oma. Der ging's sehr schlecht, aber sie hat gejammert, nehmt mich mit, nehmt mich mit, wenn's so weit ist. Die Ärztin meinte zu meiner Mutter, sie soll se dalassen, das schafft die nicht. Und als es nun losging, wir da auf dem Marktplatz standen und auf Lastwagen verladen wurden, kommt Mutti mit der Oma an. Die lag auf irgendwas drauf, hab se kaum erkannt, so ein Häufchen Elend. Na, und da sie Streich hieß und mit ‚St' anfing, kam sie auch noch auf den andern Lkw. Wir hießen ja Krause. Die anderen Leute dann gleich alle auf die Oma rauf, die konnt sich überhaupt nicht helfen, die konnte wirklich gar nichts mehr. Da ist meine Mutter von unserem Lkw runter und hat die vielleicht zusammengestaucht. Seid ihr denn jetzt alle wie die Tiere. Schämt ihr euch denn gar nicht. Und dann ging es. Gerd blieb wenigstens bei ihr, der hieß Stieglat, also auch mit ‚St'.

Wir sind dann erst mal nur bis Friedland gekommen. Friedland ist 23 Kilometer von Gerdauen entfernt. Da haben wir eine Nacht zugebracht, auf de Erde geschlafen. Ob's was zu essen gab, weiß ich nicht mehr. Am nächsten Tag sind wir auf Lkws nach Königsberg zum Bahnhof, da durfte die Oma mit zu uns auf den Lkw. Sie konnte nicht mehr stehen, kauerte die ganze Zeit aufm Boden und ließ unter sich. Dann wurden wir aufgerufen. Mutti musste aufpassen, welchen Waggon. Und Gerd und ich mussten auf unsere kleinen Pungel, unsere Beutel, achtgeben. Eine andere Frau hat Mutti geholfen, die Oma zum Waggon zu tragen. Wir kamen in Viehwaggons, aber es gab Brot und Margarine und Zucker und Knochen und bisschen Grütze. Ein kleines Öfchen war in dem Waggon. Und so ne Pritschen, so Holzgestelle. Da lagen die Großen drauf. Mutti war sehr unruhig. Wir Kinder lagen unten im Stroh. Wir haben zwischendurch auch mal gelacht, was solltest du als Kind auch. Konntest ja nicht nur weinen."

Vor größere Probleme sah sich auch Erwin Makies gestellt. Seine Mutter war schon zu Weihnachten 1945 an Typhus gestorben, doch er hatte Kontakt zu einer Tante in der Elchniederung gehalten. Angesichts der einsetzenden Transporte forderte die ihn auf, seinen Bruder Dieter aus Litauen zurückzuholen. Doch dieser wollte nicht mehr mitkommen.

„Wir waren im letzten halben Jahr schon ein bisschen schlauer geworden. Wir haben in diesem Sinne nicht mehr jebettelt in Litauen. Wir ham zu den Bauern jesagt, wir wollen arbeiten für euch. Ham die jesagt, arbeiten dürft ihr. Der Bruder konnte bei einem Bauern bleiben, da hatte er die Schweine zu hüten. Ich hatte im selben Ort einen Bauern gefunden, das waren Litauendeutsche. Der hat gesagt, unser Sohn ist im Krieg geblieben, du bist schon zehn, wir nehmen dich. Wir haben uns da schnell heimisch gefühlt. Aber zwischendurch bin ich immer noch hin zur Tante und habe der und ihren Mädchen bisschen was zu essen gebracht. Da sagt se, ihr müsst zurückkommen, ihr müsst zurückkommen. Wir werden rausfahren.

Dieter wollte aber nicht, der wollte dableiben. Der hat sich da so wohlgefühlt, der sagte, ich bleibe hier, ich gehe nicht mit euch. Wissen Se, von Deutschland kannten wir nur Ostpreußen. Und deswegen wollten wir nicht zurück. Wir hatten von Deutschland die Schnauze voll. Dort waren wir ja nur Verbrecher gewesen. Tagsüber eingesperrt, wenn sie uns beim Kartoffelklauen erwischt hatten. Oder musstest dich mit Steine bewerfen lassen von den russischen Kindern. Wir haben einfach nichts mehr gesehen, was uns in Deutschland halten sollte. Die Tante hat aber so 'n Druck jemacht. Ich bin deswegen noch mal hin nach Litauen. Ich sag, Dieter komm, komm wir gehen. Ganz am Ende ging er mit."

Wenn Kinder nach ihrer Rückkehr aus Litauen feststellen mussten, dass ihre letzten Angehörigen in der Zwischenzeit schon ausgesiedelt worden waren, konnten sie in umliegende Ortschaften ausweichen, wo noch Deutsche lebten und dort den nächsten Transport abwarten. Dora Schwarz und ihr Bruder Horst entschieden sich in einer solchen Situation aber dafür, nach Litauen zurückzufahren.

„Einmal, als wir aus Kaunas zurück sind, ruf ich, Papa, mach auf. Steht eine Ukrainerin in der Tür. Wollt ich so an ihr vorbeigucken, wo der Papa ist. Da hat sie mir jestoßen und die Tür gleich wieder zugeschlagen. Meine ganzen Finger waren voll Blut. Nu, die Deutschen waren da schon alle raus aus Königsberg. Da sind wir zurückjefahren nach Kaunas und wollten wir dort suchen einen Platz zum Bleiben. Aber in Kaunas am Bahnhof sammelten die Russen die deutschen Kinder auch. Sind wir in ein Heim gekommen. Und in diesem Heim waren auch russische und litauische Kinder. War schrecklich. Die Deutschen waren immer so auf die andere Seite. Keiner hat sie gemocht, immer so Faschist, Faschist, Faschist, Faschist.

Dann ham wir einen Fehler jemacht. Sind wir aus dem Fenster jeklettert, das war im ersten oder zweiten Stock. Sechs oder sieben Kinder, sind wir einfach weggelaufen, alles Deutsche. Aber die Russen haben die deutschen Kinder ohne Eltern jesammelt und dann nach Deutschland geschickt. Müssten wir denn da noch bisschen bleiben in dem Heim, dann wären wir auch nach Deutschland gekommen. Keiner hat das jewusst. Mein Bruder und ich wollten zusammenbleiben, ham wir uns versprochen, ganz fest. Und dann ham die Russen bisschen später ihm doch noch jefangen. Ja, er ist nach Deutschland gekommen und ich bin alleine in Litauen jeblieben."

Für die sowjetischen Stellen wäre es ein Leichtes gewesen, im Schatten der großen Aussiedlungsaktion die Kinder ohne Angehörige abzuzweigen und in die Sowjetunion zu verbringen.

Doch diese Form des staatlich angeordneten Identitätsdiebstahls blieb den Heimkindern aus dem Königsberger Gebiet erspart. Burkhard Sumowski erinnert sich, wie er und seine Schicksalsgefährten im Waisenhaus Pobethen im Samland von ihrer anstehenden Ausreise erfuhren.

„Mitten im Oktober – inzwischen war es schon winterlich kalt und hatte bereits geschneit – wurden alle Kinder im großen Saal zusammengerufen. Der Raum war brechend voll. Vorn stand der Kommandant und neben ihm drei höhere russische Offiziere. Der Kommandant sagt feierlich: ‚Der Genosse Josef Stalin, Führer der ruhmreichen Sowjetunion, hat beschlossen: Alle deutschen Kinder aus Ostpreußen, die keine Eltern mehr haben, dürfen in der schönen siegreichen Sowjetunion bleiben. Russische Offiziersfamilien werden euch adoptieren, ihr bekommt alle neue Eltern und werdet Bürger der ruhmreichen Sowjetunion.'
Während er sprach, hätte man eine Stecknadel fallen hören können. Wir waren alle starr vor Schreck und Verblüffung. Während wir ihn stumm anblickten, sagte er: ‚Wer neue Eltern bekommen und immer in Russland bleiben will, der soll die Hand heben.' Es herrschte eine unheimliche Stille im Raum, nichts regte sich. Dann fragte einer der Offiziere: ‚Wer will denn nach Deutschland?' Und in diesem Moment schossen alle Finger dieser verlorenen, verlausten, verkrätzten und unterernährten Kinder zwischen sieben und vierzehn Jahren blitzschnell in die Höhe.
Da sahen die russischen Offiziere einander an, und wieder herrschte Stille im Saal. Es war eine beängstigende Ruhe. Ob sie uns jetzt böse sind, fragten wir uns und warteten gespannt, wie sie reagieren würden. Nach einer Weile sagte der Offizier: ‚Nu charascho, saftra damoi, na gut, morgen alle Kinder nach Hause.' Darauf brach ein lauter Jubel los, mehr als hundert Kinder weinten, jauchzten, schluchzten und lachten. Voller Begeisterung lie-

fen wir zu den Offizieren hin. Und plötzlich lachten auch sie und wehrten uns Kinder nur ganz sachte ab. Dann verabschiedeten sie sich und gingen."[56]

Die Aussiedlung der deutschen Restbevölkerung aus Nordostpreußen erfolgte in drei Wellen. Die erste rollte im Spätherbst 1947 an, die zweite im April 1948 und die dritte im Oktober 1948.[57] Während der ersten berücksichtigten die Behörden vor allem Alte, Invalide, Kranke und knapp 4000 Waisenhauskinder. Im Jahr darauf folgten die noch Arbeitsfähigen und Litauen-Fahrer. Jeder Transport hatte militärischen Geleitschutz. Viele Menschen fürchteten bis zum Schluss, dass sie mit der Aussicht auf einen Transfer nach Restdeutschland nur angelockt worden wären und es für sie im letzten Moment doch noch nach Sibirien ginge. Daher spielten sich beim Überqueren der 1945 neu gezogenen innerostpreußischen Grenze, die ja jetzt die Außengrenze der Sowjetunion markierte, immer ähnliche Szenen ab.

„Kurz vor der neuen polnischen Grenze, die direkt hinter Preußisch Eylau angelegt war, sprangen die Posten von den Trittbrettern runter und der Zug fuhr ohne Halt durch eine Stacheldrahtschleuse an zwei polnischen mit Vierzackmützen bedeckten Posten vorbei. ‚Wir sind auf der polnischen Seite,' schrie ich vor Erregung in den Waggon, worauf Oma Zahnlos *Nun danket alle Gott* anstimmte und sich die Dankeshymne von uns auf den ganzen Zug übertrug. Im Kerzenlicht konnte ich Mutter beobachten, wie sie mit Inbrunst und weinenden Augen laut mitsang. ‚Lasst uns beten,' rief eine Frau laut in den Lärm vom zunehmenden Geratter der Eisenbahnräder. ‚Zu wem?' kam eine wütende Männerstimme aus der hinteren Ecke. ‚Der uns die ganze Zeit im Elend vergessen hat?,' setzte er zornig nach. Die Frau verstummte, und es trat eine beklemmende Stille ein. Bis aus den andern Waggons das Lied der Ostpreußen *Land der dunklen Wälder* zu uns durch den Zuglärm drang. Jetzt wurde mitgesungen und es bildete sich in Verbindung mit dem diffusen Flatterlicht der Kerzen eine unbeschreibliche Stimmung unter den von Elend und Unterdrückung gezeichneten Menschen. Ein Gefühl wie zu Weihnachten. Selbst ich bekam einen Kloß im Hals und fing leise an zu heulen. Im Kerzenlicht sahen jetzt auch die verschrumpelten Alten wie Christuskinder nach einer Bescherung aus."[58]

Die sowjetischen Stellen gaben sich im Rahmen ihrer Möglichkeiten während der gesamten Aussiedlungsaktion Mühe, die Menschen in einem ordentlichen Zustand auf den Weg zu schicken. Sie stellten ausreichend Proviant zur Verfügung. Deutsche Kriegsgefangene versahen die Waggons mit kleinen Öfen und legten die Pritschen mit Stroh aus. Waisenhauskinder wurden vorher teilweise sogar neu eingekleidet. Doch die Transporte waren langsam unterwegs. Immer wieder wurden auf offener Strecke Pausen eingelegt, Lokomotiven ausgetauscht und andere Züge mit Vorrang abgewartet. Das Zurücklegen der 700 bis 800 Kilometer Wegstrecke dauerte rund sieben Tage. In vielen Waggons wurden deshalb Trinkwasser und Brennmaterial knapp. Durch die übervollen Fäkalieneimer und fehlenden Waschgelegenheiten wuchs die Seuchengefahr. Unter diesen Bedingungen starben viele Menschen.[59]

„Meine Schwestern, Mutter und ich hatten im oberen Bereich in der Ecke einen Platz gefunden. Dadurch waren wir ein bisschen abgeschirmt und für uns. Während der Fahrt habe ich es sogar geschafft, eine kleine Luke zu öffnen. Da hatten wir denn auch noch frische Luft. Es stank, bei so vielen Menschen auf so engem Raum. Es starben jeden Tag Leute, Alte vor allen Dingen. In unserem Waggon war auch eine Frau, die hat sich so gefreut, dass se rauskam. Und dann kriegt se die Ruhr. Die saß auf dem großen Kübel und kam gar nicht mehr runter, so hat's die von innen leergemacht. Dass die stirbt, wenn das Wasser alles raus ist, kann man sich ja denken. Hielt der Zug, wurden die Türen aufgerissen und die Toten rausgekullert. Die wurden einfach rausgeworfen, kullerten den Bahndamm runter und blieben da liegen." (Johanna Erlach)

Während der Weiterfahrt strich ein tristes, umgewühltes Land an ihnen vorbei. Die Menschen waren alle geflüchtet oder vertrieben worden. In ihren verlassenen Häusern hatten sich die polnischen Neubesitzer provisorisch niedergelassen. Obwohl man nichts Genaues über die politischen Zustände und Lebensverhältnisse in Restdeutschland wusste, war man der Meinung, dass es nur besser werden könne. Die Aussicht, wieder in geordnetere Verhältnisse zu kommen, erhöhte die Spannung mit jedem Kilometer, der die Ostpreußen näher ans Ziel brachte.

Gerd Balko erinnert sich an erste Eindrücke, die sich ihm und den anderen Menschen in seinem Waggon boten, nachdem ihr Zug frühmorgens im Novembernebel bei Küstrin die Oder überquert hatte.

„Schlagartig wie im Film war auf einmal der Nebel verschwunden und die Sonne beleuchtete mit ihrer ganzen Kraft eine spätherbstliche, märchenhafte Landschaft. Felder, Wiesen waren sauber bestellt. Selbst der immer noch bunte Wald sah so aus, als wenn er mit der Heckenschere bearbeitet worden wäre. Uns wurde ganz warm ums Herz und wir kamen aus dem Staunen nicht mehr raus. Ein schick angezogenes Pärchen stand mit Fahrrädern vor geschlossenen Schranken und machte keine Anstalten, uns genauso freudig zu grüßen, wie wir das taten. […] ‚Mensch guck mal, da fährt ein Deutscher mit einem Motorrad. Die haben hier ja alles behalten!' […] Kleingärten mischten sich jetzt immer mehr unter die waldreiche Landschaft. Ich glaube, wir sind kurz vor Berlin, bemerkte eine Frau. Das an uns vorbeiziehende Bild wechselte zwischen zerbombten Häuserreihen, Hinterhöfen von Fabriken und einem unendlichen Gleisgewirr der Güterbahnhöfe. Irgendwo auf einem unbedeutenden Güterbahnhof mussten wir wieder bis in die Unendlichkeit warten.

Im Gegensatz zu dem Verhalten im polnisch besetzten Gebiet ließ uns hier unsere russische Begleitmannschaft in Ruhe. Wer wollte, konnte ungehindert den Transport verlassen. Für die Russen waren wir auf einmal bedeutungslos geworden. Keine Postenkette mehr, kein aufgepflanztes Bajonett. Wenn sie sich überhaupt draußen sehen ließen, waren sie die Freundlichkeit in Person. Fast zwanzig Stunden lagen wir auf dem Berliner Vorortbahnhof und wussten nicht, warum. Auch die wenigen deutschen Eisenbahner, die sich in unsere Nähe wagten, konnten uns keine Auskunft über den langen Aufenthalt geben. Wahrscheinlich hatten sie Anweisung bekommen, wegen Ansteckungsgefahr sich nicht so dicht bei uns aufzuhalten. Von uns wegen ihrer Unfreundlichkeit angesprochen, erwiderte einer, wir würden ihnen das ganze Bahnhofsgelände vollscheißen. […] ‚Aber das ist doch kein Grund, uns hier so lange schmoren und verkommen zu lassen. Nicht mal ein bisschen Wasser zum Trinken und Waschen bringen sie uns. Die sind schlimmer als die Russen', fügte eine von schwerer Unterernährung gezeichnete Frau hinzu.

Jetzt schlug auf einmal die freudige Erwartung in bittere Enttäuschung und Wut um. Auch Oma Zahnlos konnte mit der Bemerkung ‚habt ihr geglaubt, die werden euch hier mit Girlanden empfangen' die Stimmung nicht umkippen. Im Gegenteil, die absolute Nichtbeachtung durch die deutschen Behörden beziehungsweise irgendwelche Verantwortlichen ließ das Fass der Verbitterung überlaufen. […] Außer dem zunehmenden Hunger machte uns der Durst immer mehr zu schaffen. Der Glaube, im Deutschen Reich von Deutschen sofort besser versorgt zu werden, hatte alle Hunger und Durstgefühle zurückgedrängt. Mit der Enttäuschung wuchs nicht nur der Hunger und das Durstgefühl, auch die Läuse, deren Vermehrung unter den engen unhygienischen Verhältnissen eine unbeschreibliche Steigerung angenommen hatte, verstärkten mit ganzer Kraft ihre Aktivitäten." [60]

Wegen mangelnder Abstimmung zwischen der Deutschen Reichsbahndirektion und den sowjetischen und polnischen Stellen überquerten viele Transporte die Oder bei Küstrin oder Frankfurt, obgleich jeder Zug den „Umsiedlerstützpunkt Pasewalk" in Vorpommern anzulaufen hatte. Wenn dort in der Zwischenzeit ein nachfolgender Transport aus Königsberg über den nördlicher gelegenen Bahnknotenpunkt Stettin-Scheune eingetroffen war, wurde dieser auch zuerst abgefertigt. Der einen oder zwei Tage früher in Nordostpreußen abgefahrene Transport hatte dann so lange unterwegs auf einem Abstellgleis zu warten.

In Pasewalk übergab die Rote Armee die Züge offiziell an die deutschen Verwaltungsstellen. Schwerstkranke und Sterbende wurden hier herausgenommen und auf direktem Weg in Krankenhäuser gebracht. Gegen die extreme Verlausung gab es eine erste Pulverbehandlung. Eine warme Mahlzeit wurde ausgeteilt. Die Kinder erhielten Kakao, die Erwachsenen Kaffee. Neben dem Ärzte- und Schwesternstab kamen dabei auch Vertreter der Volkssolidarität, der evangelischen Kirche, des Demokratischen Frauenbunds Deutschlands (DFD) und der Freien Deutschen Jugend (FDJ) zum Einsatz. Diese vereinten Anstrengungen führten dazu, dass die Niedergeschlagenheit in den Zügen einem Aufatmen wich.

Aus Pasewalk fuhren die Züge schließlich weiter an ihre Zielorte, von denen die meisten in Sachsen, Sachsen-Anhalt und Thüringen lagen.[61]

„Wir wussten immer noch nicht, wohin wir fuhren. Durch eine kleine Luke hatte ich schon ein bisschen gesehen, Ruinen, überall Ruinen. Mit Mal wurden die Türen aufgerissen, das ging ganz plötzlich. Der Lautsprecher begann auf Deutsch zu reden, da waren wir in Dresden. ‚Sie sind am Ziel. Jetzt kommen Sie in Quarantäne.' Wir wurden in Bussen nach Pirna gefahren, aufn Sonnenstein. Da mussten wir wieder viel Zeit und Geduld investieren, wurden der Reihe nach untersucht und geguckt, alle haben Läuse, fast alle Krätze. Haben se uns erst einmal alles vom Leibe genommen. Was wir hatten, wurde verbrannt. Wir mussten uns duschen, das hatten wir Jahre nicht mehr gemacht. Manche Kinder weinten, die kannten das gar nicht. Kriegten dann alle Nachthemden übergestülpt und mussten in einen großen Schlafsaal. Konnten uns die Betten da aussuchen. Mutter nahm Doppelstockbetten, weil wir zu viert waren. Und ich sagte gleich, ich schlafe oben. Wir kriegten noch ne Suppe, die wir gelöffelt haben. Dann guck ich das Bett an. Ach, ich wünschte mir, dass es im Himmel auch so wäre, wenn ich da hinkomme. Mama, guck mal, weiße Bettwäsche. Vier Jahre hatten wir das nicht gehabt und jetzt auf einmal ein weißes Bett. Bin ich hoch und eingeschlafen. Drei Tage lang wollt ich nicht wieder aufwachen." (Johanna Erlach)

Elternlose Kinder kamen gesondert in Quarantäne. Sie wurden bereits in Pasewalk aus den Zügen genommen und auf mehrere Heime in Vorpommern aufgeteilt. Die deutschen Verwaltungsstellen widmeten sich ihnen mit besonderer Aufmerksamkeit, ahnten sie doch bereits die Brisanz, die von einer öffentlichen Wahrnehmung des Gesamtzustands dieser Gruppe ausgegangen wäre.

Über 300 Kinder wurden allein aus den ersten Transporten direkt in Krankenhäuser eingewiesen. Fünf Kinder starben gleich in den ersten Tagen. Viele waren derart unterernährt, dass sie nicht geimpft werden konnten, da sie „buchstäblich aus Haut und Knochen"[62] bestanden. Anfang November 1947 befanden sich allein im Kinderquarantänelager Eggesin 1334 Mädchen und Jungen. Die aus diesen Tagen stammenden Einträge im Krankenbuch des Lagers[63] sind überdeutlich: Krätze, eitrige Hautinfektionen, Hungerödeme und Rachitis wurden besonders häufig diagnostiziert. Neben Erkältungen, Magen-Darm-Problemen, Beingeschwüren und Furunkeln mussten auch zahlreiche Brandwunden sowie Hand- und Beinverletzungen behandelt werden. Manche Kinder wiesen offene Füße infolge von Erfrierungen, Malaria, spinale Kinderlähmung oder einen Tuberkuloseverdacht auf. Viele klagten über Kopfschmerzen. Selbst bei Mädchen zwischen vier und sechs Jahre wurde ein Gonorrhoeverdacht festgestellt.

Ein Mitarbeiter der Zentralverwaltung für deutsche Umsiedler resümierte Anfang Dezember, dass die Kinder in ihrer Entwicklung sehr stark zurückgeblieben seien und Dreizehnjährige wie Neunjährige aussähen. Auch das Zentralbüro Ost der evangelischen Kirche fasste seine Eindrücke zusammen, die es während der Verteilung von kanadischen und brasilianischen Lebensmittelspenden gesammelt hatte. Die Kinder aus Ostpreußen seien um bis zu einem Kopf kleiner als ihre Altersgenossen. Mädchen und Jungen könne man nur mit Mühe voneinander unterscheiden. Kahl geschorene Köpfe sowie tote und ausdruckslose Blicke bestimmten das Bild. Alle Anzeichen gravierender Hungerfolgen wie aufgeschwemmte Bäuche, skelettartige Oberkörper und dünne Ärmchen und Beinchen seien bei den Kindern auszumachen. „Leider sind viele unter ihnen, die schwere und nicht mehr ausgleichbare seelische und körperliche Dauerschäden erlitten haben." [64]

Obgleich die Transporte aus dem Königsberger Gebiet Ende 1948 als abgeschlossen galten und der „Umsiedlerstützpunkt Pasewalk" aufgelöst wurde, beschäftigte das Thema weiterhin die deutschen Verwaltungsstellen. Zum einen berichteten zahlreiche Kinder davon, dass Geschwister in Litauen zurückgeblieben waren. Zum anderen drängten in der sowjetischen Besatzungszone lebende Ostpreußen, deren Angehörige sich nicht unter den Ausgewiesenen befunden hatten, auf weitere Nachforschungen. Deshalb wandte sich die Deutsche Verwaltung des Innern im Mai 1949 an die sowjetische Militäradministration in Berlin-Karlshorst. Dort erkundigte sie sich mit Verweis auf ostpreußische Kinder und Frauen im Baltikum, welche Behörden für deren Übersiedlung zuständig seien.

Einen weiteren Anlauf unternahm die Abteilung Bevölkerungspolitik im neuen Ministerium des Innern im Januar 1950. Sie bat das Ministerium für Auswärtige Angelegenheiten der DDR, in dieser Sache direkt in Moskau vorstellig zu werden. Eine schriftliche Antwort blieb offensichtlich aus. Doch völlig wirkungslos schienen die Anfragen nicht zu versickern, denn die sowjetischen Behörden begannen ab dem Herbst 1949, die noch in Litauen lebenden Ostpreußen zu registrieren.[65]

Die Königsbergerin Ruth Schirrmacher war zu diesem Zeitpunkt bereits 19 Jahre alt. Sie hatte die Transporte aus Nordostpreußen verpasst und ging davon aus, nie mehr nach Deutschland zurückkehren zu können. Dann erfuhr sie unvermittelt von den angesetzten Überprüfungen.

„Bei den beiden Damen in Kaunas, wo ich wohnte, da kamen nachts zwei Polizisten an die Tür. Haben geklopft und gesagt, hier wohnt doch ne Deutsche bei Ihnen. Da nahmen sie mich mit auf die Polizeistation und haben mich ausgefragt. Woher ich komme. Was ich mache. Auf welche Schule ich gegangen bin. Die haben mich die ganze Nacht ausgefragt. Die wollten mich testen, und am Morgen habe se zu mir gesagt, wir brauchen eine Dolmetscherin, die Königsberg kennt. Da war denn auch das erste Mal von Ausreise die Rede.

Sollten alle registriert werden. Es waren keine älteren Personen dabei und keine ganz jungen. Aber so Zwölfjährige wurden manchmal vorgeführt, teils auch vom Lande. Einige Männer trugen richtige Lumpen als Kleidung. In Litauen gab's ja nicht nur uns Ostpreußen, sondern auch viele Juden und Volksdeutsche, so nannte man die. Die wollten auch gerne raus, durften aber nicht. Also hat man Fangfragen gestellt. Der russische Offizier hat mir ne Frage gestellt, und ich habe die weitergereicht. Einmal ist er mir in die Rede gefallen, und da hab ich gemerkt, der kennt Königsberg ganz genau, und dann war ich ein bisschen vorsichtiger. Denn wenn die angenommen haben, das ist irgendein anderer, dann durften die nicht ausreisen. Es durften nur Reichsdeutsche rausfahren. Das war im Frühjahr 50 aber alles noch vage. Das war praktisch nur ne Registration. Die Ausreise hatte man ab jetzt zwar im Hinterkopf, aber es war noch nichts fest zugesagt."

Im Mai 1950 standen schließlich 3274 ausreiseberechtigte Ostpreußen auf den sowjetischen Listen. Dass von ihrem Dasein nun offiziell Kenntnis genommen worden war, ließ vor allem ältere Jugendliche und Erwachsene neue Hoffnung schöpfen. Unter den geänderten Voraussetzungen trauten sich viele von ihnen schrittweise aus der Deckung. Manche Mütter holten ihre Kinder von den Bauernhöfen und bildeten mit anderen Deutschen Wohngemeinschaften. Die größte ihrer Art war die in Übermemel bei Pogegen, wo sich in einem leer stehenden Haus über 200 Personen zusammenfanden und von den Behörden stillschweigend geduldet wurden. Kleinere gab es an vielen weiteren Orten. Bisherige Scheinwaisen lebten dort gemeinsam mit ihren leiblichen Müttern sowie jungen Pärchen in einer Art Großkommune.

Diese Gemeinschaften stellten jetzt auch eigene Gesuche an die sowjetischen Behörden sowie das Deutsche und das Internationale Rote Kreuz, um ihre Ausreise zu beschleunigen. Jugendliche, die vorerst noch bei ihren litauischen Wirtsleuten blieben, trafen sich regelmäßig in der Altstadt von Kaunas und saßen dort in Gruppen von zwölf bis fünfzehn Mann zusammen. Manche Halbstarke trugen in solchen Runden sogar Fliegermützen der

Wehrmacht, ohne dass ihr provokantes Verhalten Konsequenzen zur Folge gehabt hätte. Von diesem „Tauwetter" unberührt blieben nur die jüngeren Kinder ohne Angehörige und viele, die abgeschieden auf dem Lande lebten. Sie wurden von den Behörden entweder ohne ihr Wissen registriert oder überhaupt nicht erfasst.[66]

Im Januar 1951 erließ der Ministerrat der UdSSR schließlich die Order, alle noch in Litauen weilenden Ostpreußen in die DDR zu verbringen. Hierüber informierte der sowjetische Botschafter in Ost-Berlin den Ministerpräsidenten Otto Grotewohl und wies diesen gleichzeitig an, die Abwicklung des Transports vor der Öffentlichkeit geheim zu halten. Noch am selben Tag beauftragte Walter Ulbricht in seiner Funktion als Generalsekretär des Zentralkomitees der SED das Ministerium des Innern, die Übernahme von 3537 Ostpreußen vorzubereiten.

Wie bei den Transporten aus dem Königsberger Gebiet 1947/48 sahen sich die deutschen Behörden nun vor eine ähnlich heikle Aufgabe gestellt. Bei knappen materiellen Ressourcen hatten sie eine Fülle albtraumhafter Nachkriegsschicksale aufzufangen und still zu „entschärfen". Da ihnen die Übernahme der Menschen dieses Mal bereits ab dem Bahnknotenpunkt Insterburg in Ostpreußen obliegen sollte, besaßen sie allerdings größeren Einfluss auf die Transportbedingungen. Einen Transfer in Güterwaggons wollten sie unbedingt vermeiden und entsandten stattdessen drei Personenzüge mit elektrischer Beleuchtung. Die Leiter der vorgesehenen Quarantänelager wurden verpflichtet, den Transfer bereits vom Abfahrtsort an zu begleiten. Zusätzlich stellte der Freie Deutsche Gewerkschaftsbund pro Zug zwanzig vom Ministerium für Staatssicherheit abgesegnete Politbetreuer. Den ostpreußischen Kindern, Jugendlichen und Frauen fuhr also handverlesenes Personal des SED-Staates entgegen.[67]

Gleichzeitig wurden die Ausreiseberechtigten an zentralen Orten in Litauen gesammelt. In Heydekrug geschah dies in einem Lagerhaus, in Tauroggen und Kaunas in zwei großen Turnhallen und in Wilna in zwei leer stehenden Häusern des Bernhardinerordens. Die hier Ende April und Anfang Mai aufeinandertreffenden Deutschen unterschieden sich in ihrer mentalen Verfassung beträchtlich voneinander. Ältere Jugendliche und Erwachsene hatten im Vorfeld nicht nur untereinander Kontakt aufgenommen, sondern sich teilweise auch schon mit Angehörigen in der DDR und Bundesrepublik geschrieben. Durch die Vernehmungen und ihre Registration wiegten sie sich seit Monaten in der sicheren Ahnung, dass die nun anstehenden Transporte nach Deutschland gingen. Wer hingegen ohne jede Erklärung an einen von der Miliz vorgegebenen Sammelplatz befohlen worden war, glaubte erneut, den Boden unter den Füßen zu verlieren.

So erging es Evelin Wenk, die für eine Familie bei Kaunas als Kindermädchen arbeitete.

„Meine litauischen Gasteltern bekamen einen Termin. Bis da und dahin müssen sich alle Deutschen da und dort einfinden. Aber in Deutschland wartete niemand auf mich. Ich habe mich bei den Leuten sehr wohl gefühlt, war sogar zur Katholikin geworden. Wenn ich mit ihnen in die Kirche gegangen bin, habe ich immer mein Kreuz gemacht, damit ich nicht auffalle. Es ging mir dort gut. Und dann kam diese Nachricht, dass ich weg muss. Wir haben so geheult, oh, was haben wir geheult. Besonders die Oma, die hat mit ihren Tränen die ganze Memel gefüllt.

Ich habe gar nicht erst versucht wegzulaufen, damit die Familie keinen Ärger kriegt. Die warn mir einfach zu wichtig, diese Menschen. Wären die wegen mir nach Sibirien gekommen, hätte ich nie wieder froh sein können. Da fuhr ich lieber selbst. Die Stimmung, auch bei den anderen, kann man nicht mit Worten ausdrücken. Weil man nicht wusste, was machen die mit uns jetzt. Dieses immer mit dem Lastwagen Fahren, das war komisch.

Ich finde da keinen Ausdruck für. Wir ließen das einfach über uns ergehen."

Jenseits größerer Ortschaften konnten sich die jungen Deutschen oft nicht einmal mehr von ihren Lebensrettern verabschieden. Aus heiterem Himmel führten Rotarmisten sie vom Feld oder Hof ab. Ob ein hastig aufgesuchtes Versteck im Kleiderschrank, hinter einer doppelten Wand oder in den Stallungen des Nachbarn unentdeckt blieb, bestimmte nicht zuletzt der Zufall. Dies erfuhr auch Eva Doll.

„51 kam plötzlich das große, na, wie soll ich sagen, das Ausweisen. Dass sie über Land gingen und die Leute wegholten. Die Russen gingen mit aufgepflanzten Gewehren die Leute suchen. Meine Schwester, die war beim Kartoffelpflanzen, da hatten se die gleich. Meine kleine Schwester mit ihren Gänsen, die hatten sie auch gleich gehabt. Und ich kriegte vom Nachbarn rechtzeitig die Nachricht, mach, dass du wegkommst, die sammeln die Deutschen ein. Na, ich wie nix nach oben aufn Heuboden und mich versteckt.

Aber dann haben mich meine Geschwister verraten. Die ham gesagt, wenn wir nach Sibirien kommen, wollen wir alle zusammenbleiben. Wir konnten uns das nicht vorstellen, dass uns die Russen weglassen. Wir wussten, in Ostpreußen aus den Lagern hatten sie viele Mädchen und junge Frauen weggeholt und nach Russland verbracht, das hatten wir ja selbst gesehen. Na, plötzlich bewegt sich die Leiter so, ich denk, was is jetzt los. Ein Russe da oben. Guckt er. Nu komm. Da muss ich ja mit. Und weil ich beim Nachbarn in der Scheune war, habe ich meine Familie gar nicht mehr gesehen. Gleich aufn Laster. Ab und zu wurden weitere Kinder aufgeladen, die da schon an der Straße mit nem russischen Soldaten standen und warteten. Und spät abends kamen wir in Heydekrug an. Ich denk nur, meine Güte, hoffentlich sind meine Schwestern hier. Und die kamen gleich an. Ach wie gut, dass du da bist. Nun ist alles egal, ob's nach Russland geht oder Deutschland.

In einem großen Haus wurden wir die Nacht über noch versorgt, und dann ging's am nächsten Morgen in große Viehwagen, immer dreißig Personen in einen, zack, und dann der nächste. Man kriegte auch Reiseproviant, aber wissen Sie, das war eine Dose Ölsardinen und ne Tüte Zucker. Einmal hatten wir noch richtig große Angst. Der Moment, als sich der Zug in Bewegung setzte, in welche Richtung geht's jetzt. Es war aber ein wunderschöner sonniger Tag. Wurde nur auf freiem Feld gehalten, dass die Leute rauskonnten. War so 'n kleiner Tümpel in der Nähe. Da sind die jungen Männer alle reingesprungen zum Baden, die wollten gar nicht wieder einsteigen. Die flitzten da rum, die machten gar keine Anstalten. Da haben die Russen dann in die Luft geschossen und Theater gemacht, und dann sind die Jungens doch rein.

Erst mal ging's für uns bis Insterburg. Dort wurden wir aus dem Viehwagen entlassen, und ein wunderschöner D-Zug wartete auf uns, ei, da fühlten wir uns aber. Begleitpersonal stand da, wurden Getränke ausgegeben, auch zu essen. Das war schön, in diesen Wagen. Wir haben unterwegs viel geschlafen, viel erzählt, gesungen, wir waren munter und fröhlich. In dem Zug habe ich sogar einen Schulkameraden getroffen, mit seiner Mutter."

An das Weichen der Ungewissheit erinnert sich auch die aus Gerdauen stammende Gerda Moritz. Sie hatte ihre Mutter und Schwestern in den vier Jahren davor nur kurz bei Umquartierungen gesehen.

„Nach so langer Zeit waren wir auf einmal wieder als Familie zusammen. Ich hatte keine Vorstellung, wo wir hinkommen. Es hat auch keiner was gesagt, auch meine Mutter nicht. Aber ich hatte das Gefühl, dass sich jetzt was für mein Leben ändert. In einer großen Turnhalle in Tauroggen waren schon viele andere. Da habe ich zum ersten Mal das Empfinden gehabt, das ist schön. Habe mich nicht gefragt, woher die anderen kamen, aber das Bewusstsein, dass es Menschen unserer Kategorie waren, das hatte ich sofort. Es waren viele Jugendliche. Ob sie Deutsch oder Litauisch gesprochen haben, kann ich nicht mehr mit Bestimmtheit sagen. Auf jeden Fall waren wir jetzt alle zusammen und es gab keine Repressalien mehr. Als wir im Personenwagen saßen und fuhren, da riefen meine Schwestern plötzlich, da ist Gerdauen, da ist Gerdauen. Und unsere Mutter stand am Fenster und weinte."

Am 13. und 14. Mai 1951 trafen schließlich drei Züge mit insgesamt 3696 Personen in der DDR ein. Sie wurden auf direktem Weg in die Quarantänelager Fürstenwalde, Bischofswerda und Wolfen weitergeleitet. Der gesundheitliche Zustand der Menschen war trotz der zuletzt besseren Lebensmittelversorgung noch immer schlecht. Alleine in Bischofswerda wurden rund 100 Personen ins Krankenhaus bzw. Lagerrevier eingewiesen. Neun Kleinkinder und Säuglinge starben bis Ende Juni an schweren Ernährungsstörungen, an Mittelohrvereiterung sowie an Lungenentzündung infolge von Masern. Drei Kinder starben während der Quarantäne auch in Fürstenwalde. Das Ministerium des Innern der DDR sah sich zu der Empfehlung veranlasst, alle Transportinsassen auf Geschlechtskrankheiten zu untersuchen.

Auch deutsche Kriegsgefangene, die sich nach ihrer Entlassung aus der Tschechoslowakei zeitgleich im Lager Bischofswerda aufhielten, bemerkten die vielen minderjährigen Mütter und den ungünstigen Allgemeinzustand der Jugendlichen. Diese sahen nach Meinung der Männer schlecht aus, waren unzureichend bekleidet und wirkten verwahrlost. In Sachsen-Anhalt sorgte der für Wolfen bestimmte Transport ebenfalls für Gesprächsstoff. In Wolfen, Jeßnitz und der Umgebung diskutierte die örtliche Bevölkerung öffentlich, auf welcher Grundlage die Menschen sechs Jahre nach Kriegsende ausgewiesen worden seien.[68]

Die Behörden setzten deshalb voll und ganz auf Abschottung. Nach der komfortablen Reise im Personenzug hätte der Gegensatz für die Betroffenen kaum größer sein können. Ihre Rückkehr in den deutschen Sprach- und Kulturraum endete fürs Erste hinter einem Lagerzaun. Wie schon bei den Deportationen aus dem Königsberger Gebiet 1947/48 stand die geräuschlose Abwicklung der Transporte vor allen anderen Belangen. Die Ankömmlinge wurden versorgt und betreut. Aber ihre mentale Verfassung blieb unberücksichtigt.

Nach dem selbstständigen Existenzkampf in Litauen empfanden deshalb nicht wenige von ihnen das erneute Eingesperrtsein als Katastrophe. Ruth Schirrmacher: „Wir dachten, jetzt fahren wir ein nach Deutschland. Die empfangen uns mit Musik und so was alles. Nichts, gar nichts. Wir mussten uns aufstellen und sind in ein Lager marschiert. Und wir waren jugendlich und wollten die Stadt sehen."

Die abgeschirmte Ankunft irritierte viele Menschen. Die Absichten, die die SED zwischen 1947 und 1951 mit der „Rückführung" der insgesamt 105 000 Hungerüberlebenden verfolgt hatte, gingen deshalb auch nur in eingeschränkter Hinsicht auf. Die deutschen Dienststellen erledigten Anträge auf Familienzusammenführung, die jahrelang in der Schwebe gewesen waren und einen permanenten Unruhefaktor in der Bevölkerung dargestellt hatten. Gleichzeitig konzentrierten sie alle Kräfte auf die Verschleierung des desaströsen Gesamtzustands dieser Gruppe. Durch die bevormundende Kontrolle fühlten sich daher Zehntausende verschreckt. Die potenziellen neuen Staatsbürger nahmen eine abwehrende Haltung ein und waren für das sozialistische System kaum mehr zu gewinnen.

In ihrer Heimat, dem nördlichen Ostpreußen, lebten nach Abschluss der Transporte gar keine Deutschen mehr. Die Geschichte hatte dort im wahrsten Sinne des Wortes für einen reinen Tisch gesorgt und den Charakter des Landes auf seinen Urzustand zurückgedreht. Einen Augenblick lang hatte das Schicksal offenbar nicht gewusst, wie es weitergehen sollte. Nun warteten fremde Vorstellungen von Zeit und Raum darauf, sich über die geschundene Erde, die verlassenen Gemäuer und die verscharrten Knochen zu legen.

Verweht in alle Winde

Es ist bislang kaum bekannt, was mit den ostpreußischen Kindern und Jugendlichen nach ihrem Eintreffen in der sowjetischen Besatzungszone beziehungsweise DDR geschah. Fest steht, dass sich unter den 100 000 Überlebenden aus dem Königsberger Gebiet wenige anhanglose Kleinkinder, aber viele elterngelöste Jungen und Mädchen zwischen fünf und zwölf Jahren befanden, um die sich die deutschen Behörden auch nach der Quarantäne gesondert kümmern mussten. Zuerst hatten sie abzuklären, ob diese Kinder wirklich Waisen und alleine waren. Denn trotz des hervorstechenden Müttermangels ließ sich diese Frage nicht so einfach beantworten, wie es auf den ersten Blick schien. Väter konnten sich in Gefangenschaft befinden oder in die Westzonen entlassen worden sein, andere Familienmitglieder konnten bei Kriegsende geflüchtet sein oder aber als Verschleppte in der Sowjetunion festgehalten werden. Die Zentralverwaltung für deutsche Umsiedler ging im November 1947 deshalb davon aus, dass die Hälfte aller anhanglosen Minderjährigen womöglich noch Angehörige besaß.[69]

Um diese ausfindig zu machen, wurden alle Kinder vom Suchdienst befragt und fotografiert. In vielen Fällen führten die Maßnahmen innerhalb der ersten Monate tatsächlich zum Erfolg. Bis es dazu kam, warteten, hofften und bangten die Kinder. Der elfjährige Burkhard Sumowski erlebte diese Phase Ende 1947 in einer Einrichtung der Volkssolidarität im thüringischen Elgersburg.

„Obwohl ich mich in diesem Heim sehr wohl fühlte, wuchs in mir die Sehnsucht nach meinem Vater und meiner Familie. Mit den anderen Kindern redeten wir dauernd darüber, wann wir endlich unsere Verwandten wiedersehen würden. Wir erzählten uns gegenseitig, wer noch lebte, wer gestorben war, zu wem wir wohl bald kommen würden. […]

Immer wieder kam es in diesem Winter vor, dass in der holzgetäfelten Empfangshalle der Villa Eltern standen, die ihr Kind abholten. Wir anderen sahen traurig und auch ein wenig neidisch zu, auch wenn wir uns für das andere Kind freuten. Wie oft dachte ich dann abends im Bett: Lebt Vati überhaupt noch? Konnte er nicht kommen? Hatte er meine Karte überhaupt bekommen und wusste er, dass ich am Leben war? War er vielleicht nicht im Kino gewesen und hatte die Wochenschau gar nicht gesehen? Und was wäre, wenn Vater nicht mehr lebte? Waren wenigstens meine Großeltern sicher über das Haff gekommen? Mit jedem Tag, der verging, mit jedem Mal, dass wieder Eltern ein Kind abholten, wurde meine Traurigkeit größer, wuchs meine Ungeduld.

Inzwischen rückte Weihnachten näher. Im Heim wurde alles für das Fest vorbereitet. Zum ersten Mal seit Jahren würde ich wieder einen Weihnachtsbaum sehen, vielleicht auch Sterne und Engel, bestimmt käme sogar der Weihnachtsmann. Ich hatte das alles in den letzten Jahren vergessen. Als uns die Betreuerinnen sagten, wir dürften uns etwas zu Weihnachten wünschen, fiel mir nichts ein. Ich hatte das Wünschen einfach verlernt. Ich bekam jeden Tag zu essen, man war lieb zu mir. Mehr konnte ich mir nicht vorstellen.

Als das Fest vor der Tür stand, rief mich die Heimleiterin in ihr Büro. Sie saß auf dem Sofa und forderte mich auf, mich neben sie zu setzen. Was war das für ein Unterschied zu den Gesprächen mit dem Kapitan, bei dem man bestenfalls stehen blieb, froh war, wenn er nichts zu bemängeln hatte, und einen außerdem das ständige Hungergefühl plagte! Ich saß also neben der Heimleiterin auf dem warmen Sofa, und dann sagte sie freundlich: ‚Burkhard, ich habe ein ganz besonders schönes Weihnachtsgeschenk für dich. Kannst du dir vorstellen, was das wohl sein könnte?' Ich hatte keine Ahnung, überlegte eine Weile und sagte schließlich, nein, ich wüsste es nicht. ‚Du wirst es auch noch nicht zu Weihnachten bekommen können, sondern etwas später', meinte sie. Es folgte ein Satz, den ich nie vergessen werde: ‚Dein Vater hat heute ein Telegramm geschickt, er holt dich am zehnten Januar ab.' Ich war so überrascht, dass es mir die Sprache verschlug. Ich hatte seit Monaten an nichts anderes gedacht, doch jetzt war ich ganz außer mir vor Erstaunen. Nach einer Weile heulte ich vor Freude los, und die Heimleiterin hielt mich ganz fest in den Armen."[70]

Viele Kinder, die jünger waren als Burkhard, wussten allerdings nicht mehr ihren vollen Namen, ihr genaues Geburtsdatum oder ihren Heimatort. Dadurch wurden die Nachforschungen des Suchdienstes erheblich erschwert. Blieben sie fürs Erste erfolglos, wurden diese Kinder nach einer Übergangszeit im Heim in Pflegefamilien gegeben. Spätestens zu ihrer Einschulung oder einer beabsichtigten Adoption musste dann ihr Personenstand neu beurkundet werden. Diese Aufgabe oblag dem Standesamt 1 in Berlin unter Mitwirkung der Landesbehörden und Kreisjugendämter. Das Aufsichtsamt für Standesämter beim Magistrat von Berlin war in der Nachkriegszeit für die Bestimmung des Personenstandes grundsätzlich zuständig, wenn der Geburtsort des anhanglosen Kindes in den deutschen Reichsgebieten östlich von Oder und Neiße vermutet wurde.

Im Berliner Landesarchiv befinden sich heute Akten, in denen Dutzende solcher Vorgänge dokumentiert sind.[71] Alle diese Kinder hatten bei ihrer Ankunft in der sowjetischen Besatzungszone keine Papiere bei sich gehabt. Bevor ihnen jetzt eine neue Geburtsurkunde ausgestellt werden konnte, mussten mindestens vier Monate vergehen, in denen sich nach der Bildveröffentlichung des Suchdienstes keine Angehörigen der Jungen und Mädchen meldeten. Ließ sich außerdem kein Geburtsdatum ermitteln, war ein amtsärztlicher Befund über das Lebensalter nötig.

Wie im Falle von Brigitte H., die im November 1947 aus dem Waisenhaus in Königsberg-Ponarth über das Quarantänelager Eggesin ins Kinderlager Bischofswerda gekommen und wenige Wochen später zu einem Ehepaar im Osterzgebirge in Pflege gegeben worden war. In einem Schreiben an den Kreisrat für Innere Verwaltung im sächsischen Dippoldiswalde stellte der zuständige Amtsarzt im Juni 1949 fest:

„Es handelt sich bei dem Kind Brigitte H. um ein sehr munteres Mädchen, das allem Anschein nach auch normal entwickelt ist. Es ist 109 cm groß und 17 kg schwer. Das Kind kann sich daran erinnern, dass es in Königsberg eine Schwester gehabt hat und dass es mit einem großen Transport von Königsberg in ein Lager gebracht worden sei. Das Kind behauptet, Mutter und Vater gehabt zu haben, kann sich aber an dieselben nicht weiter erinnern, behauptet, sie seien tot. Das Kind kann sich weiter daran erinnern, dass es mit seinen Eltern und einer Schwester die älter war, in einer Erdgeschosswohnung gewohnt habe und dass dort die Mutter von den Russen durch das Fenster erschossen worden sei. Wie es einmal einen Sarg gesehen hat, habe es zu seiner Pflegemutter gesagt, ‚in so eine Kiste ist meine Mutti auch gelegt worden'. Auf meine Frage, ob die Brigitte in Königsberg schon gelaufen sei, verneint sie. Sie sei immer nur mit dem Wagen gefahren, und zwar sei sie von ihrer älteren Schwester gefahren worden. Nach all diesen Eindrücken nehme ich an, dass das Kind etwa 1942 geboren ist, jetzt also 7 bis 7 ½ Jahre alt ist." [72]

Bei der Durchsicht der überlieferten Akten fällt auf, dass die Mediziner das Lebensalter der untersuchten Kinder durchweg um anderthalb bis zwei Jahre zu niedrig ansetzten. Das stellte sich in zahlreichen Fällen heraus, in denen sich später doch noch Angehörige gemeldet und die korrekten Geburtsdaten geltend gemacht hatten. Die häufige Fehleinschätzung der Amtsärzte mag hier und da bewusst vorgenommen worden sein, um den Kindern etwas Zeit zum Aufholen ihrer Entwicklungsdefizite einzuräumen. Hauptursächlich dürften aber wohl die direkten körperlichen Folgen der Unterernährung gewesen sein, die neben vielem anderen zu einem länger anhaltenden Wachstumsstopp geführt hatten.

Ebenfalls auffallend ist, dass die deutschen Behörden keinerlei Schwierigkeiten hatten, in der sowjetischen Besatzungszone Pflegefamilien zu finden, die ein elternloses Ostpreußenkind bei sich aufnahmen und auf eine baldige Adoptionsmöglichkeit hofften. Einigen dieser Pflegeeltern war im Krieg der einzige Sohn gefallen. Andere waren selbst heimatlos geworden und wollten nun aus Anteilnahme ein kleines Flüchtlingskind zu sich nehmen. Das häufigste Motiv der sich bewerbenden Pflegeeltern war allerdings ein jahrelang unerfüllt gebliebener Kinderwunsch, wie bei dem Ehepaar Max und Wally K. aus Görlitz. Bei einer Verhandlung des Stadtjugendamts im März 1948 gab die Frau zu Protokoll:

„Mein Mann und ich sind seit 1939 kinderlos verheiratet. Wir haben daher die Absicht, ein Kind gemeinschaftlich an Kindesstatt anzunehmen. Zu diesem Zweck hatte ich mich an den Landesausschuss Volkssolidarität in Dresden gewandt und erhielt von dort den Bescheid, dass ich mir aus dem Kinderheim Waldschlösschenstraße in Dresden ein Umsiedlerkind holen könnte. Dort wählte ich mir den sechsjährigen Erwin W. aus. Erwin weiß nur seinen Vor- und Zunamen und gibt an, dass er sechs Jahre alt ist. Irgendetwas über seine Herkunft sowie über seine Angehörigen kann er nicht angeben beziehungsweise sind seine Angaben hierüber unzuverlässig. Gesprächsweise hat er mitgeteilt, dass er aus Königsberg kommt, dass er noch einen Bruder Manfred habe, von dem er sonst nichts mehr weiß, dass seine Mutter an Typhus verstorben sei und dass er in einem Kinderheim in Königsberg gewesen sei. Nähere Angaben über das Kind sind auch von anderen Flüchtlingskindern, die im Kinderheim Dresden mit ihm zusammen waren, nicht gemacht worden."[73]

Viele Pflegeeltern hätten es begrüßt, wenn ihren Schützlingen gleich bei der Feststellung des Personenstands der Nachname ihrer neuen Familie zuerkannt worden wäre. Doch die Landesbehörden entschieden hier in Abstimmung mit dem Magistrat von Berlin bei jedem noch so geringen Anhaltspunkt zugunsten des überlieferten oder vermuteten Geburtsnamens des Kindes. Allenfalls die Hinzufügung von gewünschten weiteren Vornamen durch die Pflegeeltern gestatteten sie und verwiesen ansonsten auf das spätere Adoptionsverfahren. Als Geburtsort bestimmten sie in der Regel den Standort des Waisenhauses, in dem das Kind vor der Aussiedlung aus Ostpreußen gelebt hatte, oder einen Ort in der DDR. Bei der Festsetzung des genauen Geburtsdatums entschieden sie hingegen stark elternbezogen. Hatte der Amtsarzt ein Geburtsjahr festgelegt, wurde fast immer das Wunschdatum der neuen Eltern berücksichtigt.

So auch im Falle einer Familie aus Rathenow. Vater Wilhelm H. schrieb im November 1952 an den Magistrat von Berlin, der die Geburt seiner Pflegetochter nachträglich zur Beurkundung anweisen sollte.

„Im Interesse des Kindes möchte ich Sie von ganzem Herzen bitten, das Geburtsdatum vom 1. November 1942 bestehen zu lassen. Das Kind hat im frühen Kindesalter so schreckliche Dinge erlebt, dass es seelisch krank war, sehr nervös und immer Angstzustände hatte. Nur mit Liebe und Güte haben wir das Kind geleitet und es ist schon viel besser geworden. Am Sonnabend, den 1. November haben wir ihren 10. Geburtstag mit 6 anderen Mädchen aus der gleichen Klasse festlich begangen. Das Kind freut sich das ganze Jahr über auf den 1. November. Es hat in seinem

Leben nur erst 3 Geburtstage und auch Weihnachtsfeste hier bei uns richtig erlebt, und kann sich dann mächtig freuen. Es wäre gar nicht auszudenken, wenn ich ihr sagen müsste, du hast gar nicht am 1. November Geburtstag, sondern dann und dann. Das Kind, da es grüblig veranlagt, würde ganz irre werden. Für uns spielt das Alter des Kindes keine Rolle, ob es ein Jahr früher oder später aus der Schule kommt. Hochachtungsvoll Wilhelm H. und Frau."[74]

Nur eine Woche nach diesem Schreiben stellte der Magistrat von Berlin fest, dass dem Wunsch der Pflegeeltern zu entsprechen sei. Die überlieferten Akten im Berliner Landesarchiv lassen deutlich erkennen, dass die zuständigen Behörden und Fürsorgestellen grundsätzlich um das Wohlergehen der anhanglosen Ostpreußenkinder besorgt waren. Angesichts der von den Jungen und Mädchen mitgebrachten traumatischen Erlebnisse sowie Millionen anderer zu integrierender Vertriebenen kam es ihnen aber auch nicht ungelegen, dass sich die wenigen noch in die Vergangenheit weisenden Spuren bald verloren. Das Einfügen am neuen Wohnort sollte unter keinen Umständen von störenden Nebengeräuschen begleitet werden, die in der Bevölkerung kritische Fragen nach der Vorgeschichte der Kinder aufgeworfen hätten.

Verwaltung und Pflegefamilien bildeten in dieser Hinsicht eine Interessengemeinschaft, waren doch auch viele der neuen Eltern davon überzeugt, dass jedes Wachhalten von Erinnerungen das Entstehen neuer emotionaler Bindungen behinderte. Umso wertvoller erscheint heute ein überlieferter Brief aus dem September 1949, den die evangelische Schwester Gerda E. aus dem brandenburgischen Landeskinderheim Kletzke den Pflegeeltern eines Mädchens mit auf den Weg gab.

„Meine liebe Uschi! Die Zeit wird kommen, wo Du gern etwas wissen möchtest von den Erlebnissen, die Du hattest, ehe Du zu Deinen lieben Eltern kamst.

Am 28. Oktober 1948 kam ein kleines Mädchen vom Umsiedlerlager Küchensee nach dem Landeskinderheim Kletzke. Papiere hattest Du nicht, nur den Quarantäneschein als einziges, richtiges Schriftstück. Bekleidet warst Du mit einem Leinenkittelchen, der stark durchlöchert war. Man schenkte Dir im Lager einen Mantel, den Du aber nicht angezogen hast, erst viel später bei uns. Dieses Mäntelchen mit Kapuze gaben wir [später] Deiner Mutti mit. Du wurdest gewaschen und gesäubert und bekamst Sachen an, Leibchen und Strümpfe ärgerten Dich am meisten. Zwei Tage lang hast Du geweint und warst unzufrieden, die Kleidung war Dir lästig.

Du bist dann zur Schule gegangen. Aber nach vier Wochen schickte Frau Hegemantel, die Lehrerin, Dich zurück, Du hättest nicht die nötige Reife und was mussten wir feststellen, dass Du kaum, ja so gut wie gar nicht Deutsch konntest. Aber perfekt Russisch. Mit viel Mühe konnten wir Dir die deutsche Sprache erlernen, denn Du solltest ja dann 1949 eingeschult werden.

Nach und nach hattest Du auch Zutrauen zu Deiner Umgebung gefunden. Bei einer Untersuchung im Heim von Frau Dr. Walther erzähltest Du ihr und mir, dass Deine Eltern in Deinem Beisein von russischen Soldaten erschossen worden sind und Du dann in einem Graben im Wald Deine Zuflucht vor Angst gesucht und gefunden hast, bis man Dich später fand und dann zu uns über das Lager führte.

Wir gaben Dir alles, was wir in der Lage waren zu geben, Du wurdest immer stiller und ruhiger. Dann bekamst Du im April 1949 die Masern, ziemlich böse, und Du konntest Dich doch nicht danach erholen. Ich ging mit Dir zum Arzt und ließ Dich gründlich untersuchen, man konnte nichts feststellen. Organisch warst Du gesund, aber immer mehr wurde mir klar, dass Du seelisch erkrankt bist und nur gesunden kannst in einer Umgebung mit übergroßer Liebe und Einzelpflege und da musste ich mich entschließen, Dich für eine Pflegestelle zu melden. Es klappte alles so gut und ich bin dem Schicksal so dankbar, dass Du es so gut getroffen hast.

Noch eines, da Du weder Ort noch Tag wusstest, an dem Du geboren wurdest, ließ ich das Geburtsjahr vom Arzt schätzen, Tag und Monat gab ich Dir, so wie noch einigen kleinen Jungen und Mädels. Der Tag war sehr schön und feierlich, ausgeschmückt mit Liedern und Gedichten Deiner eigentlichen Heimat Ostpreußen. Wie gern hätte ich einen Ort in Ostpreußen als Geburtsort gewählt, aber das Ministerium hat es nicht gestattet und Kletzke wurde bestimmt. Gegen Bürokratismus kommt man schlecht an. Aber deshalb bleibst Du doch ein Ostpreußenkind, was durch den schrecklichen Krieg 1939/1945 Heimat und Eltern verloren hat.

Auf Deinem weiteren Lebensweg mögen die grauen Schatten Deiner frühen Kinderjahre weichen und viel Liebe und Sonnenschein Dich begleiten. Deine Schwester Gerda E."[75]

Von den 5363 elterngelösten Kindern aus den Königsberger Transporten waren nach der Quarantäne rund 60 Prozent für längere Zeit in Heimen oder Pflegefamilien untergekommen. In einer ganzen Reihe von Fällen erfuhren im Westen lebende Angehörige oder aus der Verschleppung entlassene Familienmitglieder allerdings erst mit Verzögerung von den Suchdienstmeldungen, sodass viele Kinder innerhalb der ersten zwei bis drei Jahre über Umwege noch zu ihnen fanden. Beim Blick auf die Gesamtgruppe ergab sich Anfang der 1950er-Jahre schließlich folgende Verteilung: 50 Prozent aller Kinder waren zur Adoption freigegeben worden, während die andere Hälfte (15 Prozent in der DDR und 35 Prozent in der Bundesrepublik) spätestens jetzt wieder bei leiblichen Angehörigen lebte.[76]

Auch im Rahmen der Sondertransporte aus Litauen im Mai 1951 galt das Hauptaugenmerk der Behörden den Minderjährigen. Die Adoptionsfrage stellte sich nun im Falle der Elterngelösten allerdings nicht mehr, da das Durchschnittsalter hier wesentlich höher lag und die Mehrheit zwischen zwölf und achtzehn Jahre alt war. Die jungen Ostpreußen sollten trotzdem für die sozialistische Gesellschaft gewonnen werden. Das im Vorfeld formulierte Ziel des Ministeriums des Innern, jugendliche und arbeitsfähige Personen „politisch so aufzuklären, dass sie sich freiwillig bereit erklären, in der DDR zu verbleiben"[77], versuchten die Verantwortlichen mit einer Mischung aus Propaganda und Unterhaltung zu erreichen. Dafür mobilisierten sie vom Parteifunktionär über den Landesinnenminister, von der Freien Deutschen Jugend und dem Demokratischen Frauenbund Deutschlands bis hin zu Filmvorführungen und den Kulturabteilungen, Chören und Orchestern von Großbetrieben wie der Filmfabrik Agfa in Wolfen oder der Deka-Werke in Fürstenwalde alles, was die DDR als werbewirksam erachtete. Entsprechend sahen sich die Heranwachsenden schon während der ersten Abende im Quarantänelager den Vorträgen von SED-Kreisleitung und der Gesellschaft für Deutsch-Sowjetische Freundschaft über Völkerverständigung und Friedenspolitik ausgesetzt. Dabei waren sie zu diesem Zeitpunkt noch nicht einmal richtig über die Teilung Deutschlands informiert und hätten sich lieber erst einmal gedanklich gesammelt und unbedrängt orientiert.[78]

Auf die staatliche Ignoranz ihres Befindens reagierten die Jugendlichen mit Protest. In Bischofswerda störten sie die Rede eines Landrats mit Zwischenrufen. Er versuchte, sie von der Bedeutsamkeit der für Anfang Juni anberaumten Volksbefragung gegen die Remilitarisierung Westdeutschlands und gegen die Einreihung der Bundesrepublik in ein westliches Verteidigungsbündnis zu überzeugen. Bei der Befragung verhielten sie sich provokativ und stimmten mit Nein. In Wolfen beschmierten Jugendliche die von der Leitung gehissten roten Fahnen mit Kot und platzierten diese anschließend auf der Lagerstraße. Um der Enge des Lagers zu entfliehen, schnitten sie Löcher in die Zäune und besuchten öffentliche Zirkusaufführungen und Kinovorstellungen. Selbst die Aussicht auf Strafquarantäne konnte sie dabei nicht schrecken.

Auch die erwachsenen Frauen zeigten sich mehrheitlich für die Bemühungen des Regimes unempfänglich. Sie verhielten sich allerdings nicht offen opponierend, sondern baten um Gottesdienste. In Wolfen und Fürstenwalde wurden diese von der Lagerleitung genehmigt, in Bischofswerda blieben sie verboten. Hier erhielt der Landesumsiedlerpfarrer nicht einmal Zutritt für eine individuelle Seelsorge. So waren es eher die Jüngsten zwischen acht und zwölf Jahren, bei denen das dargebotene Programm verfing. Teilweise noch Litauisch sprechend und denkend, bekamen sie von gleichaltrigen Jung- und Thälmann-Pionieren die scheinbaren Vorteile der sozialistischen Gesellschaft vor Augen geführt: Uniform, Auszeichnungen für gute Schulleistungen, Tanz und Musik sowie das über Jahre vermisste Gemeinschaftsgefühl, welches in diesem Zusammenhang von besonderer Bedeutung war. Eine Kombination, die sie nachhaltig beeindruckte.

„Die Pioniere aus dem nächsten Ort kamen zu uns ins Lager. Wir waren die Zuschauer und uns wurde gesagt, ihr könnt alle so werden wie die hier. Die konnten singen und tanzen und hast du nicht gesehen, die waren alles 1a-Schüler. Ja, wie sind denn deine Noten. Ich habe nur eine 2 in Mathematik, aber sonst habe ich alles Einser. Und wie ist es bei dir? Ja, ich habe eine 3 in Kunst, aber sonst hab ich alles eins und zwei. Die hatten nur gute Noten, die waren alle so schlau. Und sie waren kosmopolitisch hoch eingestuft. Wir wussten gar nicht, was das Wort bedeutet, aber ich war sofort dabei, ich wäre sofort Pionier geworden. Also wirklich alle Mädchen waren beeindruckt.

„Wir haben auch Filme geguckt, das war so schön, ich meine, das hatten wir ja alles vermisst. Alle Kinder waren begierig zu lernen, wir waren ganz entzückt von diesen tollen Sachen. Berlin wurde gezeigt, mit der Elektrischen. Ich kannte die wohl noch aus Königsberg, aber meine kleine Schwester hatte null Ahnung, die hatte so was ja noch nie erlebt. Die sagte nur, hier bleiben wir. Dann kam unsere Mutter aus dem Lagerbüro zurück und fragte uns nachdenklich, wie ist das, wollen wir hier wirklich bleiben? Wir können eine Wohnung kriegen, am Stadtrand von Berlin, in so nem Hochhaus, mit Zentralheizung. Das muss man sich mal überlegen, mit Zentralheizung. Oh ja, Mutti, das machen wir. Wir waren begeistert und haben versucht, sie zu überreden." (Brunhild Pentzeck)

Die Behörden der DDR warben nicht nur gezielt um Mütter mit Kindern, sondern auch um Heranwachsende, die ohne Eltern aus Litauen eingetroffen waren. Nur eine Woche nach dem Quarantänebeginn wurden in Fürstenwalde 78 Kinder und Jugendliche unter 18 Jahren von den übrigen Insassen separiert, 51 kamen in das brandenburgische Landeskinderheim Kyritz und 27 in das Kinderheim Luckwitz in Mecklenburg. Aus Bischofswerda wurden wenig später ebenfalls 150 elternlose bzw. elterngelöste Kinder und Jugendliche auf Heime in Chemnitz und Jena verteilt, aus Wolfen insgesamt 211 in Heime nach Schenkenberg (50), Reinharz (106), Bitterfeld (25) und wiederum Luckwitz (30) gebracht. Dies geschah, obgleich ein Teil der Betroffenen bereits mit Angehörigen in Kontakt stand. Zustande gekommen waren diese Verbindungen über den Suchdienst, der alle Lagerinsassen unmittelbar nach ihrem Eintreffen erfasst und die Angaben auch an die westdeutsche Arbeitsgemeinschaft für Kinderrückführung weitergeleitet hatte.

Um eine schnellstmögliche Zusammenführung von Familienangehörigen war die DDR seit ihrer Staatsgründung jedoch nicht mehr in dem Maße bemüht wie 1947/48, als die deutschen Verwaltungsstellen in den verschiedenen Besatzungszonen noch unkompliziert und pragmatisch miteinander gearbeitet hatten. Jetzt hingegen wurde um neue Staatsbürger gefeilscht. Erwachsene und Jugendliche erhielten die im Lager eingetroffene Post teilweise geöffnet. Häufig fehlten Zuzugsgenehmigungen oder wurden verzögert ausgehändigt. In vielen Briefen hatten Mitarbeiter der Staatssicherheit Korrekturen mit Argumenten gegen ein Leben im Westen vorgenommen. Einige Schreiben hatten sie anschließend auch unachtsam in falsche Umschläge gesteckt.[79]

Die mentale und körperliche Verfassung vieler Ostpreußen veranlasste das Ministerium für Staatssicherheit sogar zu der Feststellung, dass die Weiterleitung dieses Personenkreises nach Westdeutschland grundsätzlich nicht gestattet werden könne. Das Ministerium des Innern argumentierte dagegen, dass die Personen, die bis zum Ende der Quarantäne eine Zuzugsgenehmigung erhalten würden, auch über die Zonengrenze geschleust werden sollen, da es sich größtenteils um Frauen und Kinder im ersten und zweiten Verwandtschaftsgrad handele. Ein Aufgreifen der negativen Stimmungen durch die Westpresse werde ohnehin erfolgen, ganz gleich ob fünfzig oder mehr Personen zur Schleusung gelangten. Die gesamte Gruppe unter Zwang in der DDR einzugemeinden und ihr Interzonenpässe für den einmaligen Grenzübertritt vorzuenthalten, würde den Drang auf Familienzusammenführung zudem nicht abschwächen können und den illegalen Grenzübertritt nach sich ziehen, zumal die Betroffenen über kein Großgepäck verfügten. Darüber hinaus, so das Ministerium des Innern, dürfte sich solch eine strikte Maßnahme politisch ungünstig auswirken, weil die dann illegal in Westdeutschland eintreffenden Personen ihre Erlebnisse in der DDR, Litauen und Ostpreußen zusätzlich aufbauschen würden. Es sei in einem solchen Falle damit zu rechnen, dass die politische Agitation während der Quarantänezeit ins Gegenteil umschlage und die

Menschen bedingungslos der Westpropaganda ausliefere. Ein Bekanntwerden ihrer negativen Erlebnisse könne durch ein Verbot der Ausreise nach Westdeutschland so oder so nicht verhindert werden, da der Postweg für alle offenstehe.

Volle vier Wochen nach dem Eintreffen der Transporte gab das Ministerium für Staatssicherheit am 11. Juni 1951 schließlich sein Einverständnis zum Start der Ausschleusung. Bedingung dafür war gewesen, dass es keine Sammeltransporte Richtung Westen geben dürfe, die öffentliches Aufsehen erregten. In den Lagern Bischofswerda, Fürstenwalde und Wolfen hielten sich zu diesem Zeitpunkt abzüglich der in die Heime gebrachten Kinder und Jugendlichen noch 3257 Personen auf. Pro Tag und Lager wurden jetzt einige Kleingruppen von fünf bis sieben Personen entlassen, deren Zugverbindungen überdies so ausgewählt worden waren, dass die Reisenden keine Möglichkeit hatten, sich unterwegs zu begegnen. Auch am Grenzdurchgangsstützpunkt der DDR in Heiligenstadt durften sie sich nicht sammeln, sondern wurden bei ihrer Ankunft sofort in das Durchgangslager Friedland auf niedersächsischer Seite weitergeleitet.

Bis Anfang Juli wurden so in insgesamt 248 Kleinsttransporten 1344 Personen in den Westen geschleust. Die anderen Lagerinsassen wurden auf die Länder der DDR verteilt. Knapp 40 Prozent von diesen besaßen Mitte Juni eine Zuzugsgenehmigung zu dort lebenden Angehörigen, gut 60 Prozent wurden in Abstimmung mit dem Ministerium für Arbeit überwiegend an Orten angesiedelt, wo ein Ausbildungs- oder Arbeitsplatz zu besetzen war.

Genauso lautlos wie die Ausschleusung und Eingemeindung in der DDR vonstattenging, verlief der Empfang der Ostpreußen in Friedland. Durch ihre Briefe aus den Quarantänelagern und den Kontakt zum Zentralbüro Ost des Evangelischen Hilfswerks sowie zum Internationalen Roten Kreuz war die Arbeitsgemeinschaft Kinderrückführung über den Zustand der Ankömmlinge bereits im Vorfeld informiert. Um eventuell noch folgende Rückführungen aus Litauen nicht zu gefährden, wurde in Absprache mit allen beteiligten Wohlfahrtsverbänden vereinbart, auf den Verzicht jeglicher negativeren Berichterstattung seitens der Presse hinzuwirken.

Die in *Die Zeit* und im *Ostpreußenblatt* erschienenen Reportagen waren folglich frei von moralisierenden und systemkämpferischen Tönen. Ihr Fokus war auf die Erlebnisberichte der Ankommenden sowie die in Litauen erfahrene Hilfsbereitschaft der Bevölkerung gerichtet. Nur *Die Welt* gewichtete ihren politischen Auftrag höher und wies in konfrontativem Tonfall darauf hin, dass viele Kinder trotz vorliegender Zuzugsgenehmigungen aus dem Westen in „sowjetzonale Heime"[80] gebracht worden seien.

Am deutlichsten fiel jedoch eine für den internen Gebrauch erstellte Bilanz der Befragungsstelle des Deutschen Roten Kreuzes in Friedland aus.

„Es sind einzelne Personen darunter, deren Familie ursprünglich eine Zahl von 12 Personen aufweisen konnte. In der Zwischenzeit sind sie bis auf 1 oder 2 [...] ausgestorben. Es gibt nicht eine Frau, die in Ostpreußen gelebt hat und nicht vergewaltigt worden ist. [...] Es ist grauenhaft, diese Menschen anzuhören, was sie alles in den Jahren nach dem Kriege durchgemacht haben. [...] Die noch in den ostzonalen Lagern befindlichen Umsiedler werden durch ihren langen Aufenthalt seelisch so gemartert, dass sie hier im Lager Friedland zu nichts mehr fähig sind."[81]

Kinder und Jugendliche spürten spätestens jetzt, dass ihre Rückkehr in das über Jahre herbeigesehnte bürgerliche Leben mit neuen Beschwernissen verbunden war. Unbekannte Frauen an der Seite der Väter, die den Platz der eigenen verhungerten Mütter längst eingenommen hatten; unterschwellige Furcht vor schmallippigen Fragen nach dem Verbleib von verschollenen Angehörigen, die man in Ostpreußen zurückgelassen oder in Litauen verloren hatte; Mütter, die ihre Kinder durch ein sexuelles Abhängigkeitsverhältnis vor dem Verhungern gerettet hatten, vom Vater nun aber nicht in den Arm genommen, sondern fallen gelassen wurden.

Nöte dieser und ähnlicher Art spiegeln sich in einem langen Brief des evangelischen Lagerpfarrers in Friedland an einen Amtsbruder wider. Er verfasste ihn im Juli 1951, nachdem über 1300 Ostpreußen das Lager passiert hatten.

„Es sind die Reste, es sind die Überbleibsel der gestorbenen, verhungerten Familien. Bis zum Jahre 1950 hat niemand Verbindung nach Westdeutschland gehabt. Viele erfahren erst jetzt, dass ihre Angehörigen leben. Das ist nicht immer ein Grund zur Freude! Viele Frauen sind inzwischen für tot erklärt worden, die Männer in Westdeutschland haben wieder geheiratet. Die Frauen bringen Kinder von fremden Männern mit. [...]

Ein Mädchen kommt, etwa 20 Jahre alt. 1945 ist sie mit ihrer herzkranken Mutter verschleppt worden in endlosem Zug. Die Mutter kann nicht mehr weiter, bleibt zurück. Der Posten will sie erschießen, aber das Kind wirft sich über die Mutter, rettet sie, ergattert einen Schubkarren, schiebt die Mutter, aber der Weg ist weit. Irgendwo müssen die Kräfte sie verlassen haben, sie spricht es nicht aus, aber die Mutter muss irgendwo zurückgeblieben sein, gestorben, verscharrt. In der Ostzone hat das Mädchen ihre Schwester getroffen. ‚Du bist da, aber wo ist die Mutter?' – ‚Ich bin unschuldig. Aber sie verstehen mich nicht, niemand kann es verstehen, wie es war, der nicht dabei war!' Jetzt steht die Begegnung mit der Schwester in Westdeutschland bevor. Das Mädel hat Angst – wieder wird die Frage nach der Mutter gestellt werden. ‚Ich bin bei Gott unschuldig – nun bricht alles wieder auf!'

Totgeglaubte begegnen sich wieder. Die Selbstanklagen, die an Gräbern so oft aufbrechen, finden hier Befreiung. Ich lese den Brief einer Tochter aus Westdeutschland an ihre Mutter: ‚Wie oft habe ich geweint, dass ich so schlecht zu Dir gewesen bin, nun kann ich alles wieder gut machen.'

Zwei Schwestern kommen. Erst im Lager der Ostzone haben sie sich gefunden. Beide kommen aus Litauen und haben nichts voneinander gewusst. Sie haben zwei Brüder in Westdeutschland, davon der eine beinamputiert. 15 Geschwister waren es einst: Vater, Mutter, ein kleiner Bruder, sechs Schwestern, davon die älteste verheiratet mit sechs Kindern, sind alle noch 1945 verhungert, drei Brüder gefallen, einer vermisst.

Ein 19-Jähriger aus dem Kreise Gerdauen: ‚Ich bin allein übrig geblieben, Mutter und 5 Geschwister verhungert.' Er geht zum Vater nach Ostfriesland.

Lieselotte Werner, 19-jährig, lebte mit den Eltern und 9 Geschwistern in Königsberg. In den Trümmern der zerstörten Stadt suchten sie sich 1945 ein notdürftiges Unterkommen, 2 kleinere Geschwister, davon eines erst im Februar 1945 geboren, starben im April 1945. ‚Keine Milch, kein Brot!' Im gleichen Jahr stirbt ein weiterer jüngerer Bruder. Kurz vor Weihnachten 1946 stirbt der Vater an Hunger. Januar 1947 verhungert der 10-jährige Bruder, im Februar 1947 die 4-jährige Schwester, im April 1947 die Mutter. Drei Mädchen bleiben noch übrig. Eine gibt die Schwester in ein russisches Kinderheim – Verbleib unbekannt. Eine Schwester ist 1947 nach Litauen geflohen – Verbleib unbekannt. Auch Lieselotte ist nach Litauen geflohen. Jetzt kommt sie mit einer 62-jährigen Frau, die Zuzug zu ihrem Bruder nach Bayern hat. Beide wollen beieinanderbleiben – ‚ich habe sonst niemand mehr.'

Dagegen hat der Eisenbahner Scharley aus Ostpreußen, der seit 1945 in Braunschweig wohnt, jetzt alle vier Kinder wieder beieinander. Das Mädchen kam schon 1948 über Dresden, der

Sohn aus Sibirien, zwei Söhne jetzt aus Litauen, im Abstand von 10 Tagen gingen sie durch Friedland, auch sie hatten nichts voneinander gewusst. Freilich, die Mutter fehlt. Sie ist 1945 vor Hunger und Erschöpfung vor dem Pflug zusammengebrochen. Die Kinder haben sie auf einem Handwagen zu Grabe gezogen.

Traute Machnik kommt mit ihrem 14-jährigen Bruder. Auch ihre Mutter ist 1945 (am Geburtstag des Vaters) mittags um 12 Uhr nach Misshandlungen mit der Reitpeitsche vor dem Pflug zusammengebrochen, den sie mit vier Frauen ziehen musste. Dabei erhielt sie pro Tag 200 Gramm Brot, das sie auf die Kinder verteilte. Um 14 Uhr haben die beiden Kinder ihre Mutter in einem Graben verscharrt. Der litauische Bauer, der sie [später] in seinem Haus aufgenommen hatte, ist dafür nach Sibirien abtransportiert worden! Die Geschwister haben nach dem Tode der Mutter 7 Monate von Brennnesseln, Melde und verfaulten Kartoffeln aus den Mieten des Vorjahres gelebt.

Frau Marx kommt mit dem 11-jährigen Jürgen. Ihr Mann liegt gelähmt in einem Heim in Holstein (Kriegsfolgen). Die Tochter ist zu Tode geschändet, der 20-jährige Sohn beim Abtransport aus Litauen von der Mutter gerissen worden, er musste zurückbleiben.

Glauben Sie bitte nicht, dass das alles unter Tausenden von Einzelschicksalen herausgesucht sei – nein, dies ist das allgemeine Bild!"[82]

Die Wiederaufnahme des familiären Lebens ging überwiegend mit Sprachlosigkeit, fehlender Empathie, Enttäuschung und Schwierigkeiten einher. Mutter-Tochter-Beziehungen waren im Allgemeinen problembeladener als Mutter-Sohn-Beziehungen. Väter nahmen in der familiären Kommunikation lieber Blindstellen in Kauf, als ihre Macht- und Hilflosigkeit zu thematisieren, wenn es um die Erlebnisse ihrer Kinder in der Nachkriegszeit ging. Ältere Mädchen, die keine Eltern mehr hatten und im Verwandtenkreis nirgendwo richtig Fuß fassten, waren in erhöhtem Maße der Gefahr sexuellen Missbrauchs ausgesetzt, weil ihre Umwelt ihnen die aus Ostpreußen mitgebrachten Gewalterfahrungen als ehrabschneidend anrechnete. Viele Kinder und Jugendliche realisierten nach der Ankunft in der Bundesrepublik außerdem erstmalig in vollem Umfang ihren schlechten Gesundheitszustand.

„Die Vorstellung, dass man da zu einem normalen Leben übergegangen ist, die ist ganz falsch. Denn Sie dürfen eines nicht vergessen, wir hatten ja gar kein normales Leben. Wir mussten uns erst mal an ganz normale Dinge gewöhnen. Wir mussten uns ja auch überhaupt erst mal körperlich erholen.
Meine älteste Schwester bekam in Friedland akut entzündliches Rheuma, was auf ihr Herz geschlagen war. Sie wurde aus dem Lager sofort in die Universitätsklinik Göttingen gebracht. Sie war plötzlich weg, und keiner hat gesagt, wo. Meine zweitälteste Schwester sagte, dass sie das auch als ganz schrecklich empfunden hat, Reinhild war weg. Sie ist da viele Monate gewesen. Anfangs war sie in Lebensgefahr, also wirklich ganz schwer krank, und bis sie wiederhergestellt war, hat das Monate gedauert.
Von dem Lager Friedland sind wir dann eingewiesen worden in das Mutter-und-Kind-Lager Stukenbrock, das wurde von Diakonissen unterhalten. Das waren zwar auch so barackenähnliche Stuben, aber wir hatten da ein ganzes Zimmer für uns. Gegessen wurde in einem extra Speiseraum, wir bekamen die Mahlzeiten sogar vorgesetzt, weiße Tischdecken, richtig Besteck und so. In Stukenbrock waren nur besondere Familien, also solche, die körperlich am Ende waren. Wir hatten dort natürlich noch keine Schule, wir mussten auch nicht arbeiten, wir sollten uns einfach erholen.
Nach und nach bekamen wir ganz normale Kleidung, wie das für unser Alter üblich war. Der Lagerverwalter mit seiner jungen

Frau, die hatten ein kleines Mädchen, und ich durfte mit diesem Kind spielen. Das war so ein süßes Kind mit Locken, so süß gepflegt und gut ernährt, ich fand das paradiesisch, das war schön.
 Von Stukenbrock aus haben wir ne Wohnung zugewiesen bekommen, in Alfen bei Paderborn. Da ging's natürlich wieder abwärts. Keiner wollte uns. Wir bekamen ein schäbiges Zimmer. Das nächste Klo irgendwo draußen und die Frau, der alles gehörte, die hat uns nur bekämpft." (Gerda Moritz)

Ein besonders tragisches und bislang kaum beachtetes Kapitel stellen auch die zahlreichen Fälle dar, in denen Familienväter ohne das Wissen ihrer Frauen die Ehe bereits rechtskräftig hatten aufheben lassen, das Beantragen der Zuzugsgenehmigung für die eigene Familie unter fadenscheinigen Gründen hinauszögerten oder nur mehr bereit waren, die Kinder, nicht aber die Ehefrau bei sich wieder aufzunehmen. Solch ein Beispiel dokumentiert das Schreiben eines Mannes aus Hessen an den Rat des Kreises Bitterfeld im Mai 1951. Seine vier jüngsten Kinder hatten sich bereits in den Königsberger Transporten von 1947/48 befunden und lebten inzwischen bei ihm. Jetzt waren auch seine Frau und die übrigen drei Kinder im Quarantänelager Wolfen eingetroffen und hofften, zu ihm weiterreisen zu können.

„Ich bitte Sie, meine Kinder noch so lange im Lager zurückzuhalten, bis ich die Zuzugsgenehmigung für meine Kinder geschickt habe. […] Für meine Frau habe ich keine Zuzugsgenehmigung beantragt, und zwar aus folgenden Gründen: Ich habe die Ehescheidung beantragt: Meine Frau wird beschuldigt: 1.) Ihre vier jüngsten Kinder Erhard, Roland, Gudrun und Roswitha böswillig ihrem Schicksal überlassen zu haben. 2.) Es ist glaubwürdig festgestellt, dass meine Frau mich mit 10 Männern während ich in Kriegsgefangenschaft war, hintergangen hat. 3.) Haben ihre Geschwister ein Verfahren bei der Staatsanwalt-

schaft beantragt, wegen schwerer Körperverletzung mit tödlichem Ausgang, begangen an ihrer Mutter (Ende Oktober 47). [...]
Da ich annehmen muss, dass meine Frau nicht freiwillig mir die dort befindlichen Kinder überlassen wird, habe ich eine vorläufige Gerichtsverfügung beantragt zwecks zwangsweiser Rückführung meiner noch unmündigen Kinder, in meinen und meiner vier jüngsten Kinder geführten Haushalt. Meine älteste Tochter Brunhilde soll frei entscheiden. Ich bitte Sie, über das hier vertraulich Mitgeteilte vorläufig Stillschweigen zu bewahren. Meine Frau wird in jedem Fall versuchen, sich durch Unwahrheiten zu rechtfertigen. Wie ich aus der schon erhaltenen Post ersehen kann, steht meine älteste Tochter Brunhilde stark unter dem Einfluss meiner Frau. Hochachtungsvoll Ihr sehr ergebener M."[83]

Eingereichte Scheidungsverfahren gegen ostpreußische Frauen, die nach Kriegsende von den russischen und polnischen Machthabern festgehalten wurden, waren in der jungen Bundesrepublik so häufig, dass die Arbeitsgemeinschaft Kinderrückführung bereits im November 1950 das Bundesjustizministerium darauf aufmerksam gemacht hatte. In vielen Fällen argumentierten die Ehemänner, dass ihre Frauen der Pflicht zur häuslichen Gemeinschaft jahrelang nicht nachgekommen seien und sich aus freiem Willen für einen Verbleib im Osten entschieden hätten.

Unter Verweis auf Stellungnahmen des Deutschen Roten Kreuzes, der Arbeitsgemeinschaft Kinderrückführung und des Bundesministeriums für Vertriebene erließ der Bundesjustizminister am 6. Oktober 1951 eine Verfügung an die Landesjustizverwaltungen, bei Ehescheidungsklagen gegen sich noch in Ostpreußen befindende deutsche Frauen jeden Einzelfall genauestens zu prüfen. Bis zur Erbringung eines eindeutigen Gegenbeweises müsse jedes Vorbringen, dass eine in Ostpreußen festgehaltene Ehefrau nur durch höhere Gewalt daran gehindert werde, die eheliche Gemeinschaft mit ihrem in der Bundesrepublik lebenden Gatten aufzunehmen, als höchst glaubwürdig beurteilt werden. Dieses Vorgehen schützte die noch im Osten verbliebenen Frauen und wahrte ihre Chancen auf eine erleichterte Übersiedlung im Rahmen der Familienzusammenführung, weil eine zerrüttete Ehe somit erst nach der Rückkehr der Ehefrau geschieden und der Frau nicht länger ungehört der schuldige Teil zugesprochen werden konnte.[84]

Vielen Müttern fehlten nach sechs Jahren im sowjetischen Machtbereich allerdings auch in der Folgezeit die Möglichkeiten und Kräfte, sich gegen Scheidungsverfahren angemessen zur Wehr zu setzen. Der Lagerpfarrer in Friedland empfand die Frauen als untröstlich, voller Angst und Misstrauen, noch immer auf der Hut vor Menschen, die ihnen die verbliebenen Kinder wegnehmen könnten. Auch der Heimkehrerverband, der sich der Ostpreußinnen zum Teil angenommen hatte, dokumentierte deren Zustand: Herzprobleme, chronische Lungenleiden, Nervenschäden, Apathie und Arbeitsunfähigkeit. Viele der Frauen hatten mehrere Kinder verloren, lebten zurückgezogen und befanden sich laufend in ärztlicher Behandlung.

In der DDR stellte sich die Frage der Scheidungsverfahren für die aus Litauen eingetroffenen Frauen seltener, da dorthin alle Transportinsassen entlassen worden waren, die keine Angehörigen mehr besaßen oder noch nicht ausfindig gemacht hatten. Abgesehen von diesem Punkt ergaben Kontrollen der Behörden zwischen Spätsommer und Jahresende 1951 jedoch ein ähnliches Bild wie in der Bundesrepublik.[85]

Die zeitige Herausnahme der knapp 450 elterngelösten Kinder und Jugendlichen aus den Quarantänelagern zahlte sich für die DDR unterdes nur bedingt aus. Sie gewann durch die separate Unterbringung in Heimen zwar junge und besonders formbare Staatsbürger, konnte einen mindestens ebenso großen Teil aus dieser Gruppe allerdings nicht von sich überzeugen. Bei vielen war der Drang, den sowjetischen Machtbereich im Zweifel auch ohne Zuzugsgenehmigung aus der Bundesrepublik zu verlassen, so groß, dass sie selbst eine bereits angefangene Lehre nicht aufhalten konnte. Sie fuhren mit einem Interzonenpass in den Westen oder gingen bei Nacht und Nebel über die grüne Grenze. Auch die Sehnsucht nach einem Wiedersehen mit Angehörigen, und mochten diese noch so entfernten Grades sein, ließ zahlreiche Jungen und Mädchen nicht zur Ruhe kommen und weiter hoffen, dass sich noch Verwandte melden würden.

So war es auch im Falle einer Siebzehnjährigen, die 1951 gemeinsam mit 86 anderen ostpreußischen Jugendlichen in einem Heim in Chemnitz-Bernsdorf untergebracht worden war. Ihre Geschichte zeigt, wie verloren diese elternlosen Heranwachsenden trotz staatlicher Fürsorge bleiben konnten.

„Wir wurden in Chemnitz gut behandelt. Das waren dort ganz liebe Menschen. Die haben uns richtig getröstet und uns, auf Deutsch jesagt, ordentlich Honig um den Mund geschmiert. Sie schickten mich in eine Teppichfabrik, da musste ich für die Frauen, die am Webstuhl waren, immer die Garnrollen mit den verschiedenen Farben schleppen. Dann sagte mir der Meister, wenn du willst, kannst du hier auch Teppichweberin lernen. Da hatte ich aber schon gehört, dass man ausreisen darf, wenn sich Verwandte finden, Familienzusammenführung hieß das. Da habe ich dann abgelehnt und blieb weiter lieber bloß so 'n kleiner Handlanger, damit sie mich fahren ließen. Verstehn Se, wenn Se seit 47 keine Angehörigen, keine Eltern, kein nichts hatten, ich glaub, dann sehnen Sie sich auch nach den eigenen Leuten. Mein Bruder war in der Nähe, in einem anderen Heim, das wusste ich. Aber meine beste Freundin, die hatte sich ein paar Monate vorher, ohne mir was zu sagen, in den Westen abgesetzt. Ich war alleine.

Eine Tante, die ich vom Namen her kannte, aber noch nie gesehen hatte, die hörte irgendwann im Radio, dass wir unseren

Vater suchen. Und da hat sie sich bemüht, uns nach Lübeck zu holen. Das war im März 52. Da musste ich dann öfter zu den Behörden, Papiere und irjendwas beantragen. Wenn du da sagtest, du bist in Königsberg geboren, da bekamst du gleich übern Schnabel jefahrn. Königsberg durftest du nicht sagen, das war Kaliningrad. Da war ich richtig sauer. Nee, habe ich gedacht, du bist doch nicht in Kaliningrad geboren.

Wo mein Bruder und ich dann in der Bundesrepublik ankamen, wurden wir erwartet von der richtigen Tante und einer Halbschwester von meinem Vater. Und bei dieser Halbschwester habe ich nachher auch gewohnt. Die Freude war erst mal groß, Ihr lebt ja noch, schade, Mutti ist tot und so, wie man sich halt begrüßt und was man sich so erzählt. Aber in dieser Familie bekam ich kein eigenes Bett. Und anstatt dass die Tante in die Mitte geht, musste ich auf der Besucherritze zwischen den Eheleuten schlafen, mit 17 Jahren. Und der Onkel war schon über 50. Was passierte? Der Onkel kriegte noch mal Frühlingsgefühle und begann nachts, an mir rumzugrabbeln. Ich mochte abends gar nicht mehr ins Bett gehen, weil ich genau wusste, was dieser Mann macht, ist nicht normal. Vor allem hat er mich dann vollgesülzt, er vertritt jetzt Vaters Stelle, das Leben wird wieder schön und so. Na, jedenfalls kam es irgendwann zu einer Gerichtsverhandlung. Da hat seine Frau behauptet, ich wollte ihren Mann verführen. Oh, was war man damals genierlich. Aufm Gericht wurdest du ausgequetscht. Ich mach das jetzt als alte Oma gar nicht mehr wiederholen, hab mich so geschämt. Ich musste dem Richter erklären, wie groß das Glied war. Das Wort mochte ich ja nicht mal aussprechen. Das hast du alles erleben müssen in dieser Bundesrepublik, auf die du dich so gefreut hattest. Von den Leuten bin ich nach der ersten Gerichtsverhandlung weggekommen und saß dann wieder in einem Heim für weibliche Lehrlinge."

So hart wie diese Siebzehnjährige traf es nicht alle jungen Ostpreußen, die zwischen 1947 und 1951 verpflanzt worden waren und nun versuchten, noch einmal Wurzeln zu schlagen. Doch jeder von ihnen hatte auf seine Weise schweres Nachkriegsgepäck zu meistern. Beim wiedergefundenen Vater in der Lüneburger Heide, bei der älteren Schwester in Mecklenburg, bei den geflüchteten Großeltern in Westfalen, als adoptiertes Kind in einer sächsischen Familie, als Waise in einem brandenburgischen Kinderheim oder zusammen mit einer langsam versteinernden Mutter am Niederrhein: Ostpreußens letzte Kinder waren für ihr weiteres Leben unwiderruflich gezeichnet und wie Treibgut über ganz Restdeutschland verteilt worden.

Mit 13 in die Grundschule

Von den Gleichaltrigen in West- und Mitteldeutschland unterschieden sich die jungen Hungerüberlebenden nicht nur durch ihre gesundheitlichen und familiären Nöte. Sie fielen der neuen Umgebung auch durch ihre praktische Lebenserfahrung und Abgebrühtheit auf. Aus den Speisesälen ließen sie trotz reichhaltiger Verpflegung weiterhin Nahrungsmittel mitgehen. Einige nahmen durch den Lagerzaun sogar Kontakt zur einheimischen Bevölkerung auf und versuchten, Tauschhandel zu führen. Unbekannten begegneten sie generell mit Misstrauen. Eine Diakonisse, die auf dem „Umsiedlerstützpunkt" im vorpommerschen Pasewalk die Eintreffenden begrüßte, zeigte sich in ihrem Tätigkeitsbericht erschüttert. Kinder und Jugendliche seien frech und vorlaut. Selbst in Anwesenheit von Erwachsenen rauchten sie.[86]

Untereinander verhielten sich Heimkinder, die sich bereits aus den sowjetischen Waisenhäusern kannten, allerdings solidarisch. Der Jugendreferent des Kreisumsiedlerausschusses Usedom konnte sich davon direkt überzeugen, als er im November 1947 die Verlegung von 246 elterngelösten Kindern aus dem Quarantänelager Koserow nach Falkensee bei Berlin begleitete.

„Kaum waren die Kinder geweckt, so hatten sich die Älteren gewaschen, gekämmt, angezogen, Betten gemacht, um sofort ihren jüngeren noch etwas hilflosen Leidenskameraden zu helfen. Es war eine Freude zu sehen, wie die Älteren den Schwestern die Arbeit von den Augen ablasen. Überall sah man dann Gruppen bis zu 20 Kinder stehen. Leuchtende Kinderaugen konnte man allerdings auch jetzt nicht feststellen. Stumm, äußerlich gleichgültig, doch innerlich erregt, standen sie da. […]

In Wolgast mussten wir mehrere Stunden warten. Keine Anzeichen von Ungeduld machten sich bei den Kindern bemerkbar. Sie warteten beharrlich auf die Abfahrt. Die Mädchen, auch einige Jungen, begannen zu stricken, andere machten es sich in den Gepäcknetzen bequem. […]

Die Ältesten sangen alte deutsche Volkslieder, russische Lieder mit deutschem oder russischem Text, die sie dort in den Heimen gelernt hatten. Langsam verloren sie zu mir das Misstrauen, das diese Kinder jedem ‚Eindringling' entgegenbringen. Sie waren äußerst schlagfertig und sparten nicht mit derben Kraftausdrücken. Die Kleinsten baten bereits mit den Worten wie ‚Ich muss pissen oder kacken' auf die Toilette geführt zu werden.

Trotzdem der Transport erst morgens um 4 Uhr seinen Bestimmungsort erreichte, zeigte sich bei den Kindern keine Ungeduld, auch die Kleinsten weinten nicht, sondern warteten auf die Dinge, die da kommen sollten." [87]

Neben ihrer überfrühen Lebensreife und Selbstständigkeit rückte jedoch bald noch ein ganz anderer Aspekt in den Mittelpunkt, der auf den Jungen und Mädchen im schulpflichtigen Alter lastete: die lange Zeit ohne Unterricht. Seit dem Winter 1944/45 hatten die Kinder keine deutsche Schule mehr besucht. Der höhere Altersschnitt des Sondertransports aus Litauen und weitere drei Jahre des Vagabundierens stellten im Sommer 1951 schließlich alle Beteiligten vor besondere Herausforderungen. Eine Lehrkraft, die im Quarantänelager Wolfen für die pädagogische und unterrichtsmäßige Erstbetreuung der jungen Menschen zuständig war, notierte in ihrem Abschlussbericht:

„Die Jugend machte einen vollkommen verwilderten Eindruck und war äußerst schwer an eine Lagerordnung zu gewöhnen. Gleich in den ersten Tagen gab es Schlägereien und die Polizei musste eingreifen. Ich dachte mit Grauen daran, wie ich diese Jugend unterrichten sollte. Es wurde dann allerdings besser als ich erwartet hatte. Die schlimmsten Raufbolde kamen nicht, ich legte auch keinen Wert darauf. Den anderen fehlten zwar größtenteils die primitivsten Umgangsformen, aber sie waren sehr aufnahmefähig und gelehrig.

Ich überzeugte mich in kurzer Zeit, dass diese verwilderte Schar in gewisser Hinsicht eine Auslese darstellte. Wie wäre es sonst möglich gewesen, dass 12-Jährige ohne Angehörige heute noch am Leben sind. Die noch jüngeren Waisenkinder hatten meist ältere Geschwister bei sich, die mit elterlichem Verantwortungsbewusstsein für sie sorgten. Nur die Gesündesten und Anpassungsfähigsten waren am Leben geblieben. Die Kinder und Jugendlichen gewöhnten sich rasch an die Schuldisziplin. Meinungsverschiedenheiten untereinander wurden natürlich mit den Fäusten ausgetragen.

Die Kinder bis zu 14 Jahren konnten größtenteils nicht lesen, kannten kaum einige Buchstaben. Sie konnten aber von 8 bis 9 Jahren aufwärts die Zahlen schreiben, verstanden es ausgezeichnet mit Geld umzugehen und waren gute Kopfrechner. Das schriftliche Rechnen war ihnen fremd, sie begriffen es aber schnell. Alle wollten sie möglichst rasch lesen lernen. Ich musste bis zu 14 Jahren die Fibel verwenden. Die Kinder von 9 bis 14 Jahren stellten ein buntes Durcheinander dar. Ein kleiner Teil hatte im letzten Jahr die litauische Schule besucht, kannte also ein paar Buchstaben. Die 13- bis 14-Jährigen hatten noch die erste und zweite Klasse der deutschen Schule besucht. Diese kannten auch größtenteils die Buchstaben. Ein paar findige Köpfe hatten sich von den Straßenschildern oder von litauischen Schulkindern die Buchstaben eingeprägt. Die Lesetechnik fehlte. In 4 Wochen waren sie mit wenigen Ausnahmen so weit, dass ich mit den 9- bis 11-Jährigen kleine Lesestückchen aus der Fibel lesen und abschreiben, mit den 12- bis 14-Jährigen sogar auch einige Abschnitte aus der ABC-Zeitung lesen und auch ganz leichte Diktate auf dem Niveau der zweiten Klasse schreiben konnte. Mit den 14- bis 16-Jährigen und den 16- bis 18-Jährigen konnten wir auch schon einfache Diktate und kleine Niederschriften wagen. Im Rechnen beschränkten wir uns auf die Wiederholung der vier Grundrechenarten.

An diesem Transport wurde es mir wie bei keinem anderen klar, wie lange die Folgen eines Krieges in einem Volke nachwirken können. Die Jugendheime, die die elternlose Jugend aufgenommen haben, werden eine schwere Erziehungsarbeit zu leisten haben. Der Mangel an Schulkenntnissen und an Umgangsformen ist nicht das Schlimmste. Die Jugend ist frühreif, raucht in noch schulpflichtigem Alter, viele stehlen. Wir hatten eine Menge jugendlicher Mütter, die Jüngste davon war 15 Jahre alt.

Trotzdem bin ich der festen Überzeugung, dass aus 90 Prozent der Jugendlichen tüchtige und wertvolle Menschen werden. Es steckt ein ungeheurer Lebenswille in diesen jungen Menschen, der, in richtige Bahnen gelenkt, bestimmt gute Früchte zeitigen wird." [88]

Zusätzlich zur fehlenden Erziehung und den großen Lücken im Allgemein- und Schulwissen trat ein weiteres Manko zutage. Jungen und Mädchen unter 14 Jahre, die lange Zeit in Litauen gewesen waren, beherrschten ihre Muttersprache nur noch bruchstückhaft. Es gelang ihnen nicht, kurzfristig zurückzuschalten, obgleich die Erwachsenen manchmal mit schroffen Methoden nachzuhelfen versuchten. Diese Erfahrung sammelte während der Quarantäne auch eine Elfjährige, die seit Kurzem wieder mit ihrer kleinen Schwester und der Mutter zusammenlebte.

„Meine Mutter hat uns, als wir in Fürstenwalde waren, ab sofort verboten, Litauisch zu sprechen. Aber das halbe Lager quatschte Litauisch und es ging immer wieder durch mit uns. Wir wollten sie nicht ärgern, es passierte einfach, dass wir Litauisch sprachen und dann, patsch, ham wir so eine in die Fresse gekriegt. Also meine Mutter war da unnachgiebig. Sie hat uns echt geschlagen, dass es nicht mehr schön war.

Hinterher hat sie gesagt, das hat sie falsch gemacht. Sie sagt, ich hab's gut gemeint. Ich hab gar nicht überlegt, ihr wart völlig anders geprägt, ich hab euch ja gar nicht erzogen, wann hab ich euch in Litauen denn gehabt."

Ein Problembewusstsein für die Notwendigkeit besonderer Förderung gab es zu diesem Zeitpunkt auch bereits auf der politischen Ebene. Hervorgerufen worden war es 1949 durch die Ankunft von jungen Deutschen aus Pommern, Schlesien und Zentralpolen, die zu Tausenden weder ihre Muttersprache beherrschten noch ein ihrem Alter entsprechendes Schulwissen mitbrachten. Sie waren die ersten Minderjährigen in nennenswerter Zahl gewesen, die vor ihrem Eintreffen in Restdeutschland komplett in außerdeutschen Zusammenhängen gelebt hatten. Für sie reichten keine nachmittäglichen Förderstunden mehr aus, um, wie beim Großteil der jungen Ostpreußen aus den Transporten 1947/48 noch möglich, die versäumten Schuljahre im erweiterten Rahmen des Regelschulbetriebs wieder aufzuholen.

Im Laufe des Jahres 1950 hatten deshalb sowohl die DDR als auch die Bundesrepublik damit begonnen, die Betroffenen zahlenmäßig zu erfassen und eine besondere Förderung auf sie zuzuschneiden. Die Jüngeren sollten auf diese Weise an die altersentsprechende Klassenstufe, die Älteren an einen nachträglichen Schulabschluss herangeführt werden.[89]

Im Falle der 1951 aus Litauen gekommenen und in die Heime der DDR eingewiesenen elternlosen Jungen und Mädchen griffen die vorgesehenen Maßnahmen dann auch reibungslos ineinander. Heime wie im brandenburgischen Kyritz boten dafür beste Rahmenbedingungen: geschlossene Unterbringung, systemkonforme Pädagogik und sensibilisiertes Lehr- und Erziehungspersonal.[90]

Kinder und Jugendliche, die aus der Quarantäne zu ihren Angehörigen entlassen wurden, verstreuten sich jedoch in alle Himmelsrichtungen. Für die Behörden war es deshalb schwierig, auch dieser Gruppe die vorgesehene Hilfe angedeihen zu lassen. An ihren neuen Wohnorten wurden sie meistens erst einmal in den schulischen Regelbetrieb geschickt, für viele von ihnen eine echte Schockerfahrung.

„Ich war gerade zwölf geworden und meine Mitschüler waren zehn. Es waren alles Einheimische aus Nordhorn an der holländischen Grenze, die saßen fest im Sattel. Ich kam zu ihnen in die vierte Klasse und wusste überhaupt nichts. Mir fehlte die Basis. Hatte keinen blassen Schimmer von Einzahl, Mehrzahl, Adjektiv und was weiß ich. Was auf ner Landkarte Osten, Süden, Westen heißt, das hatte mir nie jemand erklärt. Ich wusste nicht was ein Bruch ist, ich wusste nicht wie man malnimmt, ich wusste nicht wie man abzieht, ich konnte ja nur die Erste-Klasse-Rechnung aus ostpreußischer Zeit und musste jetzt 1700 geteilt durch 93 machen. So ein Mist wurde abgefragt und ich stand vorne wie doof.

Meine Banknachbarin konnte mir nicht helfen, obwohl sie schon die ganzen Jahre in der Klasse gesessen hatte. Meine Mutter musste tagsüber arbeiten. Wenn die abends nach Hause kam, war sie müde. Als wir das Diktat wiederkriegten, sagte der Lehrer, und hier hab ich ein Heft, da brauchte ich die Fehler nicht zu zählen, ich habe nur die richtigen Worte gezählt, es waren fünf. Ich habe Bauchkrämpfe gekriegt und habe erbrochen. Mit mir sprach keiner, mit mir ging keiner, ich wurde nirgends eingeladen. Ich wollte sterben. Wenn ich nicht so eine Angst vor dem Wasser gehabt hätte, wäre ich auf dem Nachhauseweg in den Kanal gesprungen.

Eine Mitschülerin hat mich beklaut. Ich hatte eine Spange, das war ein Geschenk von meiner Pflegemutter. Diese Spange hatte so nen Kratzer, die ließ sich nicht verwechseln. Meine Mitschülerin hat sich die genommen. Hab ich das dem Lehrer gesagt, ich sag, die hat mein Spangenarmband, das hab ich aus Litauen. Da sagt sie, nein, ist gar nicht wahr, das habe ich von meiner Tante geschenkt bekommen. Der Lehrer hat natürlich ihr geglaubt. Später hat sie mir noch den Anspitzer genommen. Den hatte ich auch aus Litauen gerettet, den hatte ich von einer Freundin geschenkt bekommen, zum Abschied. Das war ihr bester gewesen, der war noch von ihrer Oma. Der war wirklich uralt und von dem Lila war nur noch ne ganz kleine Spur dran. Den hat mir diese Mitschülerin auch genommen.

Hab meiner Mutter nie erzählt, was ich für Schwierigkeiten in der Schule habe, dass ich ausgelacht werde, weil ich die Einzige war, die noch mit Feder und Tinte schrieb. Alle anderen hatten einen Füller, die haben sich totgelacht über mich. Habe ja auch so breit gesprochen, mit ostpreußischem Dialekt. Sagt der Lehrer: Wie sprichst du denn? Du musst dir eine klare Aussprache angewöhnen. Der Lehrer hat mich nie mit meinem Vornamen angeredet, er hat immer gesagt, du kleine Pentzeck. In Erdkunde kamen die früheren deutschen Gebiete dran, die jetzt unter russischer und polnischer Verwaltung stehen, und dann zeigt er an der Landkarte auf Ostpreußen, wie das jetzt aufgeteilt ist, wer weiß was darüber. Da habe ich mich als Einzige gemeldet – und bin nicht drangekommen. Die Rita neben mir sagt, hier, die Brunhild, die weiß das, die kommt doch da her. Da sagt er, ach, die kommt doch da hinten aus dem Urwald. Das hat er gesagt. Da habe ich dann mitten im Unterricht geweint. Das war das erste Mal, dass ich in der Schule geweint habe. Sonst konnte ich das immer unterdrücken, aber da ging es nicht mehr. Habe nur gedacht, was ist das hier für ein Scheißland. Das ist ja noch schlimmer wie unter Stalin. Ich konnte das nicht fassen, dass meine eigenen Leute mich so verletzen und wegdrücken."

Brunhilds Erlebnisse glichen denen, die zahlreiche ihrer Schicksalsgefährten aus Litauen auch in anderen Schulen sammelten. Die neuen Mitschüler waren oft um vieles jünger. Dem Unterricht konnten sie nur mit Mühe folgen. Beim Lesen nach Bildern fielen ihnen nur die litauischen oder russischen Tiernamen ein. Der ostpreußische Zungenschlag stellte sie bloß. Die Kleidung war ärmlich. Das Zuhause, das Rückhalt gab, fehlte. Es schien keinen Zweifel zu geben: Ihre Herkunft war ein Makel. Von der Umgebung war dafür kein Verständnis zu erwarten. Chancen auf Freundschaften mit Gleichaltrigen boten sich unter diesen Umständen grundsätzlich keine. Stattdessen war man das Gespött der Kleinen. Manche Jungen und Mädchen wären in diesen Monaten am liebsten nach Litauen zurückgekehrt.[91]

Den Regelschulen gelang es insgesamt nicht, an den Lerneifer ihrer besonderen Schützlinge anzuknüpfen, der in den Quarantänelagern aufgeblitzt war. Zu deutlich waren bei diesen die Gegensätze an Lebenserfahrung und Wissenslücken geworden. Zu mächtig mutete auch der Kontrast zwischen Lebensalter und dem Bedürfnis nach einem mentalen und emotionalen Schutzraum an. Lehrer und Direktoren empfanden Dreizehn-, Fünfzehn- oder gar Siebzehnjährige in ihren Grundschulklassen als unhaltbar und nicht tragbar. Einige Pädagogen entledigten sich kurzerhand des Problems, indem sie eine Abschiebung der jungen Ostpreußen auf Sonderschulen für Lernbehinderte befürworteten, obwohl die Betroffenen weder unterdurchschnittlich begabt waren noch spezifische Lernschwächen aufwiesen. Jugendliche, die nicht mehr der Schulpflicht unterlagen, wurden zum Teil auch wieder nach Hause geschickt, weil ihre Anwesenheit die kleineren Mitschüler irritierte. Ohne Schulabschluss und begonnene Lehre liefen sie Gefahr, einer Zukunft als ungelernte Arbeitskraft entgegenzutreiben.

Dass vor allem die DDR Probleme hatte, den Jugendlichen mit wiedergefundenem Familienanschluss gerecht zu werden, verdeutlicht das Beispiel zweier Schwestern im Alter von 14 und 15 Jahren. Sie waren gemeinsam mit ihrer Mutter im Kreis Westprignitz (Brandenburg) angesiedelt worden. Bereits Ende Juli 1951 wies die Abteilung Bevölkerungspolitik im Ministerium des Innern das Ministerium für Volksbildung auf die Notwendigkeit einer schulischen Sonderbetreuung der beiden Mädchen hin. Der von den Lehrern vorgesehene Einzelunterricht sei zwar anerkennenswert, reiche aber nicht aus, um die außerordentlichen Bildungslücken zu schließen. Mit nur sechs bzw. achtzehn Monaten Schulerfahrung sei ihre Unterbringung in einem Internat „äußerst notwendig".

Dieses Ansinnen traf das Ministerium für Volksbildung jedoch auf dem falschen Fuß. Das Innenministerium musste das Thema mehrmals in Erinnerung rufen, bis ihm nach über einem halben Jahr im Februar 1952 die Auskunft erteilt wurde, dass es in Brandenburg keine freien Heimplätze für Kinder und Jugendliche mit Angehörigen gebe. Es solle versucht werden, die Schwestern in einem anderen Land der DDR unterzubringen. Doch ein in Betracht kommendes Grundschulinternat konnte auch jetzt nicht benannt werden.[92]

Die Bundesrepublik zeigte sich in diesem Zusammenhang besser vorbereitet. Anhand der Listen aus dem niedersächsischen Grenzdurchgangslager Friedland schrieb das Bundesministerium für Vertriebene die Angehörigen der aus Litauen eingetroffenen Mädchen und Jungen im Sommer 1951 gezielt an und setzte sie von der Möglichkeit spezieller Fördermaßnahmen mitsamt Heimunterbringung in Kenntnis.

Die ersten hierfür vorgesehenen Einrichtungen waren von den Verbänden der freien Wohlfahrtspflege ins Leben gerufen worden. Für die überwiegend evangelischen Ostpreußen wäre demnach die *Förderschule für spätrückgeführte Kinder und Jugendliche* des Steilhofes im westfälischen Espelkamp zuständig gewesen. Diese wurde vom Evangelischen Hilfswerk und der Evangelischen Kirche von Westfalen getragen sowie vom Land Nordrhein-Westfalen mit staatlich ausgebildetem und finanziertem

Lehrpersonal versehen. Bis Mitte Oktober 1951 vermittelten die Behörden jedoch allenfalls 10 Prozent des anvisierten Personenkreises nach Espelkamp. Die Ursache für den geringen Prozentsatz war weniger in etwaigen Kapazitätsproblemen zu suchen. Sie lag hauptsächlich darin begründet, dass die Restfamilien ihre Kinder nach der langen Trennung bei sich behalten wollten.[93]

Die niederschmetternden Erfahrungen, die die jungen Ostpreußen im Regelschulbetrieb sammelten, beschäftigten über den Herbst 1951 hinaus nicht nur die zuständigen Bundes- und Landesbehörden. Sie weckten in zunehmendem Maße auch das Interesse der Medien. Im September 1953 berichtete etwa *Die Zeit* in einem ausführlichen Artikel über die *Hamburger Sonderschule für Spätheimkehrer*. Deren Gründung sei im Wesentlichen auf den Einsatz eines Lehrers der Schüler-Kontrolle zurückzuführen, einer Dienststelle der Hamburger Schulbehörde, die eigentlich leistungsbehinderte Schüler zu testen und Wege zu deren gesellschaftlicher Eingliederung vorzuschlagen hatte. Vor diesem Lehrer seien Fünfzehn- und Sechzehnjährige erschienen, die „aus guten Königsberger Familien" stammten, aber sich in ihrer Muttersprache nur noch stammelnd und radebrechend bewegen konnten. Mit ihren Intelligenzquotienten hätten sie auf die Oberschule gehört und seien doch in den Hilfsschulen für Leistungsschwache gelandet, wo sie fortan mit geistig zurückgebliebenen, schwer erziehbaren und verhaltensauffälligen Kindern in denselben Klassen saßen. Erst durch ihren Wechsel in die Sonderschule für Spätheimkehrer hatten sie Mut gefasst.

Nun sind sie „nicht mehr die Verlachten, die Zurückgesetzten, die Halbwilden. […] Wer die Klassen beim Unterricht besucht oder das Spiel auf dem Schulhof beobachtet, sieht Kinder, wie andere auch. Adrett gekleidet, höflich, eifrig, auch mal übermütig. Aber dahinter verbirgt sich die Angst. Manchmal bricht sie durch. Der Leiter sagte einem Mädchen: ‚Die Behörde hat's genehmigt, du kannst mit auf die Reise.' Er meinte, sie würde strahlen. Aber ihr kamen Tränen in die Augen: ‚Ich bin genug gereist, ich will nicht mit.' – ‚Möchtest du gern bei deiner Mutter bleiben?' – ‚Ja.'" [94]

Die Zeit befürwortete die Umwandlung der *Hamburger Sonderschule für Spätheimkehrer* in eine Ganztagsschule, in der sich die Kinder und Jugendlichen ungestört entwickeln könnten, ohne aus ihrer Restfamilie erneut herausgerissen zu werden. Ihr derzeitiges Zuhause seien Lager, Massenquartiere und Nissenhütten. Dort hätten sie nicht einmal die Möglichkeit, in Ruhe die Schularbeiten zu erledigen. Viele müssten zudem mitansehen, wie überlebende Elternteile vergeblich versuchten, in der neuen Umgebung Fuß zu fassen. Trotzdem wollten sie sich nicht mehr von ihren wiedergefundenen Angehörigen trennen. Ihr Wille zum Lernen sei jeden Tag aufs Neue den härtesten Belastungsproben ausgesetzt. Wenn es weiterhin beim Halbtagsunterricht ohne zusätzliche pädagogische Betreuung bliebe, könnten sie niemals ihr seelisches Gleichgewicht zurückgewinnen.

Solche Argumente für eine ganztägige wohnortnahe Förderung mochten der komplizierten Verschachtelung von innerfamiliären und psychologischen Bedürfnissen sowie bildungsmäßigen und pädagogischen Defiziten am ehesten gerecht werden. Realisierbar erschienen sie in einer Großstadt wie Hamburg, in der sich ausreichend Schüler mit ähnlichem Förderbedarf zusammenfanden. Aber die meisten der aus Litauen eingetroffenen jungen Ostpreußen waren in Kleinstädten und Dörfern zur Ansiedlung gekommen. Chancen auf eine angemessene Sonderbeschulung erhielten sie nur durch den Aufenthalt in einem Heimschulinternat. Dass viele von ihnen zeitlich verzögert doch noch in Einrichtungen dieser Art wechselten, bewies letztendlich die Notwendigkeit von professioneller Eingliederungshilfe.

Das Land Schleswig-Holstein hatte auf die sich häufenden Anfragen nach spezifischen Fördermaßnahmen im November 1952 schließlich mit der Gründung des *Volksschulinternats für Heimatvertriebene* im lauenburgischen Wentorf reagiert. Die Schule wurde zur bundesweit ersten staatlichen Einrichtung ihres Typs. Sie richtete sich an Landeskinder, nahm jedoch auch Schüler aus Niedersachsen auf. Die laufenden Kosten für die Heimunterbringung und Beschulung teilten sich die jeweils zuständigen Fürsorgestellen mit den Restfamilien.[95]

Der aus Schlesien stammende Heimschulleiter Konrad Ueberück sah sich gemeinsam mit seinen Lehrkräften vor die anspruchsvolle Aufgabe gestellt, ein Erziehungskonzept für Normalbegabte zu entwickeln, das auf keine Vorbilder in der pädagogischen Literatur und Geschichte zurückgreifen konnte. Im Erfahrungsbericht über das erste Heimschuljahr aus dem November 1953 nahm Ueberück hierzu ausführlich Stellung.

„Die Heimschule Wentorf ist eine Schuleinrichtung, die deutschen heimatvertriebenen und spätheimgekehrten Kindern den Anschluss an den normalen Gang der Volksschulausbildung bzw. den Volksschulabschluss ermöglichen will. […]

Den Schülern der Heimschule Wentorf ist die Diskrepanz zwischen ihrer geistigen Entwicklung und ihrem Lebensalter durchaus bewusst. Dieses Bewusstsein hat in ihnen Minderwertigkeitskomplexe und Mutlosigkeit, aber auch Kraftreserven und Leistungswille aufgebaut. Durch den Anblick tausendfachen Frevels an Leben und Material und das ‚Auf-sich-gestellt-sein' in den entscheidenden Jahren seelischer Entwicklung fehlen den Kindern tiefere Werte ethischen, sittlichen, religiösen und sozialen Lebens und Denkens.

Die Schüler der Heimschule Wentorf sind – geprägt durch Erfahrungen und Erlebnisse verschiedenster Art, durch starke körperliche und seelische Anforderungen, wie sie normalerweise nur an Erwachsene herantreten – keine Kinder mehr. Sie sind ‚lebensreif' und besitzen ein tiefes Wissen um das reale Wesen der Dinge und Menschen ihrer Umwelt. [...]

Die Schüler der Heimschule Wentorf waren aufgewachsen in völliger Besitzlosigkeit. Ein Wertgefühl für eigene Dinge hatte sich in ihnen nur mangelhaft entwickelt. Sie hatten die Nichtachtung menschlichen Lebens und den Sturz und das Chaos bestehender menschlicher Sozialordnungen miterlebt. Ihr Handeln in entscheidenden Entwicklungsjahren galt der Selbsterhaltung, oft der Befriedigung primitivster Bedürfnisse. Sie besaßen keine Achtung vor den Dingen ihrer Umwelt, kein Verantwortungsgefühl vor dem Besitz der Allgemeinheit und kein Empfinden für das Eingliedern in die Sozialordnung, in die menschliche Gemeinschaft."[96]

Diese Gemengelage erforderte Maßnahmen, die der Heimleiter Konrad Ueberück vom Standpunkt der Ganzheitlichkeit her entwickelte. Er richtete Lehrplan, Stundenverteilung und Methodik völlig neu aus. Ebenso große Aufmerksamkeit widmete er dem psychischen und sozialen Entwicklungsstand der Schüler, die bei ihrer Ankunft verschlossen, argwöhnisch und haltlos auf ihn gewirkt hatten. Hier anzusetzen, sei vor allem Aufgabe der musischen Erziehung. „Sie sollte die seelischen Verkrampfungen wieder lösen und die positiven Kräfte anregen, Selbstvertrauen und Gestaltungswille, Lebensfreude und ästhetische Gefühle, Ehrfurcht und Achtung erzeugen und erneuern."[97] Erst wenn diese Kräfte geweckt worden seien, könnten alle übrigen unterrichtlichen und erzieherischen Anstrengungen einen fruchtbaren Ansatz zeigen.

Deshalb wurde hoher Wert auf Tätigkeiten wie Zeichnen, Basteln, Musizieren, Werken und Turnen gelegt. Wichtig war zudem die Mitwirkung jedes Schülers am heiminternen Ämtersystem sowie die Einbindung aller Mädchen und Jungen in den häuslichen Arbeitsprozess und in die Schülermitverwaltung. Persönlichen Neigungen konnten sie in abendlichen Arbeitsgemeinschaften nachgehen und sich dort dem Chorsingen, Laienspiel, Schach oder Fotografieren widmen. Sportfeste, Theaterbesuche, Ausflüge und andere Geschehnisse fanden ihre unterrichtliche Nachbereitung in Form einer Heimzeitung. Nach eigenem Ermessen gestalteten die Schüler auch ihre übrige Freizeit. Spaziergänge oder Kinobesuche außerhalb des park- und villenartigen Heimgeländes waren genauso möglich wie die Nutzung des hauseigenen Hand- und Fußballplatzes und Schwimmbeckens, in dem im Sommer 1953 ausnahmslos alle Mädchen und Jungen das Schwimmen erlernten. Wer von ihnen zwischendurch Ruhe suchte, fand auf dem weitläufigen Grundstück auch ungestörte Rückzugsmöglichkeiten.

Für den eigentlichen Unterricht teilte man die Dreizehn- bis Siebzehnjährigen in drei Leistungsgruppen ein, die von jeweils einer Lehrkraft geleitet wurden. Gemeinsam deckten die drei Klassen den gesamten Volksschulstoff ab. Durch die Platzierung bestimmter Fächer in denselben Zeitschienen war sowohl ein fachspezifischer Wechsel von einer Leistungsstufe in die andere als auch ein kompletter Aufstieg in die nächsthöhere Klasse jederzeit möglich. Fast die Hälfte aller erteilten Stunden machte das Fach Deutsch aus. Dort standen die Erweiterung und Festigung des Sprachschatzes und Ausdrucksvermögens im Mittelpunkt.

Methodisch zielten alle Fächer auf die Förderung von Eigentätigkeit und Eigenleistung ab. Kein Zwang und keine Prügel, stattdessen individuelle Förderung, Übertragung von Selbstverantwortung und unbedingte Respektierung des Einzelnen. Angesichts bedrückender Zustände in vielen bundesrepublikanischen Heimen der 1950er-Jahre war der humanistische Erziehungsansatz der Heimschule Wentorf ein bemerkenswertes Gegenbeispiel.[98]

Dementsprechend positiv war der öffentliche Widerhall. Nach Wentorf kamen der Vizekanzler Franz Blücher, der Kieler Sozialminister, der Kieler Kultusminister, die Schulräte des Landes sowie pädagogische Delegationen aus Dänemark und der Schweiz. Fachzeitschriften wie *Westermanns Pädagogische Beiträge* oder die *Welt der Schule*, nahezu alle holsteinischen Lokalblätter wie die *Kieler Nachrichten*, die *Lauenburgische Landeszeitung* oder die *Lübecker Nachrichten*, Illustrierte wie die *Hörzu* oder die *Stimme der Frau* und überregionale Tages- und Wochenzeitungen wie *Die Welt*, das *Ostpreußenblatt* oder *Die Zeit* widmeten der Heimschule in ausführlichen Berichten und Reportagen ihre Aufmerksamkeit.[99]

Unter diesen Bedingungen wurde das erneute Getrenntsein von den eigenen Angehörigen von den meisten Schülern nicht mehr als schlimm empfunden. Lehrer und Erzieher nahmen die körperlichen und seelischen Gewalterfahrungen der Mädchen und Jungen ernst, ohne diese direkt anzusprechen und sich nach Einzelheiten zu erkundigen. Wer im Osten zur Minderung seines Hungergefühls jahrelang Machorka, einen russischen Tabak, konsumiert hatte, durfte mit dem offiziellen Segen des Heimleiters auch weiterhin rauchen. Siebzehnjährige saßen hier ebenfalls in der untersten Leistungsklasse, während es Dreizehnjährige bereits in die höchste geschafft hatten. Doch die zuvor gesammelten Erfahrungen, sich ausgesperrt und unverstanden zu fühlen, einten. Zu Ferienende kehrten viele Jugendliche vorzeitig zurück, um die letzten freien Tage in der Schule zu verleben. Manche, die den Volksschulabschluss erreicht und bereits den Übergang in ein Lehrverhältnis geschafft hatten, verbrachten sogar ihren ersten Urlaub im Heim.

Es war das ungewohnte Gemeinschaftsgefühl, das auch Kurt Ptack in seinen Bann zog. Als Elfjähriger hatte er noch todunglücklich neben sechsjährigen Erstklässlern gesessen. Jetzt in der Heimschule blühte er auf.

„Wentorf, das war nicht irgend ne Butze, wo man uns hin abschob. Nein, das war ne richtige Schule. Da hat man sich mit den Kumpels verstanden, mit den anderen Schülern, mit den Lehrern, eigentlich mit allen, das war wie ein Zuhause. Wie soll ich das sagen, das Menschliche. Das kann man überhaupt nicht vergleichen mit dem, was davor gewesen ist. Unsere Herkunft war kein Thema, das war Nebensache, ob jemand da herkommt oder da herkommt, das spielte keine Rolle. Wir hatten sowieso alle das Gleiche erlebt und wollten jetzt was werden, darum ging es. Und unsere Lehrer, die wollten das ja auch, dass aus uns was wird. Das hat man richtig gespürt.

Nach einer gewissen Zeit war man eigentlich mit fast allen Mitschülern befreundet, weil das ganze System anders war. Wenn wir morgens aufgestanden sind, dann haben wir uns auf dem Flur getroffen und ein Lied geschmettert, so fing der Tag schon an. Dann haben wir unten im großen Saal alle zusammen gegessen. Und die Schule selbst, die ging ja nicht drei oder fünf Stunden und war dann vorbei. Die ging von morgens bis abends um zehn. Vormittags war Unterricht. Dann haben wir mittaggegessen, und danach hat der eine bisschen im Garten gearbeitet und der andere woanders, wo er bisschen Lust zu hatte und was er konnte. Dann wurden Schularbeiten gemacht und abends, nach dem Abendbrot, konnte man sagen, man möchte das oder das machen. Ich habe zum Beispiel einen Fotografie-Lehrgang gemacht, richtig im Labor und so. Ein anderer wollte vielleicht Schönschrift machen. Eigentlich habe ich alles gerne gemacht, was da angeboten wurde.

Wissen Se, die Lehrer waren, ja, wie soll ich das sagen, netter als nett. Es gab Vertrauensverhältnisse mit allen, ob das jetzt die Frau war, die unten im Saal die Brötchen schmierte, oder der Direktor."

Die Zusammensetzung der rund sechzigköpfigen Schülerschaft nach Herkunftsgebieten hielt sich in den ersten Jahren trotz ständiger Ab- und Neuzugänge konstant bei etwa 40 Prozent Ostpreußen, 30 Prozent Pommern, 20 Prozent Westpreußen und Danzigern sowie 10 Prozent Jungen und Mädchen aus Schlesien, Ost-Brandenburg, Zentralpolen, dem Sudetenland und Jugoslawien. Nachträglich fanden auch einige Kinder und Jugendliche aus den Königsberger Transporten der Jahre 1947/48 den Weg nach Wentorf. Hauptsächlich dann, wenn sie nach ihrem Eintreffen westlich von Oder und Neiße noch mehrmals den Wohnort gewechselt, aufgrund von Krankheit nicht am Regelschulbetrieb teilgenommen oder besonders stark unter zerrütteten Familienverhältnissen gelitten hatten.

Die meisten Heimschüler erreichten nach anderthalb bis zwei Jahren den Volksschulabschluss. Für ein Mithalten in der bundesrepublikanischen Gesellschaft waren sie damit wesentlich befähigter als zuvor. Doch nicht immer ließen sich ihre Berufswünsche verwirklichen. Für eine Ausbildung bei der Bundesbahn waren manche zu alt, für eine Laufbahn bei der Polizei oder einen Beruf als Dolmetscher fehlte ihnen die Allgemeinbildung. Mit hoher erzieherischer Urteilsfähigkeit und viel Sensibilität versuchte der Heimleiter Ueberück den abgehenden Schülern ihren Wechsel in die Lehr- und Arbeitswelt zu ebnen und zwischen ihren Vorstellungen sowie denen der Eltern und denen der Berufsberatungen der Arbeitsämter zu vermitteln. Jungen wählten schließlich überwiegend Handwerksberufe, Mädchen Tätigkeiten als Schneiderin, Verkäuferin, Büro- oder Haushaltskraft.[100]

Neben ihrem Abschlusszeugnis nahmen die Jugendlichen aus Wentorf die Gewissheit mit, dass es einen festen Ort gab, an den sie im Notfall zurückkehren konnten. Wie ernst es der Heimleiter mit dieser Zusicherung meinte, verdeutlicht ein Schreiben von ihm von November 1954. Gerichtet war es an die zukünftige Arbeitgeberin seiner Schülerin Helga B., die sich darüber verstimmt zeigte, dass für Helga während der ersten sechs Wochen nach ihrem Stellenantritt ein Platz in Wentorf freigehalten wurde, damit diese, falls ihr die Arbeit als Hausmädchen nicht gefiele, für eine Übergangsphase zurück ins Heim kommen konnte. In diesem Schreiben betonte Ueberück, dass es für ihn außer Frage stand, allen abgehenden Jungen und Mädchen eine klare Botschaft mit auf den Weg zu geben: „Unsere Tür ist immer offen für Dich, hierher kannst Du jederzeit kommen, hier ist Dein Heim, so lange, bis Du ein eigenes, besseres gefunden hast." [101]

Briefe, die er von ausgeschiedenen Schülern erhielt, zeugen von tiefer Verbundenheit, die die entwurzelten Jugendlichen zu ihm und der Einrichtung empfanden: „Von dem schweren Schlag, die Heimschule zu verlassen, habe ich mich so langsam erholt. Ja, es war wirklich sehr schwer für mich." „So gut werde ich es wohl im Leben nicht mehr haben." „Nach Hause bin ich gut gekommen. Doch ich hätte am liebsten gesehen, wenn der Zug rückwärtsgefahren wäre. So wäre ich gleich wieder zu Euch gekommen." „Ich sehne mich so sehr nach der Heimschule zurück." [102]

Viele Eltern zeigten sich am Ende der Schulzeit davon überzeugt, dass ihren Kindern im letztmöglichen Moment eine entscheidende Wendung gelungen war. Eine alleinerziehende Mutter, die in Ostpreußen zwei ihrer drei Söhne verloren hatte, brachte ihre Dankbarkeit in einem Schreiben an alle Lehrer und Erzieher zum Ausdruck.

„Als mein Kurt hier in Bückeburg in die Schule kam und ich nach ein paar Monaten sah, dass es gar nicht weiterging, obwohl sich sein Lehrer größte Mühe gab, da legte sich mir eine große Sorge aufs Herz. Wird mein Kurt wohl je schreiben und lesen, sodass er einen Beruf erlernen kann? Es gab damals keine Antwort auf meine Frage, bis ich in einer Zeitung einen Artikel von der Heimschule in Wentorf las. Nun war ich froh, dass ich nicht alleine war mit meinem Jungen, sondern dass es noch viele solcher Kinder gibt, wenn auch nicht gerade in Bückeburg.

Und dass sich Frauen und Männer gefunden haben, die diese schwere Aufgabe erfüllen wollen, den Kindern, die nun schon zum größten Teil zu Jugendlichen herangewachsen sind, die verlorenen Kinderjahre und die nun hinter ihnen liegende schwere Zeit vergessen zu machen und sie neuen Mut gewinnen zu lassen, dass es auch gute Menschen gibt und dass das Leben einen Sinn hat. Und dass diese Aufgabe nicht leicht war, das verstehe ich sehr gut und darum meinen herzlichen Dank für den guten Samen, den Sie alle in die Herzen unserer Kinder gestreut haben, möge er aufgehen, damit es brauchbare Menschen werden. […]

Durch die Heimschule haben unsere Kinder nun wenigstens noch zum Schluss eine gute Erinnerung an ihre Kindheit bekommen. […]

Mir tut es sehr leid, dass ich Ihnen allen nicht persönlich meinen Dank sagen kann für die Liebe, für das Verstehen und für das Vertrauen, das Sie unseren Kindern entgegengebracht haben. Nur wir Eltern, die wir diese durch die Kriegsereignisse zurückgebliebenen Kinder hatten, können es aus einem dankbaren Herzen sagen: Tausend, tausend Dank." [103]

Der Charakter eines Schutzraums und engagierte Lehrer und Erzieher kennzeichneten auch die beiden anderen Internate, in denen ostpreußische Jugendliche in der ersten Hälfte der 1950er-Jahre in nennenswerter Zahl gefördert wurden. Das humanistisch ausgerichtete Wentorf in Holstein, das konfessionell geprägte Espelkamp in Westfalen und das sozialistische Kinder- und Jugendheim Kyritz in Brandenburg hoben sich dabei in ihren pädagogischen Herangehensweisen zum Teil deutlich voneinander ab. Doch alle drei Häuser verstanden es, ihren Schützlingen das zu geben, was diese am nötigsten hatten: Bildung, Umgangsformen, körperliche Erholung und menschliche Zuwendung.

Während die westdeutschen Förderschulen im Hintergrund Elternteile oder andere Angehörige wussten, mit denen sie sich über alle wesentlichen Schritte abzustimmen hatten, befanden sich die jungen Ostpreußen in Brandenburg in der alleinigen Obhut des Ministeriums für Volksbildung. Diese Einrichtung ermöglichte dem ehrgeizigsten Teil einen weit führenden Aufstieg bis in Berufe des Lehrers oder Offiziers, verlangte dafür aber auch am forderndsten die Deutungsgewalt über die aus Ostpreußen und Litauen mitgebrachten Erfahrungen. Zur nachhaltigen Aufnahme des Unterrichtsstoffs mussten dort die eigenen Nachkriegserlebnisse mit einer streng sozialistischen Sichtweise überschrieben werden, damit die Mädchen und Jungen allzu offensichtliche Widersprüche aushalten konnten.[104]

In ihrer Gesamtheit waren die Fördermaßnahmen für die überalterten Schüler von Erfolg gekennzeichnet. Sie befähigten Hunderte Heranwachsende, sich geräuschlos in ihre neue Umgebung zu integrieren und vollwertige Mitglieder der Nachkriegsgesellschaft zu werden. Die Internate in Wentorf und Espelkamp prägten darüber hinaus maßgeblich ein System, das in der Bundesrepublik in Gestalt vieler Fördereinrichtungen über Jahrzehnte hinweg zur Geltung kommen sollte, um junge Spätaussiedler bei ihrer gesellschaftlichen Eingliederung zu unterstützen.

Die Heimschulen boten ihren Schülern eine kurze Spanne des Zusichkommens und der seelischen wie körperlichen Erholung. Sie waren Inseln der Ruhe und die einzigen Orte, an denen die Jungen und Mädchen mit wirklicher Rücksichtnahme rechnen konnten. Allerdings blieben sie einer kleinen Gruppe aus dem Kreis der Zehntausenden vorbehalten, die zwischen 1947 und 1951 aus Ostpreußen und Litauen eingetroffen waren. Die anderen mussten sich im Regelschulbetrieb durchbeißen oder als ungelernte Arbeitskräfte direkt mit dem Geldverdienen beginnen.

Nach außen hin funktionierten fortan fast alle reibungslos. Sie überstrahlten das Zurückliegende durch Leistung, sicherten sich die Anerkennung ihrer neuen Umgebung und fassten Fuß. Doch im sich normalisierenden Alltag spürten die meisten, dass tief in ihrem Innern das tapfere, aber verlorene und einsame Kind weiterlebte, dessen Wunden keine Aussicht auf Heilung versprachen.

Grenzgänge im Kalten Krieg

Nach dem Sammeltransport aus Litauen in die DDR vertraten die sowjetischen Stellen ab dem Sommer 1951 die Auffassung, dass sich in der Litauischen Sowjetrepublik keine Deutschen mehr in nennenswerter Zahl aufhielten. Dieser Standpunkt war das Resultat der Furcht vieler Ostpreußen, die sich allen vorausgegangenen Registrationsmaßnahmen der Behörden entzogen hatten. Als Heranwachsende führten sie nun in Litauen Schein- und Randexistenzen, die staatlicherseits kaum aufgefangen werden konnten, weil es ihre Schicksale offiziell nicht gab. Ob diese Jungen und Mädchen weiterhin als günstige Arbeitskraft ausgenutzt wurden oder, mit einer neuen Identität versehen, auch in litauische Schulen gehen durften, oblag somit einzig der Entscheidung ihrer Arbeitgeber und Pflegeeltern.

Dem Deutschen Roten Kreuz waren im Juli 1953 Name und Aufenthaltsort von rund 1800 Deutschen im Baltikum bekannt, die zum großen Teil in den Westen ausreisen wollten. Zu diesem Zeitpunkt gab es allerdings noch immer keine direkten Verbindungen zwischen bundesrepublikanischen und sowjetischen Dienststellen. Deshalb leiteten die westdeutsche Arbeitsgemeinschaft Kinderrückführung und das DRK-Referat Familienzusammenführung ihre Meldelisten an die Ministerien für Volksbildung sowie für Auswärtige Angelegenheiten der DDR weiter. Außerdem rieten sie den Angehörigen in der Bundesrepublik, den Umsiedlungswilligen Zuzugsgenehmigungen und Bescheinigungen über ihre deutsche Staatsangehörigkeit zu übersenden, damit diese selbst Anträge an die Diplomatische Mission der DDR in Moskau richten konnten. Angesichts der Unmöglichkeit einer direkten Ausreise in die Bundesrepublik wies das DRK darauf hin, dass sich die Betroffenen zum Schein besser um eine Ausreise in die DDR bemühen sollten. Voraussetzung hierfür waren Angehörige, die in der DDR wohnten und das Familienmitglied anforderten. Für viele ostpreußische Familien erschien dieses taktische Vorgehen realisierbar, da sie infolge von Flucht und Vertreibung verstreut über beide deutsche Staaten lebten.[105]

Die Anstrengungen liefen in der Praxis jedoch vorerst ins Leere, weil das Ministerium für Auswärtige Angelegenheiten auf die Bremse trat. Im August 1952 hatte es seine Diplomatische Mission in Moskau angewiesen, den sowjetischen Behörden nur Listen von Jugendlichen zu übergeben, von denen anzunehmen war, dass sie nach ihrer Ausreise tatsächlich in der DDR blieben. Dieses Ansinnen stand im Gegensatz zum bisherigen Vorgehen des Ministeriums für Volksbildung, welches 1951 im Rahmen des Sondertransports aus Litauen mit der westdeutschen Arbeitsgemeinschaft für Kinderrückführung noch zusammengearbeitet hatte, um im beiderseitigen Interesse auch eine innerdeutsche Austauschaktion unbegleiteter Minderjähriger abzuwickeln.

Nun hatten sich die Vorzeichen geändert. Ohne zu erwartende Gegenleistung wollte die DDR der Bundesrepublik als konkurrierendem deutschen Teilstaat keine weiteren jungen Staatsbürger zuführen. Gleichzeitig war Ost-Berlin darum bemüht, die sowjetischen Stellen auch mit eigenen Übersiedlungsgesuchen möglichst selten zu beanspruchen, um sich nicht permanent in der Rolle des Bittstellers wiederzufinden. Selbst in Fällen, in denen sowjetischerseits die Ausreisegenehmigung schon erteilt worden war und die Botschaft der DDR in Moskau keine Einwände erhob, hakte es. Hier erwiesen sich wiederum Volkspolizei und Staatssicherheit als die entscheidenden Bedenkenträger, die die abschließende Bearbeitung der Einreisegenehmigung in die DDR verschleppten, weil sie die Erlebnisberichte der Antragsteller in ihren negativen Auswirkungen auf die Bevölkerung fürchteten.[106]

Diese vertrackte Situation geriet erst 1955 in Bewegung, als Bundeskanzler Konrad Adenauer nach Moskau reiste und sich die Aufnahme diplomatischer Beziehungen zwischen der Bundesrepublik und der Sowjetunion abzuzeichnen begann. Nun sah sich die DDR unter Zugzwang gesetzt, musste sie doch annehmen, dass sich die westdeutsche Konkurrenz nach ihrer eigenen Botschaftseröffnung der Rückführungsanträge von Deutschen aus der Sowjetunion mit hohem Einsatz widmen und damit die Aufmerksamkeit potenzieller Ausreisekandidaten auf sich lenken würde. Aus diesem Grunde appellierte die Botschaft der DDR in Moskau an das Ministerium für Auswärtige Angelegenheiten, in Verbindung mit den zuständigen inneren Organen in der DDR entsprechende Maßnahmen einzuleiten, um die Bearbeitung der Anträge auf Rückführung in die DDR entscheidend zu beschleunigen. Das Thema sei nunmehr „eine wichtige politische Frage".[107]

Zunächst sollten jetzt Anträge von ostpreußischen Jugendlichen erledigt werden, die den Behörden bereits seit Jahren vorlagen. In vielen dieser Fälle wusste ein großer Bekannten- und Kollegenkreis, manchmal sogar ganze Dörfer, von den erfolglosen Anstrengungen, die die Restfamilien unternommen hatten, um wieder mit ihren Kindern vereint zu werden. Aus den überlieferten Akten wird ersichtlich, dass das schlimmste Szenario für Ost-Berlin nicht etwa ein Verbleib der angeforderten Mädchen und Jungen in der Sowjetunion gewesen wäre, sondern die Ausreise der Betroffenen in die Bundesrepublik. Denn dies hätte die Behörden gegenüber der eigenen Bevölkerung in ärgste Erklärungsnöte gebracht.[108]

Der aus dieser Konstellation entstehende deutsch-deutsche Wettbewerb verbesserte die Situation für ausreisewillige Ostpreußen aus Litauen ganz wesentlich. Die DDR strebte nun ernsthaft danach, offene Rückführungsfälle möglichst schnell zu bearbeiten und positiv zu bescheiden. Die Bundesrepublik eröffnete im März 1956 ihre eigene Botschaft und konnte erstmalig direkten Kontakt zu Jugendlichen aufnehmen, die aus Westdeutschland angefordert wurden. In der günstigsten Ausgangslage befanden sich hierbei abermals die älteren, teilweise schon volljährig gewordenen Jungen und Mädchen, die aus ihrer Schulzeit in Ostpreußen noch Schreibkenntnisse besaßen.[109]

Zu dieser Gruppe gehörte die 1934 in Königsberg geborene Helga Broehl, deren Übersiedlungsanträge seit 1952 neben der Mutter in Hessen und dem Großvater in Sachsen-Anhalt auch das Deutsche Rote Kreuz, das Ministerium für Auswärtige Angelegenheiten in Ost-Berlin, die Botschaft der DDR in Moskau und die Kreismiliz im sowjetlitauischen Heydekrug beschäftigten.

„Nach mir hatte die ganzen Jahre über keiner gesucht, obwohl ich im Dorf bekannt war als die Vokietike, die junge Deutsche, das wusste jeder, aber kein Offizieller hat je nach mir gefragt. Von den ganzen Transporten, die nach dem Westen gegangen waren, hatte ich nie was mitbekommen.

1952 kam plötzlich ein Litauer auf mich zu, der konnte sehr gut Deutsch, der hat mich angesprochen. Ich habe ihn verstanden, aber ich konnte ihm nicht mehr auf Deutsch antworten. Gucken Se mal, ist ja eigentlich ne kleine Zeitspanne, 47 war ich mit meiner Mutter nach Litauen jegangen, 48 sind wir getrennt worden. Ich blieb zurück und hab die Sprache verlernt oder verschludert oder wie auch immer. Das hatte ich bis dahin aber gar nicht so wahrgenommen, das war mir alles egal gewesen. Bis 50, 51 war nur der Tag, nur das Heute, was zählte. Das Morgen oder Übermorgen war unwichtig. Hauptsache, man hatte was zu essen oder ein Dach über dem Kopf.

Wenn dieser Litauer nun nicht dagewesen wäre und mich ausgeschimpft hätte, dass ich kein Deutsch mehr konnte, ja, was weiß ich, was dann geworden wäre. Hatte mich schon nicht mehr richtig als Deutsche gefühlt, aber auch nicht richtig als Litauerin, ich war weder das eine noch das andere. Aber durch diesen Litauer bin ich dann wach geworden. Ab 52 war mir klar, wenn ich die Möglichkeit bekomme, fahre ich raus. Aber schenken wird's dir keiner. Du musst dich selbst drum kümmern.

Wichtig war, dass man nicht zu lange an einer Familie klebte. Man musste zusehen, dass man weiterkam, dass die einen nicht als ihren Besitz ansahen. Man hätte sonst Wurzeln schlagen und irgendwo hängen bleiben können. Bin 52 ins Memelland gegangen, wegen der Sprache. Da lebten noch deutsche Memelländer. Besonders nett waren die nicht zu mir, die hatten für Litauen gestimmt und wohl auch Angst um ihre Höfe. Nach Stalins Tod im März 53 wurde es aber freier, da war auf einmal einiges anders. Da gab's keine Verschleppungen mehr und man musste auch nicht mehr jeden Tag Angst haben, obwohl es ja noch weiter das Sowjetregime war. Da kam sogar ein Staatsanwalt aus Heydekrug, so 'n ziemlich junger, mit seiner Frau. Der kam zu den Leuten, wo ich zu der Zeit gerade lebte, und wollte mich unbedingt haben und anheuern als Kindermädchen. Stellen Sie sich das mal vor, das sagt doch einiges, dass ein Staatsanwalt eine Deutsche als Kindermädchen haben wollte. Da hatte ich ja sogar schon meinen deutschen Namen wieder angenommen. Aber ich wollte nicht zu denen, weil ich auf meiner alten Stelle mehr Freiheit hatte. Das war bei einer litauischen Familie in Szameitkehmen. Da musste ich zwar auch auf Kinder aufpassen, aber nebenher konnte ich als Reinmachefrau in einer Schule arbeiten und mir Geld verdienen. In der Schule habe ich in einem Schrank deutsche Bücher entdeckt. Wenn keiner geguckt hat, habe ich mich zwischendurch irgendwo hingesetzt und bisschen was gelesen, um wieder in die Sprache reinzukommen.

Das war mein Vorteil, ich konnte ja noch lesen und schreiben. Die deutschen Kinderchen, die nun alle kleiner und jünger waren als ich, für die war das hoffnungslos. Aber ich hatte paar Möglichkeiten. Habe mir dann bald mit meiner Mutter jeschrieben. Richtig wundgeschrieben hab ich mir die Finger, auch nach Wilna, Berlin und nach Moskau an die Botschaft, damals gab's ja nur die DDRsche, mit den Westdeutschen war da noch nichts. Irgendwann bekam ich dann tatsächlich die Ausreise genehmigt, aber die Durchreisegenehmigung für Polen oder die Einreise für die DDR, ich weiß nicht mehr, jedenfalls fehlte da was. Und dann war dieses Verfallsdatum für die Ausreise bis da und dahin. Und als es vorbei war, musste man wieder von vorne anfangen.

Dann haben sogar die Großeltern geschrieben, die lebten bei Magdeburg. Die schrieben auch nach Berlin, an die Regierung, ans Ministerium und auch nach Moskau. Das war die einzige Möglichkeit. Das ging über drei Jahre so. Zwischendurch musste ich immer wieder zur Miliz nach Heydekrug und mich melden. Die Männer da haben mir nichts getan, aber trotzdem waren diese Behördengänge unangenehm, weil man nicht wusste, was se mit einem wirklich vorhaben. Ob se einen nicht doch nach Sibirien hinbringen. Das war immer die Frage, was geschieht jetzt mit dir. Denn man war ja vogelfrei, Kindermädchen und Reinmachefrau, ohne Papiere. Was ich denen erzählte, mussten sie mir glauben. Nachweisen, wer ich war, konnte ich ihnen nur mit den Briefen von meiner Mutter. Sicher konntest du nie sein. Man sagt, Russland ist groß und der Zar ist weit. Ich durfte nicht nach Tagen oder Wochen rechnen, sondern nach Monaten. Wenn ich irgendwo hinschrieb, na ja, irgendwann hat sich einer gemeldet, aber das war dann oft nichts Halbes und nichts Ganzes. Man musste schon Geduld und Spucke haben."

Auch aus den Briefen, die Helga ihrer Mutter zwischen 1952 und 1955 schrieb, wird ersichtlich, mit welchem Durchhaltvermögen die Heranwachsende trotz der jahrelangen Wartezeit ihre Pläne verfolgte. Sie wusste von Schicksalsgefährtinnen, die sich in der Zwischenzeit verliebt hatten. Deshalb mied sie alle Tanzveranstaltungen und andere Arten von Freizeitvergnügen, um ledig zu bleiben und ihre Ausreise nicht zu gefährden. Doch so zielstrebig und optimistisch sie aus einigen Briefen auch klingt, so deutlich wird an anderen Stellen, dass ihr das endlose Warten zunehmend stärker aufs Gemüt schlug. Erst im Dezember 1955, drei Monate nach dem Besuch Adenauers in Moskau, erhielt Helga infolge einer gezielten Intervention der Botschaft der DDR in Moskau die Ausreisegenehmigung zum Großvater nach Sachsen-Anhalt. Von dort fuhr sie wenige Wochen später weiter zur Mutter nach Hessen.[110]

Im Politischen Archiv des Auswärtigen Amtes und beim DRK Hamburg sind über 100 Fälle von ostpreußischen Jugendlichen dokumentiert, die dem Schicksal Helgas ähneln und dieselben Merkmale aufweisen: Beherrschung der Muttersprache, Briefkontakt zu Angehörigen, ein gewisses Gespür für die bürokratischen Verfahrensabläufe, keine Annahme der sowjetischen Staatsbürgerschaft, Beharrungsvermögen gegenüber den Milizbehörden und schließlich die Erlaubnis zur Einzelausreise, meistens in den Jahren 1956 und 1957, teilweise auch noch später.[111]

Für viele andere junge Frauen und Männer begann die Suche nach überlebenden Familienmitgliedern allerdings überhaupt erst Ende der 1950er-Jahre, gewissermaßen im Fahrwasser der seit 1958 zu Tausenden ausreisenden Memelländer. Die Gruppe der Memelländer war zahlenmäßig deutlich größer als der Kreis der in Litauen verbliebenen deutschen Hungerflüchtlinge. Im Gegensatz zu jenen betrachtete die sowjetische Regierung die Memelländer als ihre regulären Staatsbürger, obgleich das Memelland nach dem Ersten Weltkrieg ohne Volksabstimmung vom Deutschen Reich abgetrennt worden und nach einem deutschen Ultimatum an die Republik Litauen im März 1939 schließlich an Deutschland zurückgegeben worden war. 1945 waren viele der bei Kriegsende nach Mitteldeutschland geflüchteten Memelländer in ihre Heimat zurückgekehrt und hatten im Gegensatz zu den Ostpreußen im Königsberger Gebiet auch über 1947/48 hinaus dort bleiben dürfen. In den folgenden Jahren sahen sie sich allerdings einem so starken Assimilierungsdruck ausgesetzt, dass ihr Wunsch nach Ausreise in die DDR oder Bundesrepublik immer größer geworden war.

Die Sowjetunion sicherte nach Verhandlungen mit beiden deutschen Staaten 1957/58 schließlich zu, memelländische Antragsteller, die vor Beginn des deutsch-sowjetischen Krieges im Juni 1941 die deutsche Staatsangehörigkeit besessen hatten, zu überprüfen, sie gegebenenfalls aus der sowjetischen Staatsangehörigkeit zu entlassen und ihre Ausreise mit Ehepartnern und Kindern zu erlauben.[112]

Von den jungen Ostpreußen, die als gebürtige Reichsdeutsche eigentlich auch ohne diese Vereinbarungen einen Anspruch auf Ausreise gehabt hätten, begannen nun auch viele Hoffnung zu schöpfen, die inzwischen einen sowjetischen Pass angenommen hatten. In den meisten Fällen war dies nämlich nicht aus Überzeugung geschehen, sondern bei Vollendung des 16. Lebensjahres ohne eigenes Zutun von Amts wegen. Auch wo sich jemand aus eigenem Antrieb um einen sowjetischen Pass bemüht hatte, waren in der Regel pragmatische Gründe ausschlaggebend gewesen. Die Aufnahme eines offiziellen Arbeitsverhältnisses, eine Eheschließung oder das Bedürfnis, endlich das Versteckspiel zu beenden und die eigene Existenz zu legalisieren, für all diese Vorhaben benötigte man einen sowjetischen Pass. Nur mit einem solchen war es außerdem möglich gewesen, sich von seinen Pflegeeltern und Wirtsleuten zu emanzipieren, die zu Kolchosen umgewandelten Bauernhöfe zu verlassen und in die größeren Städte abzuwandern, mit Arbeitskollegen Freundschaften auf Augenhöhe zu schließen und mit der Gründung einer eigenen Familie zu beginnen.[113]

Den Exodus der Memelländer vor Augen, ließen sich viele in dieser weichenstellenden Lebensphase aber doch von ihrer tiefen Sehnsucht nach Angehörigen leiten und gingen das Wagnis eines Suchantrags ein, mit bestenfalls bruchstückhaften Kenntnissen der Muttersprache und völlig unklaren Vorstellungen von den

Lebensverhältnissen in der DDR und in der Bundesrepublik. Zu diesem Kreis zählte auch die Königsbergerin Marianne Beutler.

„Ich war 16 Jahre alt, als es den Pass gab, 1952. Das war nich so leicht zu machen, da haben mir die Leute vorher geholfen, mit der Geburtsurkunde, ham se alles falsch angegeben, dass ich nicht bin in Königsberg geboren, sondern in Šilutė, und dann meine Eltern waren auch nicht Deutsche, sondern Litauer. Alles war falsch gemacht und dann mit der Geburtsurkunde konnte man den Pass bekommen.

Der Name war auch gewechselt, davor schon. Eine Freundin hat mir gesagt, Marianne, das passt nicht, einen deutschen Namen zu tragen, es kann dir damit was Schlimmes passieren. Du musst was machen. Da haben sie mir ausgesucht einen anderen, da war ich dann Nijolė und mit Familiennamen Bružaitė.

Auf der Post in Pogegen habe ich gearbeitet mit eine Frau, die hieß Traute. Sie war Memelländerin. Die haben irgendwann einen Antrag gestellt. Da sagt sie, du musst auch suchen nach Verwandte. Hat sie mir geholfen mit der deutschen Sprache, hat sie heimlich auch für mich einen Antrag geschrieben nach dem Roten Kreuz in Hamburg. Kam auch ein Brief zurück, dass mein Vater noch lebt und in Essen wohnt.

Es war aber nicht so einfach. Er hat nicht ganz verstanden, wo ich bin und was ich mache und was ich überhaupt möchte. Er dachte, ich nehme den Koffer und komme sofort nach Deutschland, das ging aber nicht. Er hat auch nicht verstanden, dass meine Name und meine Vorname war alles jetzt litauisch und warum musste das sein.

Dann ist die Traute mit ihre Familie nach Deutschland rausgefahren, da wurde es noch schwerer mit dem Briefeschreiben. Ich konnte nicht schreiben auf Deutsch und er konnte nicht schreiben Russisch oder Litauisch. Mit meinem Mann war schon über Heirat gesprochen und mit meinem Sohn war ich schwanger. Da musste mein Leben doch geklärt werden. Habe meinem Mann erzählt, dass mein Vater noch lebt und dass ich bin eine Deutsche. War ein großes Problem für ihn auf der Arbeit, musste versteckt werden, dass er ist mit eine Deutsche zusammen. Aber persönlich hatte er nichts dagegen, er hatte keine Probleme mit den Deutschen. Er hätte mich ja auch nicht heiraten müssen, er hätte doch gehen können.

Das letzte Mal bekam ich einen Brief von meinem Vater, hat er drin geschrieben, warum ich will nicht endlich nach Deutschland kommen. Sagt er, das ist nicht gut, dass mein Mann Seemann ist, das ist kein guter Beruf. Er möchte das nicht, dass ich mit dem zusammen bin. Dann kam noch von der Stiefmutter ein böser Brief. Da habe ich gedacht, meine Mutter ist vor meinen Augen gestorben und mein Vater gibt mir nun eine solche Stiefmutter. So ein schweres Leben habe ich gehabt und jetzt ich soll mit so eine Frau zurechtkommen. Zwei kleine Kinder hatte se auch noch. War mir nicht klar, wie das werden soll.

Da habe ich gesagt, es bleibt alles wie es ist, und habe in Litauen geheiratet." [114]

Für viele Schicksalsgefährten Mariannes gingen erfolgreiche Suchanträge ebenfalls mit Interessenkonflikten und Ernüchterung einher. Nur ein Teil der Betroffenen bemühte sich deshalb zielstrebig um eine Ausreise. Unabdingbare Voraussetzung für ein Gelingen war, dass der litauische Ehepartner den Ausreisewunsch mittrug und die Angehörigen in Deutschland die gesamte junge Familie anforderten. Außerdem war Durchhaltevermögen gefragt. Vom ersten Suchantrag bis zur tatsächlichen Ausreise vergingen oft mehrere Jahre, einige Vorgänge erstreckten sich gar über 15 Jahre und länger. Während dieser Zeit begannen manche bitter zu bereuen, einen sowjetischen Pass angenommen zu haben. Sie lebten in einem fortwährenden Zustand der Ungewissheit, Vorläufigkeit, Enttäuschungen und abermals aufkeimenden Hoffnung. Trotzdem führten die Anträge in einem Teil der Fälle zum Ziel.

Neben den ausreisefixierten Unverheirateten, die einer Annahme des Passes meistens erfolgreich ausgewichen waren, und den hin- und hergerissenen Familiengründern, die in Litauen Wurzeln zu schlagen begonnen hatten, gab es auch junge Ostpreußen, die keine Suchanträge stellten, weil sie alle Angehörigen verstorben wussten oder keine Anhaltspunkte für ihre Herkunft hatten. In den Archiven des Deutschen Roten Kreuzes sind viele solcher Fälle überliefert, die Ostpreußen, Memelländer und Litauendeutsche nach ihrer eigenen Ausreise dem Suchdienst anzeigten. Diese Meldungen wurden hauptsächlich zwischen 1956 und 1962 im niedersächsischen Grenzdurchgangslager Friedland aufgenommen, wo man die Ankömmlinge gezielt nach in der Sowjetunion verbliebenen Deutschen befragte.

Angaben zu vier Königsbergern, die sich in Kaunas aufhielten und zwischen 1933 und 1939 geboren waren, machte im Juli 1956 beispielsweise der Einzelausreisende B. Von gleich sieben anderen in Kaunas lebenden Ostpreußen der Jahrgänge 30 bis 39 wusste Gerda R. im Dezember 1957 zu berichten. Häufig wurden auch Fälle notiert wie der einer jungen Frau, die eine litauendeutsche Familie kurz vor ihrer eigenen Ausreise im April 1960 in einem Bus im Memelland getroffen hatte. Die Unbekannte hatte bei der Begegnung verzweifelt zu weinen begonnen und immer wieder betont, wie gerne auch sie nach Deutschland möchte, um dort nach Verwandten zu suchen. Sie arbeitete als Hausmädchen bei einer Lehrerin in Polangen, wusste aber weder ihren Namen noch Herkunftsort.[115]

Zeitlich verzögert meldeten sich beim DRK außerdem Frauen und Männer, die zusammen mit ihren Pflegeeltern nach Sibirien deportiert worden waren, ihren dreijährigen Militärdienst in anderen Teilen der Sowjetunion abgeleistet hatten oder einen dornenreichen Weg durch sowjetische Gefängnisse und

Straflager hinter sich hatten. Sie waren länger als ihre ostpreußischen Schicksalsgefährten mit dem täglichen Überleben beschäftigt gewesen und fanden erst nach ihrer Entlassung die Gelegenheit, Kontakte zu deutschen Stellen aufzunehmen.

Während ihre Such- und Ausreiseanträge liefen, befanden sich alle Antragsteller in der Abhängigkeit Dritter. Brach ein Glied aus der Kette von Miliz, Arbeitgebern, Übersetzern, Ehepartnern und in der DDR oder Bundesrepublik lebenden Angehörigen, schwand die Erfolgswahrscheinlichkeit, selbst wenn man die Daten zur eigenen Person und Familie vollständig in Erinnerung hatte und seine Muttersprache noch beherrschte. Einigen jungen Ostpreußen, die sich aus ihrer Rolle als günstige Arbeitskraft noch nicht befreit hatten, wurden von ihren Wirtsleuten etwa die notwendigen Papiere vorenthalten.

Die in Mecklenburg lebende Mutter eines solchen Mädchens schrieb im Herbst 1957 verzweifelt an die Volkspolizei in Ost-Berlin.

„Meine Tochter Luzia W. befindet sich in der Republik U.D.S.S.R in Liettauen bei einem Bauer. [...] Die Einreisepapiere habe ich foriges Jahr geschickt, das sie in meine Wohnung kommen kann, und hat sie noch nicht bekommen. Sie hat mir geschrieben in Liettauen sind noch viele deutsche Mädchen. Sie hat geschrieben sie muss immer Barfuß laufen und die Füße tuhen ihr so weh, sie hat solche Magenschmerzen und Kopfschmerzen sie hält es bald nicht mehr aus, sie ist bald kaputt."[116]

Häufiger hatten Ausreisewillige jedoch direkte Probleme mit den Milizbehörden. Trotz vorgelegter Anforderungsnachweise lehnten diese die Anträge ab, weil die Personenstandsangaben in den Papieren aus Deutschland mit denen aus den sowjetischen Pässen oder Staatenlosenausweisen nicht übereinstimmten oder kinderreiche Familien und ehemalige Armeeangehörige nach

Auffassung der Miliz generell nicht ausreisen sollten. Oft gab es zur Absage auch gar keine Begründung. Den Betroffenen blieb dann allenfalls übrig, ein weiteres Jahr zu warten, bis sie erneut einen Antrag einreichen konnten.

Eine solche Situation versuchte der vierundzwanzigjährige Klaus W. einer Freundin seiner verstorbenen Mutter in einem Brief zu erklären, den er im Januar 1962 in Memel verfasste.

„Liebe Tante L., grüst dir der Klaus. [...] es ist so ich mus wieder ausstellen ein neuen Wisow [Bescheinigung über die Existenz von Angehörigen] und mit dem is garnicht möglich die Muti ist tod und Hanelore [seine Schwester in der Bundesrepublik] will garnicht mehr schreiben [...] wen ich könnte noch einmal wieder ein deutscher mensch sein. Bei uns ist es so, wen du hast keine Dokumente aus Deutschland und Wisow den sprechen sie garnicht mit dir, sie sagen du bist ein Sowjetischer Bürger und denkst was da, ja, di Dokumenten wo die Muti hat mir angesorgt [vor ihrem Tod], sie haten mer kein wert, si sind schon alt, im 30 Oktober 1960 hab ich bekommen absage in Deutschland und mit solchen Bedingung das ich hat keine Recht bis zum 30 Oktober 1961 fordern Ausreise. In dise Zeit habe ich wieder recht fordern di ausreise, blos ich brauch ein neues Wisow, blos wer kan schiken das ist grose frage, so es ist mit mir liebe Tante." [117]

Das quälende Bewusstsein, die besten Lebensjahre auf dem Abstellgleis der sowjetischen Bürokratie verbringen zu müssen, spricht aus vielen Briefen, die die inzwischen erwachsen gewordenen Hungerkinder in den 1960er-Jahren an ihre Angehörigen schrieben. Ein besonders umfangreich dokumentierter Vorgang betrifft Horst R., der gemeinsam mit seinem Bruder Günter nach zahlreichen negativ beschiedenen Ausreiseanträgen Ende 1963 die Grenze der UdSSR illegal zu überschreiten versuchte und dafür zu einer Gefängnisstrafe verurteilt wurde. Nach der Haftentlassung und einem weiteren erfolglosen Antrag schrieb er im Alter von 29 Jahren an seine Eltern in Westfalen.

„Liebe mutti u papa 1965 jahre im monad Juni 15, had miehr die rusische ministerjum abgesagt, ausreise nach Deutschland. […] Wieh und was schreiben sieh nicht. […] mutti ich lebe nicht ich trockne blos im leben […] Gynter sagt nu was horst werden wiehr sterben nicht wiehde menschen aber wieh dieh Hunde. […] wieh Gynter und ich wahren noch klein da ferstehen wiehr nicht was ist führ leben. jedz ferstehen wiehr schon ales aber ist schohn zu speht. unser leben ist gebrochen im pech. Deuedschland werde ich nicht fergesen." [118]

Für Briefe mit Aussagen ähnlichen Inhalts wurde Horst R. wenige Monate später erneut verurteilt, nun zu fünfeinhalb Jahren Lagerhaft im Innern der Sowjetunion. Während dieses Zeitraums mussten alle Ausreisebemühungen zurückgestellt werden.
Ab 1971 kam es dann allerdings zu verstärkten und genau aufeinander abgestimmten Anstrengungen von Eltern (Übersendung weiterer Anforderungsbescheinigungen, Bittbriefe an Bundeskanzler Willy Brandt und Bundesaußenminister Walter Scheel), DRK (Zustellung von Sonderpaketen mit Waren und Medikamenten, Intervention bei der Allianz von Rotem Kreuz und Rotem Halbmond der UdSSR), Auswärtigem Amt (Aufnahme des Vorgangs in eine Härtefallliste, die Walter Scheel im November 1971 dem sowjetischen Außenminister Andrei Gromyko übergab) und der westdeutschen Botschaft in Moskau (finanzielle Unterstützung, Intervention beim sowjetischen Außenministerium).
Im November 1972 passierte Horst mit seiner litauischen Ehefrau und der gemeinsamen Tochter schließlich das Grenzdurchgangslager Friedland. Seinen damaligen Zustand lässt ein Schreiben der Botschaft an das Auswärtige Amt erahnen.

„Herr R., der am 3. Juni 1971 nach Verbüßung der gesamten Strafe von 5 ½ Jahren aus dem Arbeitslager in der Mordwinischen ASSR entlassen worden war, ist ein erschütterndes Beispiel dafür, wie nachhaltig Menschen körperlich und seelisch durch den sowjetischen Strafvollzug gezeichnet werden. Ruinierte Gesundheit als Folge schlechter Ernährung und schwerer Arbeit (nach seinen Angaben leidet R. an einer offenen Tbc) sowie die permanente Angst vor Schikane und Willkür des – wie R. meint – allgegenwärtigen KGB [Komitee für Staatssicherheit, sowjetischer In- und Auslandsgeheimdienst] lassen Zweifel aufkommen, ob die durch die Haft erlittenen Schäden je wieder geheilt werden können."[119]

In einem internen Papier stellte das Auswärtige Amt im Sommer 1972 fest, dass die Lage ausreisewilliger Deutscher in Osteuropa grundsätzlich heikel sei. Die Betroffenen hätten einen unglaublich zähen und kraftraubenden Kampf um die Ausreisegenehmigung zu führen, aus welchem ihnen häufig persönliche Nachteile erwüchsen. Unter gesicherten rechtsstaatlichen Verhältnissen in Ländern, die volle Freizügigkeit gewährten, fiele es schwer, sich von der Härte der Einzelschicksale überhaupt eine realistische Vorstellung zu machen.[120]

Je später die einstigen Hungerkinder mit ihren Angehörigen im Westen wiedervereint wurden, desto offensichtlicher waren ihre leidvollen Erfahrungen für ihre neue Umgebung. Dies lässt sich aus zahlreichen Schreiben herauslesen. Familien bedankten sich nach erfolgreich abgeschlossenen Ausreisevorgängen beim DRK und dem Auswärtigen Amt und brachten ähnliche Eindrücke zu Papier wie ein Vater aus Niedersachsen im Mai 1966.

„Sie werden verstehen, dass die Rückkehr meines Sohnes und seiner Ehefrau in meinem Hause einige Unruhe verursacht hat. So ganz allmählich finden wir unseren gewohnten Rhythmus wieder.

Unser Sohn spricht inzwischen wenigstens so viel Deutsch, dass eine Verständigung möglich ist, und seine Kenntnisse werden auch von Tag zu Tag besser. Es gefällt ihm hier gut, aber viele Dinge in unserem Lande liegen doch noch weit außerhalb seiner Aufnahmefähigkeit. Ich habe jedoch keine Zweifel daran, dass er sich sehr schnell auch in unsere wirtschaftlichen Verhältnisse hineinfinden wird.

Erschütternd zu sehen ist die noch oft zutage tretende Angst vor allem, was uniformiert ist. Es war ihm auch völlig unbegreiflich, dass beispielsweise auf der Hannoverschen Messe ungehindert irgendwelche Maschinen fotografiert werden können. Viele Dinge, die uns so selbstverständlich erscheinen, verblüffen ihn.

Behördlicherseits ist ihm hier jede Hilfe zuteil geworden und es war sehr erfreulich zu sehen, wie schnell in solchen besonderen Fällen unser sonst gar nicht so schneller Landkreis arbeiten kann." [121]

Die Hungerüberlebenden, die zwischen 1947 und 1951 aus dem Osten nach Restdeutschland gebracht worden waren, hatten im Alltag anfangs häufig Geringschätzung und Abweisung erleben müssen. Im Gegensatz dazu trafen die Ausreisenden nach 1955 unter komplett geänderten atmosphärischen Vorzeichen in der Bundesrepublik ein. Materielle Existenzängste der Bevölkerung hatten sich durch den wirtschaftlichen Aufschwung zu entschärfen begonnen. Verspätet übersiedelnde Ostpreußen, zumal als Einzelausreisende, wurden nicht mehr als Bedrohung oder potenzielle Konkurrenten wahrgenommen.

Nach der Moskaureise von Bundeskanzler Konrad Adenauer waren ab Oktober 1955 außerdem die letzten 10 000 deutschen Kriegsgefangenen aus der Sowjetunion entlassen worden. Ihr Empfang im Grenzdurchgangslager Friedland hatte sich zu einem der ersten medialen Großereignisse der jungen Bundesrepublik entwickelt und weite Teile der Bevölkerung bewegt. Seitdem gehörte eine Achtung des Schicksals in der Sowjetunion verbliebener Deutscher zu den gesellschaftlichen Konventionen.

Auf lokaler Ebene wurde nun manche Familienzusammenführung sogar öffentlich gefeiert. Ganze Dörfer und Ortsgemeinschaften begrüßten die Eintreffenden. Häufig berichtete die Presse über sie. Solch ein Empfang wurde im Winter 1956 auch Helga Broehl in Hessen bereitet.

„Ich war gerade erst in Lahrbach angekommen. Das war ein kleiner Ort. Der Bruder meiner Mutter lebte dort mit Familie, darum war da auch meine Mutter hingezogen. Dann hieß es abends auf einmal, zieh dir mal nen Mantel an und komm mit runter, meine Mutter wohnte obere Etage. Na, ich komm raus, stehen da Feuerwehr, Bürgermeister und Gesangverein, mit Fackeln in der Hand und Trara Trara.

Wer das geplant hatte, weiß ich bis heute nicht. Jedenfalls hatte ich keine Ahnung, wie ich mich verhalten soll. Da hätte ja auch vielleicht der Bruder von meiner Mutter irgendwie hinterher was sagen und sich bedanken können. Aber die standen alle da wie Piksieben, der Onkel, die Tante, meine Mutter und die Vermieter. Wie man sich da nun benimmt oder was man da sagt, wusste ich wirklich nicht. Hab mich dann bedankt, aber es war furchtbar. Die hatten mir vorher nichts erzählt und mich vorgewarnt.

Natürlich was das gut gemeint. Die Leute waren alle nett zu einem. Als die wussten, dass ich da war, ham se meiner Mutter, die war ja ne kleine Rentnerin, Butter und Fleisch gebracht. Ham se uns auch eingeladen zum Essen. Und mich haben die jungen Leute mit in die Kneipe und zum Karneval genommen. Einer hat Akkordeon gespielt, wurde geschwoft. Vom Tanzen hatte ich keine Ahnung, aber ich war dabei. Ich bin da wirklich gut aufgenommen worden." [122]

Auf die radebrechenden und zurückhaltenden jungen Männer und Frauen ließ sich in der Hochphase des Ost-West-Konflikts leicht die vermeintliche Überlegenheit des eigenen Systems projizieren. Jenseits des politischen Zeitgeists riefen Vorgänge um lange verschollen geglaubte Ostpreußenkinder aber auch direkte persönliche Anteilnahme in der Bevölkerung hervor.

Beide Aspekte lassen sich gut an einem Bericht des Deutschen Roten Kreuzes über die Ankunft eines Hungerüberlebenden erkennen. Nach seiner Freilassung aus einem sowjetischen Arbeitslager wurde der Mann im Dezember 1965 von Mitarbeitern des Suchdienstes am Hamburger Flughafen in Empfang genommen.

„Pünktlich landete die Maschine der ‚Finnair', aus Amsterdam kommend, und wir waren gespannt, wie er – der Heimkehrer – nun wirklich aussieht und ob wir ihn gleich erkennen würden. Nichts leichter als das! Zwischen Geschäftsleuten, die vielleicht gerade von einer Konferenz kamen, und gutaussehenden und modern gekleideten Damen entstieg unser Heimkehrer in typisch russischer Bekleidung, angetan mit blauer Leinenhose, die in langen Gummistiefeln steckte, und einer blauen Wattejacke, dem Rumpf der Maschine.

Ein kleiner Blumenstrauß nur und einige andere Dinge zu seinem Empfang machten ihn so glücklich, dass er eines Dankeswortes kaum fähig war. Die Formalitäten der Pass- und Zollkontrolle waren schnell überstanden, und wir fuhren jetzt mit ihm durch Hamburg, einer Stadt, die er nur vom Hörensagen kannte. Während der Fahrt zum Hamburger Hauptbahnhof versuchten wir, den Kontakt mit dem Heimkehrer herzustellen. Zu unserer Überraschung sprach er noch ein sehr gutes Deutsch und hatte auch seinen ostpreußischen Dialekt nicht verlernt. […]

Um 18:20 Uhr sollte er nach Bremen weiterfahren, jedoch, ach, ein Missgeschick: Zwischen Altona und Hamburg Hbf. lag ein Baum auf den Gleisen. Alle Züge hatten bis zu 1 Stunde Verspätung. Fernmündlich über Bundesbahnnetz wurde deshalb Bremen unterrichtet und gebeten, Sorge dafür zu tragen, dass die Weiterleitung an seinen Bestimmungsort noch so rechtzeitig erfolgen konnte, dass mit seiner Ankunft am gleichen Tage zu rechnen sei. Nicht nur der Anschlusszug in Bremen nach Oldenburg, sondern auch der in Oldenburg auf dem anderen Gleis stehende Anschlusszug warteten. Den Aufsichtsbeamten war der Heimkehrer schon ein Begriff geworden, ohne dass sie ihn vorher zu Gesicht bekommen hatten.

Die Mitarbeiterin der Kreisnachforschungsstelle, die zum Wohnort der Mutter gehört, begleitete den Heimkehrer dann bis zum Endziel und gab später über den Empfang in der Heimat seiner Mutter telefonisch den Bericht an ihren Landesnachforschungsdienst durch, in dem sie wörtlich zum Schluss sagte: ‚Das war die Krönung meiner 19-jährigen Suchdienstmitarbeit, es hat ja alles so großartig geklappt.'

Ein eindrucksvoller Empfang war dem Heimkehrer beschieden: Gemeindedirektor, Bürgermeister, evangelischer Pastor, die Presse, Fotografen und die ganze Gemeinde nahmen Anteil an dem Ereignis – und das zu nachtschlafender Zeit!"[123]

Trotz der großen Unterstützung durch staatliche Stellen und Privatleute spürten vor allem die in die Bundesrepublik ausgereisten Ostpreußen, dass sie von den gleichaltrigen Einheimischen einiges unterschied. Egal ob Kleidung, Sprache, Habitus oder fehlende Kenntnisse der amerikanischen Populärkultur: von einer „Heimkehr" im eigentlichen Wortsinn konnte nicht die Rede sein. Wer bei seiner Ausreise unter 30 Jahre alt war und eine eigene Familie erst nach der Übersiedlung gründete, schaffte es im Wirtschaftswunderland wie auch in der DDR meistens dennoch in erstaunlich kurzer Zeit, mit der Gesellschaft, die den Ankömmling aufnahm, zu verschmelzen. Über Dreißigjährige, zumal mit bereits eigenen schulpflichtigen Kindern, taten sich anfangs hingegen schwerer. Sie litten stärker unter Eingewöhnungsschwierigkeiten, trauerten aufgegebenen sozialen Kontakten hinterher und blieben für ihre Umwelt länger als Fremde wahrnehmbar.

Doch auch ihnen gelang schließlich die Wiedereinfügung in den deutschen Kulturkreis. Denn alle, die sich zur Ausreise entschlossen hatten, definierten sich trotz ihrer sowjetischen Sozialisation als Deutsche. Sie waren leistungsbereit und dankbar und wollten sich der neuen Umgebung unbedingt und schnellstmöglich zugehörig fühlen.[124]

Zwischen 1955 und den beginnenden 1970er-Jahren meisterten mindestens 400 bis 500 junge Frauen und Männer die hohe Hürde der Einzelausreise.[125] Die Zahl derer, deren Hoffnung im Kalten Krieg an den Klippen der Bürokratie zerschellte, liegt bis heute hingegen im Dunklen. Innerlich zerrissen mussten diese Menschen ohnmächtig das Scheitern ihres Ausreisewunschs miterleben, selbst wenn es noch Angehörige gab, die sich ebenfalls nichts sehnlicher wünschten als eine Wiedervereinigung mit dem vermissten Familienmitglied.

So ein Schicksal ereilte Christel Fischer in Kaunas.

„Meine Bekannte, die Regina Mauruschat, die war eine Litauendeutsche, die hatte Erlaubnis für den Westen. Wie se rausgefahren ist, habe ich vorher alles aufgeschrieben, an was ich mich konnte erinnern. Wie ich heiße, wie mein Bruder und wie meine Mama hieß, dass sie war Gertrud Fischer, aber geborene Grimm. Und wie die Regina kam nach Deutschland, sie hat das alles abgegeben, im Roten Kreuz.

Mein Vater lebte. Er hatte mich die ganze Zeit gesucht, aber er hat gesucht nach Christel Fischer und ich war jetzt Kristina Jankauskaite. Hat er mir die Einladung gemacht und nach Litauen geschickt. Hat lange gedauert, bis ich hatte alle Unterlagen zusammen, da war ich schon verheiratet. Mein Mann hat schließlich unterschrieben, dass er mich auf Besuch fahren lässt. Aber ich bekam nur die Tochter erlaubt. Die Russen haben nicht zugestimmt, dass ich kann auch den Sohn mitnehmen. Vielleicht haben se Angst gehabt, dass ich abreise und komm nich mehr zurück.

Im Frühjahr 69 war das. Die Tochter war sechseinhalb. Da stand ich dann vor de Tür in Castrop-Rauxel. Das Schlimmste war, dass ich konnt kein Deutsch nich. Hab ich an de Tür geläutet. Mein Vater macht die Tur auf, er steht so, ich steh auch, guckt mich an. Wissen Se, was das ist für ein Gefiehl, wenn du weißt nicht, was du sagen sollst, aber du willst was sagen. Ich hab jesagt, guten Tag, glaub ich. Er sagt, guten Tag, guckt er mich immer noch an. Sag ich, Vater, erkennst du mich nicht? Da sagt er, oh Gott, mein Kind. Er hat mich umarmt, fing er an zu weinen. Sagt die Tochter nachher, Mama, warum hat der Opa so geweint? Hab ich ihr das später auf Litauisch alles erklärt. Sie konnte nicht Deutsch, sie konnte nur Litauisch. Ruft der Vater, Hans, komm her, die Christel ist da. Kommt mein Halbbruder an, erwachsener Junge, achtzehn Jahre. Können sich vorstellen, diesen Moment? Nee, glaube, das kann man nicht, muss man selber erleben.

Der Freund vom Vater, der ist öfter hergekommen, mit dem hab ich dann Russisch gesprochen und er hat dem Vater übersetzt. Wenn meine Tochter hat mir was gesagt, der Vater guckt mich schon so an und meint, was will se. Da musste ich dem Vater erklären, sie möcht eine Apfelsine. Wissen Se, in Litauen, da hab ich zwei Stunden im schneekalten Winter gestanden, in der Reihe, wenn se von irgendwo mal haben gebracht Apfelsinen, Bananen. Vater hat immer gehabt im Kühlschrank, unten ein Fach. Für ihn war das eine Freude, er hat gerne gegeben. Und das war seine Enkelin.

In Lörrach bei der Schwester des Vaters waren wir auch. Sind wir da bisschen rumgefahren. Es war schön, in Deutschland, im

Ganzen war ich zwei Monate. Aber hab ich von mein Mann in dieser Zeit keinen Brief nicht bekommen. Verstehn Se, da hab ich mir schon Sorgen gemacht. Irgendwann sag ich, danke für alles, aber ich muss nach Hause fahren, ich kann nicht mehr, mein Mann schreibt nicht, ich weiß nicht, was mit meinem Sohn ist, es tut mir leid, ich muss nach Haus. Hat der Vater mich zum Bahnhof gebracht. Er hat sehr geweint. Christel bleib hier, Christel bleib hier. Ich sag, Papa, ich kann nicht hier bleiben, ich sag, mein Sohn ist dort. Wenn ich hier bleibe, nehmen mir die Russen die Mutterschaft weg, ich kann nicht. Mein Vater hat bisschen schon getrunken. Er hatte zwei Familien verloren, beide Frauen jestorben, so viele Kinder tot und verhungert. Es war sehr schwer für mich wegzufahren, aber ich musste.

In Litauen nach einer Weile kriege ich einen Brief, vom KGB. Denk ich, Mensch, ich hab nichts verbrochen, was wolln se. Bin ich da hingegangen. Fing mich einer an zu fragen, wo ich bin gefahren in Deutschland, was ich hab erzählt, was ich habe gesehen. Am Anfang hatte ich Angst, aber nachher wurde ich verrückt. Ich sag, wissen Se was, mich interessiert Ihre Politik überhaupt nicht. Ich bin keine gebildete Frau, ich hab den ganzen Krieg mitjemacht, ich hab alles verloren, ich wollte meinen Vater sehen, meine Tante, meinen Onkel. Ich hab mich jefreut, dass ich noch Verwandte habe, dass die noch am Leben sind. Und das, was Sie hier machen, das interessiert mich nicht. Da hat er sich sogar entschuldigt.

Später wir hatten dann tatsächlich Ausreisegenehmigung für de ganze Familie, de Kinder und auch mein Mann. Aber meine Schwiegermutter war nicht einverstanden. Sie hat nur den einen Sohn gehabt. Sie musste die Genehmigung unterschreiben, dass sie ist einverstanden, dass ihr Sohn nach Deutschland ausreist. Das war so eine Ordnung bei den Russen. Das hat se dann nicht gemacht.

Aber ich habe weiter viel über Deutschland gedacht. Mein Onkel Willi hat uns nach dem Tod von Papa ein zweites Mal auf

Besuch eingeladen. Ich denk, jetzt kannst wenigstens für ein paar Wochen noch mal fahren. Hatte schon alle Dokumente zusammen, hab die so hingelegt in meinem Zimmerchen. Und dann einen Tag, auf einmal sind se nicht mehr da. Hatte die Schwiegermutter vernichtet, die ganzen Papiere. Verstehn Se, so war es in meinem Leben."

Ostpreußens Hungerkinder beschäftigten fast dreißig Jahre lang Politik und Verwaltung in der Sowjetunion und in den beiden deutschen Staaten. In diesem Zeitraum hofften und litten nicht nur die Betroffenen, sondern auch unzählige Angehörige, Bekannte, Nachbarn und Arbeitskollegen. Einer öffentlichen Wahrnehmung oder gar Würdigung ihrer Schicksale stand in der DDR allerdings die Staatsräson entgegen. In der Bundesrepublik schafften es manche direkt nach ihrer Ankunft zu vorübergehender örtlicher Beachtung, allerdings ohne Bezug zu ähnlich gelagerten Fällen, sodass die einzelnen Geschichten auch hier nie in einen größeren Zusammenhang gesetzt und erzählt werden konnten.

Mit den letzten Einzelausreisen Anfang der 1970er-Jahre wurde das Kapitel des Umsiedelns geschlossen. Mehr als 95 Prozent der Überlebenden befanden sich nun in Deutschland. Ihre in Litauen verbliebenen Schicksalsgefährten mussten davon ausgehen, an ihrem Los nichts mehr ändern zu können. Die in die Vergangenheit weisenden Spuren verwehten. Niemand konnte vorhersehen, dass das Thema zwanzig Jahre später noch einmal aktuell werden sollte.

Opfern
(1970er-Jahre bis in die Gegenwart)

Wie schüttet man ein ganzes Meer zu?

Wer den Hunger und das Massensterben überlebt hatte, spürte instinktiv, dass Wortlosigkeit schützte. Der Rückzug ins Unausgesprochene gab Halt, wo jede unbedachte Andeutung ins Uferlose führte. Zur Eingrenzung der übermächtigen Vergangenheit zogen die Heranwachsenden deshalb zwischen sich und dem Zurückliegenden einen Damm. Dies war keine wohlüberlegte Entscheidung, sondern erfolgte aus dem Unterbewusstsein heraus. Es befreite von einer reinen Abwehrhaltung und ermöglichte, sich der eigenen Zukunft zuzuwenden, die es dringend zu gestalten galt. Aber die Nachkriegserlebnisse brodelten weiter. Gab man ihnen in schwachen Momenten doch ein paar Worte, drohten sie, den Schutzwall schnell zu unterfluten und fortzureißen.[126]

Nach dem Ende von Hunger und Entrechtung verlangten die Seelen nach Ruhe. Die Jugendlichen mussten zu sich kommen und sich sammeln, sonst hatten sie keine Chance, ihre Bildungslücken wettzumachen, eine Familie zu gründen und beruflich aufzuschließen. Das Schweigen über die Vergangenheit ergab sich daraus von alleine, führte aber dazu, dass sich selbst Schicksalsgefährten untereinander in ihrer Einsamkeit nicht auffangen konnten.[127]

Diese Tragik wurde in den 1950er-Jahren besonders an den Heimschulinternaten sichtbar, den einzigen Orten, an denen Mädchen und Jungen noch einmal für längere Zeit mit Gleichaltrigen zusammenlebten, die Ähnliches wie sie erfahren hatten. An die Förderschule im westfälischen Espelkamp war im Januar 1953 eine Dreizehnjährige aus Ostpreußen gewechselt. Sie erinnert sich, wie unerreichbar die traumatischen Erlebnisse der Schüler trotz des vorhandenen Schonraums letztendlich für Mitschüler, Erzieherinnen und Lehrer blieben.

„Im Biologieunterricht hatten wir einen jungen Referendar. Der hat uns mal gesagt, wenn einer von euch was Schlimmes erlebt hat, wäre es gut, wenn ihr darüber miteinander sprecht. Das ist besser, als wenn ein Erwachsener fragt, das werdet ihr bestimmt nicht mögen. Und dann wollte er uns ein Beispiel geben und fragt vor der ganzen Klasse einen Jungen, bist du missbraucht worden? Und der gleich, nein!

Aber von uns Mädchen, denke ich, sind es fast alle. Irgendwie, irgendwann. Das heißt nicht unbedingt mit körperlichen Folgen, die man später noch feststellen konnte. Aber dass man uns angefasst hat, was wir nicht wollten, Sachen, die wir nicht gutgeheißen haben, was eklig war, also etwas, das mehr dem Inneren wehtut, was einen das ganze Leben verfolgt.

Wir waren zu sechst im Zimmer. Else und Erna kamen aus Pommern, Rosina kam aus Jugoslawien, ich war in Litauen gewesen und Olga und Grete weiß ich nicht mehr. Na, jedenfalls war Olga Krimpelbein schon fünfzehn, die hat uns abends vor dem Einschlafen auch mal gefragt, ist einer von euch missbraucht worden? Da hat sich keiner gemeldet. Erst dachte ich, du erzählst mal was. Aber dann dachte ich, ach nee, nachher wissen die das alle, auch Else, die war unsere Kleinste, die war erst elf.

Einmal hatten wir nachmittags Handarbeiten oder Basteln. Da waren wir nur mit 'n paar Mädchen zusammen und einer Erzieherin. Maria war die Älteste, die war sechzehn, die hatte schon richtig Busen. Ich hatte noch nichts, ich hatte sogar noch ein paar Milchzähne. Da sagt sie zu mir, du bist missbraucht worden, das kann ich mir richtig gut vorstellen, Du bist wie so 'n Schaf. Da habe ich gesagt, nein, und bin knallrot geworden. Sagt se, brauchst mir nichts zu erzählen, kannst ruhig abstreiten, ich glaub dir kein Wort.

Ich bin dann rausgegangen, hab gesagt, ich gehe mal auf Toilette, und war weg. Hab mich lange dort aufgehalten, hab etwa 23 mal die Hände gewaschen und mich 25 mal gekämmt und auf dem Rückweg noch ein Mädchen getroffen, mit dem ich mir auf dem Gang lange was erzählt habe. Und als ich später da wieder reinkam, hatte sich das Thema erledigt.

Unsere Erzieherinnen hatten andauernd Besprechungen. Die haben sich wirklich große Mühe mit uns gegeben, mit den Geburtstagen und den Weihnachtsfesten. Wichteln war so was ganz Besonderes. Am 1. Dezember ging die Wichtelei los, dann lag immer eine Kleinigkeit im Bett oder im Schuh, und wir mussten rauskriegen, wer das da wohl reingetan hatte. Alle paar Wochen hatte man auch so ein Alleingespräch, ich immer mit Schwester Hilde. Sie hat mir dann auch vorgeschlagen, ob ich nicht was zu erzählen hätte. Aber das habe ich stets verneint. Ich konnte es ja nicht mal meiner Mutter sagen.

Mit den Jungs war es ein bisschen anders, von denen haben einige so frei geredet, die haben sogar erlaubt, dass man das weitererzählt. Aber sie haben immer nur unter freiem Himmel davon gesprochen, nie in geschlossenen Räumen. Also wenn wir zum Beispiel auf nem Ausflug waren oder durch den Wald spazierten. Und immer nur, wenn wir unter uns waren, also ohne Erwachsene. Helga war mit Michael zusammen, der kam aus Böhmen. Die waren beide bildhübsch, die gingen zusammen, aber die gingen auch wirklich nur zusammen, da war nicht mehr. Wir haben denen das gegönnt, dass die ein Liebespaar waren, da war keiner neidisch, wir haben gedacht, vielleicht heiraten die mal. Zwischendurch hat mir Michael aber auch mal gesagt, dass er bald vor die Hunde geht. Er und ein paar andere Jungen, die waren schwerst traumatisiert, die hatten miterleben müssen, wie ihre Eltern abgemurkst worden sind. Das konnten die nicht vergessen. Die waren nicht mehr lebensfähig, würde ich heute sagen, die konnten nämlich überhaupt nicht mehr aufhören, darüber zu reden. Wenn wir dann gesagt haben, wir haben jetzt genug davon gehört, wie deine Mama umgekommen ist, dann hat Michael immer noch gesagt, hier, guck mal, so hat er sie gehalten und so hat er ihr das Messer, und mein Papa, der wurde mit nem Genickschuss, und das ging so und so. Das haben die uns immer wieder erzählt, also uns Mitschülern. Das war für uns auch nicht gut, denke ich mal. Wir hatten natürlich Mitleid, aber andererseits mussten wir auch wieder an uns selber denken.

In meiner Klasse waren zwei Bernhards, die saßen direkt hinter mir. Der große Bernhard war mein Vorbild, er war viel älter, 23, schon ein richtiger Kerl. Einen Morgen sagt der kleine Bernhard, heute müsst ihr mich nicht ansprechen, ich bin traurig. Guck ich den großen Bernhard so an, so über die Schulter, da sagt er, brauchst mich gar nicht angucken, ich bin auch traurig. Da sehe ich, dass er geweint hat. Oh, denk ich, was ist das denn. Wenn Bernhard weint, muss was Schlimmes passiert sein. Ich sag, Bernhard, was ist los. Da sagt er, Michael hat Selbst, er hat nur gesagt, Michael hat Selbst.

In der 10-Uhr-Pause war Appell. Wir wurden alle einberufen in einen großen Saal und dann wurde uns mitgeteilt, dass Michael Sowieso ab heute nicht mehr da ist. Er ist leider nicht mehr unter uns, mehr wurde nicht gesagt. Helga, seine Freundin, saß so schräg von mir. Ich konnte sie nicht sprechen, weil der Unterricht weiterging. Sie weinte pausenlos. Sie hat die ganze Stunde geweint.

Beim Mittagessen hat sie sich entschuldigt, sie wollte nicht essen. Nachher bin ich zu ihr ins Zimmer gegangen, ihres war direkt neben unserem. Hab sie so angetickt, da schüttelt sie mich weg. Hab ich gesagt, Helga, ich wollte dich nur trösten und fragen, ob ich für dich den Aufsatz schreiben soll. Nein, sagt se, brauchst du nicht, ich bin so traurig wegen Michael. Er hat selber Hand an sich gelegt, aber bitte bitte sprich da nicht drüber.

Während der Zeit, wo ich in Espelkamp war, haben sich auch noch andere Jungen das Leben genommen. Mädchen seltener. Wir durften aber nie zu den Beerdigungen, zu keiner. Das wurde vertuscht. Die Erwachsenen wussten nicht, wie sie uns das erklären sollten. Und wir haben auch untereinander nicht weiter darüber gesprochen." [128]

Es waren nicht nur die Gewalterfahrungen, die die Jugendlichen und ihr wohlmeinendes Umfeld sprachlos machten. Auch die Dimension der erlittenen Verluste ließ sich in keine Worte fassen. Der Schmerz machte verschlossen, die Verschlossenheit unzugänglich und die Unzugänglichkeit einsam.

Das erlebte auch eine Heranwachsende, die in Königsberg vier Geschwister und die Eltern verloren hatte. Im September 1948 war sie an ihrem 16. Geburtstag ins Rheinland gekommen, wo ihre beiden ältesten Schwestern wohnten.

„In Ostpreußen hatte ich Tote aus den Wäldern holen müssen und für die Russen die schwersten, die ekelhaftesten Arbeiten gemacht. Und jetzt sollte ich plötzlich noch mal zur Schule. Das konnte ich nicht, beim besten Willen. Ich wäre lieber auf den Bau gegangen. Aber das war im Westen nicht möglich für Mädchen.

Meine Familie stammte aus Pillau. 45 im Winter waren viele Nachbarn zu uns gekommen, die sich verabschiedeten, bevor sie auf die Schiffe gingen. Die wussten, dass wir dortbleiben wollten. Und meine Schwestern hatten, noch bevor ich 48 hier ankam, schon gehört, dass nur einer von uns überlebt hatte. Aber sie wussten nicht, wer. Sie hätten niemals geglaubt, dass ich es bin, weil ich die erbärmlichste war von allen, die zarteste, aber zäheste. Dass ich überlebe, hätte ich auch selbst nicht gedacht, ich wäre lieber mitgestorben. Ich habe hier auch die Verwandtschaft von meinem Vater wiedergetroffen. Ich hab die alle besucht. Aber wissen Se, wie ich bei denen war, hab ich immer gedacht, warum lebt ihr, warum lebt keiner von uns.

Meine Schwestern wussten von dem, was passiert war, aber die wollten mich nicht dran erinnern. Ich hätte von mir aus sprechen müssen, aber ich hab's nicht. Die Einzelheiten hätten sie sowieso nicht verstanden. Richtig Platz für mich hatten sie auch nicht, ich konnte immer nur ne Zeit lang bei ihnen bleiben. Irgendwann stand ich wieder auf der Straße, mit nichts. Bin hier nach Düsseldorf gekommen und habe genauso rumvagabundiert wie in Litauen.

Ein Bekannter von meiner Schwester war Journalist, er hat für irgend so einen Verlag gearbeitet. Er sagt, erzähl das doch mal alles, was du erlebt hast. Ich geb dir da so 'n Sprechgerät. Du kriegst Geld dafür. Vor mir waren ja noch nicht viele aus Königsberg rausgekommen. Hätte er das Wort Geld nicht gesagt, hätte ich es vielleicht gemacht. Aber so hab ich Nein gesagt. Mit dem Tod und dem Elend meiner Familie mach ich kein Geld, nein.

Dann wurde mir da was vermittelt, Arbeit in einer Apotheke. Und der Chef dort hat gedacht, ach, die war in Russland, die ist bestimmt vergewaltigt worden, versuch es bei der. Da war ich noch keine 14 Tage dort. Heute denk ich, der kann froh sein, dass ich ihn nicht zurück angepackt habe, da hätte der lecker ausgesehen.

Jedenfalls musste ich dann ins Heim. Ich war aufsässig, ich war sehr aggressiv. Ich hab mir nichts gefallen lassen. Hab immer gesagt, wofür denn, für wen? Mein Vater ist nicht mehr da, der bestraft mich nicht. Meine Mutter auch nicht. Und von den Menschen, die hier leben in Saus und Braus, soll ich mir was sagen lassen?

Überall habe ich mich mit den Mädchen gehauen. Habe den Nonnen die Häubchen vom Kopf gerissen, weil sie was Negatives über meine Schwestern gesagt hatten. Wir haben das Gras aus den Matratzen geraucht. Und aus dem Gesangbuch, da sind so schöne dünne Seiten, die haben wir als Zigarettenpapier genommen.

Dann habe ich sie drangekriegt. Habe sechs Tage lang nichts gegessen. Aber jeden Morgen kriegte ich mein Waschwasser, damit habe ich mich vollgetrunken. Ich wusste ja, dass man sich mit Wasser lange am Leben halten kann. Und am fünften Tag, wo ich nichts gegessen habe, da sagten sie, ich wäre schizophren. Da kam ich in die Anstalt Grafenberg. Erst war ich da auf der Wachstation, da mussten sie mich beobachten, was ich tat. Dann kam ich zum Doktor. Der redete mit mir und wollte wissen, wie ich heiße. Da hab ich nur auf die Mappe hingezeigt und nichts gesagt, da stand ja mein Name. Sagt er, was soll das denn, da hinzeigen kann ich auch selber. Ich hab ihm keine Antwort gegeben. – Auf einmal sprach er mit mir Russisch. Das war so heimisch. Da habe ich mich mit ihm auf Russisch unterhalten. Sagt er, weißt du was, ich mache die Papiere fertig, Du gehörst hier nicht hin. Du bist nicht verrückt. Sagt er, warum hast du das denn überhaupt gemacht? Ich sag, die Schwestern sollten mal sehen, was man mit nem Willen erreichen kann. Da brauchte ich nicht mehr ins Heim zurück.

Aber zum Jugendamt musste ich noch. Da war so 'n sehr sympathischer Mann. Der hat gesagt, ich möchte dir so gerne helfen, aber wie soll ich dir helfen. Dir kann man nicht helfen. Du kommst aus einer Welt, die wir hier nicht kennen. Ich sag, dann schickt mich doch zurück in die andere Welt, lasst mich doch zurück. Sagt er, ja, dann fahr. Er hat das nicht böse gemeint. Er war der Einzige, der mich wirklich verstanden hat."

Das Gefühl, sich niemandem mitteilen zu können, trugen auch viele mit sich, die Schule und Ausbildung unauffällig durchlaufen hatten und zu arbeiten begannen. Als frischgebackene Krankenschwester mit Einserexamen konnte man sich fachlich gut auf den Beruf vorbereitet sehen und gleichzeitig doch zu ahnen beginnen, dass es einem an etwas ganz anderem fehlte. Durch den andauernden Zwang, sich verstecken und anpassen zu müssen, hatte man die Fähigkeit zur Selbstwahrnehmung verloren.

„In Litauen hatte ich immer auf Abruf gelebt. Ich wusste, in irgendeinem Nachbardorf ist meine Mutter, irgendwo sind meine Schwestern, aber sie waren unerreichbar für mich. Das war ein furchtbares Gefühl. Sonst können Kinder ja auch schon so ein Gespür für Zeit entwickeln. Das war bei mir überhaupt nicht. Ich habe mich bis 51 eigentlich bloß unter einer Glocke aus Verlorensein bewegt. Ohne jeden Antrieb. Mich hat nur die angeborene Zellerneuerung am Leben gehalten. Die ständige Willkür hat mich komplett zersetzt.

Es wäre zum Beispiel normal gewesen, dass ich als Kind so einen verbalen Übergriff jemandem hätte erzählen können [bei Erntearbeiten hatte der Bauer mit anzüglichen Bemerkungen gedroht]. Ich hätte es sogar müssen. Aber ich konnte es nicht. Und wissen Sie, was die Folge davon war? Man traut irgendwann seinem eigenen Empfinden nicht mehr. Man beginnt zu zweifeln. Hast du das wirklich so gehört? Hast du das wirklich so erlebt?

Das war der eigentliche Schaden, den ich aus dieser Zeit davongetragen habe. Dass ich meine Wurzeln verloren habe, dass ich nicht geerdet bin, weil ich mich bei niemandem rückversichern konnte. Im Westen wurde ich ab 51 dann sofort darauf gepolt, die notwendige Leistung zu bringen. Zwischen Schulabschluss und Ausbildungsbeginn lag keine Woche. Eine Reflexion war nicht möglich. Ich habe nie jemandem wirklich erzählt, was ich erlebt hatte.

Gleichzeitig glaube ich, dass ich eine gute Krankenschwester war. Ich kann sehr gut auf andere Menschen eingehen und kann Dinge fühlen, die sie vielleicht noch gar nicht wissen. Aber mich selbst konnte ich nicht wahrnehmen. Im Beruf gibt es viele Situationen, wo es aber nötig ist, dass man sein Gleichgewicht behält, dass man mit anderen darüber spricht, was man erlebt und gedacht hat, dass man sich jemandem anvertraut. Und genau das ging bei mir nicht.

Zum Beispiel bei einer meiner Nachtwachen, im ersten Ausbildungsjahr. Ich war für die Kontrollen zuständig, und da ist eine herzkranke Frau gestorben. Das war für mich so ein Drama, dass ich gefühlsmäßig mitgestorben bin. Der Arzt hat gemerkt, dass ich verstört war. Da hat er dann später gesagt, wir wussten doch, dass die Frau schwer herzkrank war, das war doch abzusehen, und dass sie ausgerechnet in dieser Nacht gestorben ist, das lag nicht in unserer Macht. Ich habe aber ernsthaft geglaubt, dass das mein Verschulden war. Das war wirklich schwierig. Das war auch nicht allein der Mangel an Selbstbewusstsein, sondern wirklich die fehlende Selbstwahrnehmung.

Das begleitete mich übrigens mein ganzes weiteres Erwachsenenleben. Durch die nicht vorhandene Wahrnehmung habe ich eine schrecklich schlechte Ehe geführt, weil ich nie sicher sagen konnte, ist das jetzt so oder ist es nicht so. Für eine gleichwertige Beziehung braucht man das aber. Und ich konnte nie beurteilen, ob mein Mann mir Unrecht tut oder ob er recht hat. Wissen Sie, diese Ebene. Ich habe mir Sachen praktisch anlasten lassen, die gar nicht mein Ding waren, und immer überlegt, ob ich nicht doch dran Schuld habe."

Frauen, die verständnisvollere Partner gefunden hatten, gelang es als junge Erwachsene hingegen besser, belastendes Seelengepäck abzulegen. Obgleich auch sie ihren Männern allenfalls Bruchteile ihrer Nachkriegserfahrungen offenbarten, fühlten sie sich emotional eher verstanden und wähnten sich zwischen Ausbildung, Beruf und Verlobung eine Zeit lang dem Grauen entkommen. Bei vielen von ihnen löste dann allerdings ein eigentlich schönes Ereignis regelrechte Erinnerungsstürze aus.

„Mein Mann war ganz lieb mit mir. Was den Sex betrifft, hat er allerdings warten müssen. Das hat wirklich lange gedauert, bis ich das geglaubt habe, dass das nicht so ist, wie ich das als Kind erleben musste und sehen musste, dass sich Frauen davor fürchten und schreien. Dadurch hatten wir beide es am Anfang ein bisschen schwer miteinander. Aber mein Mann war einfühlsam. Und ich habe diese Zeit in schöner Erinnerung. Da ging's mir gut, wir haben nach vorne geschaut und gelacht.

Aber wo ich die beiden Kinder dann geboren hatte, da ist es über mich gekommen. Mit einem Schlag war alles wieder da. Da habe ich nachts oft geschrien, weil irgendwelche Kriegsgeschehnisse mir die Mädchen genommen haben. Oder dass ich wo war, wo ich mir nicht helfen konnte. Das haben se dann sogar in der Nachbarschaft gehört, mein Schreien. Und mein Mann schlief sehr fest. Bis der wach war und mich beruhigte, hat das gedauert.

Mit den Kindern war das in mir zum Ausbruch jekommen und ging dann über lange Zeit so. Wahrscheinlich wäre es besser gewesen, man hätte das mal einem Fachmenschen alles sagen können. Aber gucken Se, das sind ja schreckliche Dinge, die ich Ihnen heute erzähle, das hätte ich damals gar nicht fertiggebracht. Das wäre gar nicht jegangen, früher. Gut, ich hätte zum Nervenarzt gehen können, aber dann hätte es geheißen, die ist geistesgestört, der gehören die Kinder genommen. Also das war absolut nicht möglich. Da musste ich allein mit fertig werden."[129]

Auch andere stellten fest, dass ihr traumatisches Wochenbetterlebnis die inzwischen beherrschbar geglaubte Vergangenheit mit aller Macht in den Alltag zurückholte.

„Als ich mit der Schule fertig war, hatte ich gar nicht die Absicht gehabt zu heiraten. Man war so geprägt von der schlimmen Zeit, man war so ernst. In Dresden sollte ich eigentlich zur Diakonisse ausgebildet werden, habe dann aber irgendwann meinen Mann kennengelernt und doch geheiratet. Meine Mutter hat immer gemeint, meine Geschwister und ich haben das als Kinder gar nicht richtig mitgekriegt, was dort in Ostpreußen passiert ist. Das stimmte zwar nicht, aber wissen Sie, als junger Mensch leben Sie ja schon erst mal auch vorwärts. Sie leben ja nicht zurück. Erst mal geht's ja doch voran. Und mein Mann ist kein Vertriebener, der hat sich das zwar angehört, aber ich meine, wer glaubt denn so was schon. Man kann's auch wahrscheinlich gar nicht verlangen, dass sich andere damit auseinandersetzen. Ich war glücklich mit ihm.

Trotzdem hätte ich mir aber fast das Leben genommen. Im Juli 65 bekam ich unsere Tochter. Abends um halb zwölf ist sie geboren und nachts ging's schon los. Da kam diese ganze Wucht, dieses Erlebte plötzlich so über mich, also ganz fürchterliche Albträume und Gedanken, dass ich gesagt habe, jetzt hast du ein Kind in die Welt gesetzt und wenn das Kind das erleben muss, was du erlebt hast, dann wird es grauenhaft. Ich hab mein Kind nur totgefroren am Straßengraben gesehen.

Sechs Wochen nach der Geburt hab ich für mich allein mit der Faust auf den Tisch gehauen und gesagt, jetzt ist aber Schluss. Ich habe mich in diese neue Situation dann sehr reingefunden. Hab all die Jahre versucht, das zu verbergen vor der Familie, das nicht zu übertragen und nicht um Mitleid zu bitten, ihnen nicht auf die Nerven zu gehen. Aber für mich ist es eigentlich nicht mehr viel besser geworden. Ich hab mein Kind immer ohne Schuhe vor mir gesehen, hab immer gefürchtet, dass ich morgen keine Kleidung mehr für mein Kind hab oder irgendwas. Ich habe Salz gehamstert, ich habe Läusekämme gekauft. Nadeln, Zwirn, wissen Sie, was das bedeutet, keinen Faden, keine Schere zu haben? Ich hatte davon einen ganzen Schrank voll."

Viele Betroffene mit Ängsten dieser und ähnlicher Art entwickelten auffallend häufig Beschwerden wie immer wiederkehrende Kopf- oder Rückenschmerzen und litten unter weiteren, teils massiven Einschränkungen des Wohlbefindens.

„69 wurde meine Tochter geboren, und 71 fingen die Kopfschmerzen an. Ich weiß nicht mehr, was ich dann alles gemacht habe. Erst war ich beim Hausarzt, aber der wusste irgendwann nicht mehr, wohin mit meinem Kopf. Sagte er, gehen Se zum Neurologen. Der verschrieb mir ne Tablette, aber ich hatte vorher schon so viele Tabletten genommen, das half auch nicht. Keiner konnt mir sagen, woher die Schmerzen kommen.

Dann hab ich Spritzen in den Kopf bekommen. Komm ich nach Hause, sagt mein Mann, wie konntest du dir denn Spritzen in den Kopf geben lassen. Ich sag, Siegfried, wenn du solche Schmerzen hast und weißt nicht mehr weiter, dann machst du das, dann machst du alles. Zwischendurch war's wieder ne Zeit lang gut. Dann ging's von vorne los. Ich bin gestreckt worden, der eine Arzt hat dies mit mir gemacht, der andere hat das mit mir gemacht. Ich hatte viele Jahre solche Schmerzen, und keiner konnt mir sagen, wo das herkam."

Die Ärzte konzentrierten sich in der Regel bloß aufs Behandeln der Symptome und tasteten die Vergangenheit ihrer Patienten selbst dann nicht nach seelischen Verwundungen ab, wenn organisch alles gesund zu sein schien. Völlig auf sich gestellt, mussten die Betroffenen nach eigenen Methoden suchen, um den schwelenden Horror unter Kontrolle zu halten.

„Diese Schreie meiner Mutter während der Vergewaltigungen, das sind Schreie, die sitzen so tief im Hirn fest, die kann man nicht rausspülen oder mit ner Spritze wegmachen. Das geht irgendwie nicht. Außerdem habe ich auch die Schreie von den Kindern gehört, diesen zwölfjährigen Mädchen, die wurden ja auch vergewaltigt, die haben geschrien, das können Sie sich nicht vorstellen.

Vor diesen Schreien hatte ich schon in Litauen Angst, selbst bei der einen Familie, wo ich mich ganz wohlgeborgen gefühlt hatte. Diese Schreie waren nicht die ganze Zeit in meinem Ohr, aber immer mal wieder, beim Kartoffelschälen, szzzz, da zogen sie ganz leise so von unten rauf und wurden immer lauter, szzzz, beim Schafehüten, da schossen sie in meinen Kopf, szzzz, da waren sie wieder. Man war nirgends vor ihnen sicher.

Wenn ich mich ins Bett legte und mein Gebet gesprochen habe, dann habe ich fast immer an diese schreckliche Zeit gedacht, auch später in Espelkamp und bevor ich meinen Mann kennenlernte. Nachdem ich geheiratet hatte, wurde es ne Weile besser. Da habe ich die Schreie nicht mehr so oft gehört und sie waren auch nicht mehr so laut. Aber nachdem mein zweites Kind geboren wurde, hatte ich das wieder ganz schlimm, da habe ich pausenlos geweint und lag von jetzt auf gleich verkrampft im Bett. Da fing das wieder so doll an und wurde lauter, lauter, lauter, dass ich gedacht habe, das kriegst du nie mehr aus dem Kopf.

Da habe ich mir nachts ein Spiel gemacht. Ich hab immer an was anderes gedacht und mir zum Beispiel gesagt, wie kocht man Erbsensuppe oder wie macht man eine Herrenspeise oder wie erziehe ich mein Kind richtig, wenn es in die achte Klasse kommt, solche Dinge. Das habe ich jahrelang geübt und war irgendwann fast perfekt darin."

Ausgefeilte Verdrängungsstrategien zum Unterdrücken von quälenden Nachkriegserlebnissen entwickelten natürlich auch betroffene Männer. Sexuelle Gewalt hatten sie im Gegensatz zu ihren gleichaltrigen Schicksalsgenossinnen nicht so häufig am eigenen Körper erlitten, ansonsten aber ein ähnliches Maß an Gewalt-, Hunger- und Todeserfahrungen gesammelt. Ihr späterer Umgang mit diesem Seelengepäck lässt sich heute viel schwieriger nachzeichnen, da die Männer während der Interviews nur selten Einblicke in ihr Inneres zuließen.

Der Schluss liegt nahe, dass dieses Verhalten weniger auf eine erfolgreiche und inzwischen abgeschlossene Aufarbeitung hindeutet, denn auf ihr männliches Rollenverständnis, keine Schwäche zeigen zu dürfen. Sie erzählten die Lebensspanne zwischen Quarantänelager, Gründung einer eigenen Familie und Berufstätigkeit in der Regel unter den Vorzeichen geleisteter Anstrengungen und erzielter Erfolge. Inwieweit sie während dieser Zeit auch einen Leidensdruck verspürten, bleibt dabei unklar. Sie äußerten weniger Selbstanklagen und deuten viele Ereignisse als schicksalsgegeben. Ihre scheinbare Unverletztheit konnten sie allerdings nur aufrechterhalten, weil sie im Gespräch traumatische Begebenheiten mit dem Verweis übergingen, dass man Erlebnisse solcher Art nicht näher beschreiben könne. Letztendlich führt diese abwehrende Einstellung jedoch zu derselben Erkenntnis wie die offeneren Schilderungen der Frauen: Die Folgen von Entwurzelung und Verpflanzung waren belastend und wirkten unendlich nach.

Die Forschung war jahrzehntelang nicht so weit, um helfend eingreifen zu können. Erst durch die wissenschaftliche Aufarbeitung des Holocausts rückten Kriegskindheiten allgemein in den Mittelpunkt vielversprechender Untersuchungen. So mag uns heute auf den ersten Blick überraschen, dass im Versteck überlebende Holocaustkinder und ostpreußische Hungerkinder von sehr ähnlichen Erfahrungsräumen geprägt sind. Rasch wird aber deutlich, weshalb das so ist. Beide Gruppen teilten eine Erinnerungseinsamkeit, die sich aus Verlust-, Gewalt- und Isolationserfahrungen speiste: das aus Schuldgefühlen gegenüber verstorbenen Familienmitgliedern resultierende „Überlebenden-Syndrom"; das durch die langjährige Isolation bedingte Fehlen gemeinschaftlicher Furcht- und Leiderfahrungen; die erlittene Abhängigkeit von der Gunst Dritter; die durchlebte Angst vor Konsequenzen für die Überlebenshelfer; die transnationalen und transkulturellen Erfahrungen; die Annahme einer neuen Identität; die enormen Verdrängungsanstrengungen nach dem Entkommen aus der unmittelbaren Gefahr, die einen „Neubeginn" zu erleichtern schienen; sowie die späteren zum Teil massiv auftretenden körperlichen und seelischen Beschwerden. All dies prägte den Alltag sowohl von jüdischen als auch von ostpreußischen Erwachsenen, die als Kinder ohne Angehörige Verfolgung und Hunger überstanden hatten.[130]

Medizinische Studien konnten in den vergangenen Jahren auch den Zusammenhang von traumatischen Flucht- und Vertreibungserlebnissen und einer verringerten Lebensqualität im Alter wissenschaftlich nachweisen. Von besonderer Bedeutung erscheint hier eine am Universitätsklinikum Hamburg-Eppendorf entstandene Arbeit.[131] Sie widmet sich den Langzeitfolgen von in der Kindheit am Ende des Zweiten Weltkriegs erlebter Flucht und Vertreibung. An dieser Untersuchung nahmen insgesamt 502 Personen teil, die zwischen 1933 und 1945 in den deutschen Reichsgebieten östlich von Oder und Neiße geboren waren. Zum Befragungszeitpunkt waren die Teilnehmer durchschnittlich 71 Jahre alt. 41 Prozent von ihnen stammten aus Ostpreußen. Sie waren im Durchschnitt acht Monate auf der Flucht beziehungsweise unter sowjetischer oder polnischer Herrschaft und dabei durchschnittlich fünf traumatischen Erlebnissen ausgesetzt.

Beide Faktoren dürften im Falle der Hungerkinder noch um ein Vielfaches höher sein. Doch schon bei den Teilnehmern dieser Studie ließ sich zu zwei Dritteln eine komplette oder partielle posttraumatische Belastungsstörung nachweisen. Die Mediziner stellten fest, dass Flucht und Vertreibung als ein komplex traumatisierender Vorgang einzustufen seien. Vor allem müsse die Vielschichtigkeit eines länger andauernden traumatisierenden Ereignisses wie das einer Vertreibung berücksichtigt werden. Die Ergebnisse der Studie wiesen auf langfristige psychische Auswirkungen des Erlebten hin. Dabei korrelierten die Dauer des Flucht- oder Vertreibungsvorgangs und die Anzahl der erinnerten traumatischen Erlebnisse mit späterer Belastung durch posttraumatische Symptome und verminderter Lebensqualität.

Rund 65 Jahre bedurfte es, bis solche klaren Aussagen von medizinischer Seite erfolgten. Vor dem Hintergrund des gewandelten Bewusstseins und einer wachsenden Sensibilität eröffnete sich nun auch den früheren Hungerkindern endlich die Aussicht auf professionelle Hilfe. Auch wenn bisher bei keiner einzigen der für dieses Buch interviewten Personen eine posttraumatische Belastungsstörung diagnostiziert worden ist, befinden sich mittlerweile doch immerhin zwei Frauen aus diesem Kreis in psychologischer Behandlung.

„Vor drei Jahren hat mich meine Hausärztin zum Psychologen geschickt. Sie hat gesagt, Sie müssen reden, Sie haben Stöcke in den Gelenken, Sie sind ganz steif, das ist alles angestautes Trauma, das muss raus!
Der Psychologe hat dann gesagt, schreiben Sie es auf, schreiben Sie alles auf. Das hab ich versucht, aber das ging nicht, ich hab nur geheult. Hab ich gefragt, was soll ich machen. Ja, sagt er, dann müssen Sie das jemandem erzählen. Aber mit wem sollte ich mich darüber unterhalten. Mein Mann hat sich die Ohren zugehalten und gesagt, bitte sage nichts, ich kann das nicht ertragen, das ist so schlimm für mich. Also musste ich es weiter für mich behalten. Sagt der Psychologe, dann erzählen Sie es anderen Menschen, trauen Sie sich.

Und wissen Sie was, dann habe ich es im Urlaub gewagt. Da ist man in so einer anderen Stimmung. Hab ich da eine Frau beim Muschelsammeln am Wasser getroffen, die sagt, ich komm aus Timmendorf. Ich sag, was suchen Sie dann hier in der Türkei, wenn Sie aus Timmendorf kommen, da haben Sie doch Strand ohne Ende und alles schön vor der Nase. Nein, sagt sie, ich ärgere mich über Timmendorf, weil ich da Kurtaxe zahlen muss. Dann fing sie an, über Staat und Leute zu meckern, und da hab ich auf einmal einen draufgesetzt. Ich sag, ich bin auch unzufrieden mit dem deutschen Staat. Er hat mir alles weggenommen, er hat mir mein Erbe weggenommen, meine Schulzeit und er hat nicht dafür gesorgt, dass wir Ostpreußen frühzeitig verlassen konnten. Ich hab das ganze Leben unter den schlimmen Sachen, die ich da erleben musste, gelitten, und nie hat sich jemand dafür bei mir entschuldigt. Ich sag, ich prangere auch an, ich finde die Gesetze auch nicht so gut. Dann haben wir uns am nächsten Morgen am Büffet wiedergetroffen. Ach, wollen wir heute nicht wieder einen

Spaziergang machen? Und dann gingen wir wieder am Strand lang, hatten unsere Sonnenhüte auf, guckten und erzählten weiter. Da wurd meine Barriere schon geringer, glaub ich.

Aber den Durchbruch hatte ich mit einer anderen Frau, auf Gran Canaria. Die wollte mit mir nackt baden. Ich hab meinen Badeanzug an, das Meer ist so richtig schön, die Sonne knallt schon ein bisschen, es ist so halb neun morgens. Da kommt die an und sagt, ich bin Helga, aus Wolfsburg. Wollen wir zusammen baden gehen? Ich sag, ja, können wir. Sagt se, ich komm sofort wieder, rennt weg und kommt splitternackt zurück. Und ich hab immer groß erzählt, ich nackt baden, nie. Da sagt se, du willst doch jetzt nicht etwa mit dem Badeanzug, sag mal, biste blöd. Die hat gleich du gesagt und ob ich blöde wäre. Sagt se, du musst überlegen, was du tust, Mädel. Da hast du diesen nassen Plunder an, das stört doch alles nur, geh doch auch nackig rein, kannst ja nachher wieder anziehen.

Mein Mann machte schon seinen Gang am Wasser, ich denk, was soll's, er ist nicht da. Ja, und dann sind wir rein, beide splitterfaser, und das Meer schäumt und wuschelt um uns rum. Und wir wollen gar nicht wieder raus. Erzählen uns da über ne Stunde was von hüben und drüben. Und dann erzähle ich auf einmal auch das Prekäre und weine, weil das plötzlich alles so rauskommt, so unüberlegt. Da sagt se nur, ich glaube dir, erzähle ruhig weiter. Von diesem Moment an waren wir irgendwie befreundet. Da sind wir den ganzen Urlaub spazieren gegangen, waren baden und haben miteinander gesprochen.

Und wenn man so etwas erlebt hat, dann lockert sich ganz viel in einem. Dann merkt man selber, dass man irgendwann weniger weinen muss, dass es nicht mehr so drückt, dass man befreit ist. Aber man braucht jemanden, der einen anstößt. Und man muss ein bestimmtes Alter erreicht haben. Als junge Frau hätte ich das niemals gekonnt."[132]

Mit wachsendem Abstand zum historischen Geschehen suchte der durchs Schweigen angestaute Druck in vielen Betroffenen immer drängender nach einem Ventil. Die meisten, die irgendwann eine sich aus dem Moment heraus bietende Gelegenheit ergriffen, fühlten sich danach erleichtert.[133]

„Als ich Ihre Suchanzeige für das Interviewprojekt gelesen habe, da bekam ich so viel Wut. Sie schrieben da, sie hätten zwar schon Zeitzeugen, die über ihre Erlebnisse in Ostpreußen und Litauen berichten würden, aber Sie suchen noch mehr. Da stieg's in mir auf. Boah, noch mehr Elend will der durchforsten. Das war eine ganz spontane Wut. Dieses Wühlen in dem gefühlsmäßigen Chaos von Menschen, ich finde, das ist pervers. Nur wegen dieser Wut habe ich bei Ihnen angerufen. Sie müssen wissen, ich kann auch keine Beichtväter ausstehen.

Aber nach unserem Telefonat habe ich die Gelegenheit genutzt und mich mal hingesetzt und nachgedacht. Habe richtig darüber nachgedacht, was auch gut war, weil ich überhaupt nie für möglich gehalten hätte, dass ich einigermaßen zusammenhängend über das Ganze sprechen kann. Ich bin selber erstaunt, dass ich Ihnen hier und heute am laufenden Band erzählen kann, was damals passiert ist."

Trotz aller Anstrengungen: Das Meer aus Verlust und Verwundung ließ sich weder ganz zuschütten noch austrocknen. Über all die Jahrzehnte bemühten sich die Betroffenen um die Eingrenzung ihrer unberechenbaren Erinnerungen und um die Rückgewinnung von Handlungsspielräumen. Ohne Kontakt zu Schicksalsgefährten, überdies in einem lange Zeit ebenfalls sprachlosen Umfeld, blieben sie aber einsame Wanderer zwischen den Welten. Mit der Vergangenheit abzuschließen und inneren Frieden zu finden, war ein Ziel, welches sich bei allem Bemühen und Hoffen als unerreichbar erwies.

Mauern aus Glas

Wie sehr Erinnerungen nicht nur vom Erlebten in der Vergangenheit, sondern auch von der sozialen Akzeptanz in der Gegenwart abhängig sind, erfuhren viele Ostpreußen, als sie die ersten Ausbruchsversuche aus ihrer Wortlosigkeit unternahmen. Die kurze Erwähnung einer Nachkriegserfahrung oder das beiläufige Fallenlassen einer Bemerkung über die Bettelzeit glichen in gewisser Weise dem Aufsteigenlassen eines Testballons. Im Ergebnis zementierten sie das Gefühl, mit dem Erlittenen alleine fertig werden zu müssen. Der Grund für diesen Eindruck lag zunehmend seltener im psychologisch bedingten Redeunvermögen der Zeitzeugen und immer häufiger im Unverständnis und Unwillen ihrer Umgebung.

Erinnerungen ehemaliger Hungerkinder klangen verstörend, weil sie sich vom Gegenüber nicht zufriedenstellend in eine vertraute Opfererzählung einordnen ließen. Um überhaupt erzählbar zu werden, wären sie jedoch auf gesellschaftliche Akzeptanz angewiesen gewesen. Diese Unterscheidung in anfängliches Nicht-Können und späteres Nicht-Sollen erklärt, weshalb die ostpreußischen Frauen und Männer nach einem Zeitraum, in dem sie keine Worte fanden, schließlich niemanden mehr trafen, der ihnen zuhörte.[134]

Die allmähliche Überwindung der eigenen Sprachlosigkeit und die aufkeimende Bereitschaft zum Reden – ein echter Mitteilungsdruck entstand erst im Rentenalter –, vollzog sich seit den 1970er-Jahren. Damals waren die einstigen Hungerkinder zwischen 35 und 45 Jahre alt und längst in bürgerlichen Verhältnissen angekommen. Bei einem Feierabendbier oder Betriebsausflug schien ihnen jetzt auch mal ein kurzer Rückblick in die Vergangenheit möglich, ohne sofort ins Bodenlose zu stürzen.

Zur selben Zeit wandelte sich in Westdeutschland allerdings durch die Ostpolitik des Bundeskanzlers Willy Brandt und die

Leitideen der 68er-Bewegung das gesellschaftspolitische Klima. Allmählich wurde das Erinnern an den untergegangenen deutschen Osten als ein überparteiliches und gesamtgesellschaftliches Anliegen aufgegeben und den Vertriebenenverbänden überlassen. Da diese wiederum revisionistische Positionen vertraten, die ab den 1970er-Jahren nicht mehr zur Staatsräson gehörten, geriet bald jede Thematisierung Ostpreußens unter Generalverdacht.

Wer es in dieser Atmosphäre dennoch wagte, seine Hunger- und Todeserfahrungen anzusprechen, konnte kaum mehr als Schulterzucken und Gleichgültigkeit ernten. Diese Erfahrung machte beispielsweise Horst Simon, der 1962 aus der Sowjetunion nach Holstein übergesiedelt war. In den 1970er- und 1980er-Jahren arbeitete er als Zimmermann in Lübeck und unternahm gelegentlich Anläufe, den Kollegen von seiner Zeit in Litauen zu berichten. Rückblickend stuft er diese Versuche als frustrierend ein.

„Wenn de mit einem andern ehrlich reden möchtest und erzählst die ganzen Sachen, was man da mitgemacht hat, was man da gelebt hat und so was alles, da gucken se dich doch irjendwie ganz schief an und denken, der hat doch hier oben wat.

[Frage, ob er ein Beispiel nennen könne.] Die jagen dich morgens früh raus mit den Kühen, ist gefrorn, alles Raureif und sonst wat, du bist barfuß, läufst da so lang, na ja, wenn dann siehst, dass eine Kuh da irjendwo Wasser lässt, da läufst de hin, schnell deine Füße steckst da rein, dass das bisschen anwärmt. Der andere [gemeint ist ein Lübecker Arbeitskollege] guckt und sagt, der ist doch nicht ganz dicht, sagt er. Ganz einfach. Ich hab dies Ding nur erzählt, dass man de Füße da reingesteckt hat, nech, und dann sagt er, der ist nicht ganz dicht. So ist es und so ist das auch mit andere Sachen, und wenn alles erzählen würdest, auch mit diese Flucht da, das Stehen da am Wasser, diese Toten, diese Beerdigungen da, ausm Panzer rausholen, die halbe Leiche da, halb verbrannt, halb nich, zogen se, riss auseinander, nech, und machst wieder weiter. Und da so was alles dem anderen alles erzählen, der würde doch sagen, das ist doch alles nicht möglich. Wozu denn dem Menschen dann überhaupt erzählen, der nie so was mitgemacht hat, nie so was erlebt hat, für ihn ist es vielleicht unverständlich."

Zu solch einer bitteren Erkenntnis gelangten auch zahlreiche andere Frauen und Männer. Im Laufe der Zeit erlebten sie immer wieder, dass ihre ohnehin nur bruchstückhaft geäußerten Erinnerungen von ihrem Umfeld nicht eingeordnet werden konnten und deshalb überhört, relativiert oder nicht ernst genommen wurden.

„Ich hab irgendwann versucht, mit andren Frauen darüber zu reden, aber die haben mir das nicht geglaubt. Die haben gesagt, das ist ne Lüge, wenn ich erzählt habe, ich hab alleine für meine Schwester gesorgt, meine Mutter war den ganzen Tag nicht da. Die haben gesagt, das gibt's nicht. Dass kann ne Siebenjährige nicht. Das waren Frauen, die ich im Frauenforum kennengelernt hatte, in der Volkshochschule, frühere Kollegen und so.
Die eine hat mal gesagt, hör auf, so einen Quatsch zu erzählen. Du denkst dir das doch alles aus. Das hat mich dann so verletzt, das hat mich dann wieder ganz nach hinten geschubst, und eigentlich war ich rhetorikfreudig. Aber ich habe irgendwann ernsthaft darüber nachgedacht, ob mich die anderen für eine Lügnerin halten. Und das wollte ich einfach nicht." (Brunhild Pentzeck)

„Wenn ich gesagt hab, dass ich zwanzig Jahre in der Sowjetunion gelebt habe, haben viele kurz aufgehorcht. Aber wissen Se, keiner von denen konnte sich in mich hineinversetzen. Weil, du hattest immer nur paar Sekunden. Die Leute fragen dich und du erzählst das, denn dauert nicht lange, dann schalten sie um, wir haben das hier auch miterlebt, haben auch gehungert. Ich sag, wie lange, einen Monat? Drei Monate? Wir haben Jahreee. Ganze alleine, ohne Sprache, Familie, Nation. Aber das bringt nichts. Die meisten sind da drüber weggegangen." (Peter Ehlert)

„Es gab so viele Menschen, denen ich begegnet bin, die wussten nicht Bescheid über die Tragödie nach 1945, können Sie sich das vorstellen? Da gab's einige bei uns im Dorf, die machten ganz komische Augen, die dachten immer, man erzählt ihnen Märchen. Die wussten nichts davon.

Ich hab im Laufe der Jahre meine Erfahrungen gesammelt. Das bisschen, was ich mal erzählt hab, haben die so zerpflückt. Deswegen will ich mit meinen Nachbarn nicht mehr über meine Vergangenheit sprechen. Das meiste sind Einheimische, die Alten fluchen bis heute über die Flüchtlinge, die bei ihnen untergebracht waren. Meinen Sie, die interessiert, wie meine Mutter im Lager gestorben ist?" (Evelin Wenk)

„Sie kriegen immer eins auf die Nase, wenn Sie erzählen, was Sie in Königsberg erlebt haben. Denn heißt es, und wir hier im Westen, wir haben Bombennächte durchgestanden. Ich weiß, dass diese Bombardierungen grauenvoll waren. Aber die Städter konnten danach rausfahren auf die Dörfer, sie konnten weiter selbstbestimmt handeln, sind nicht vergewaltigt worden und blieben unter Deutschen. Auf dem Schwarzen Markt in Bochum oder Dortmund wurde im Gegensatz zu Königsberg auch kein Menschenfleisch angeboten. Und trotzdem kriegen Sie gesagt, in Ostpreußen kann's nicht so schlimm gewesen sein.

Ich bin in einem Kartenkreis und wir sind zwölf Weibsen, alle so im gleichen Alter. Wir kennen uns schon lange. Wenn da irgendwie mal was kommt, dass es da um diese Zeit geht, den Krieg und so, da komme ich nicht dazwischen. Einmal hab ich's versucht und hab erzählt, wie ich das erlebt habe, diese Jahre. Aber das ging bei den anderen rechts rein und links wieder raus. Es wird Ihnen nicht zugehört. Sie erreichen die Leute einfach nicht." (Ruth Schirrmacher)

Diese Aussagen von Zeitzeugen aus westdeutschen Bundesländern lassen annehmen, dass sich ehemalige Hungerkinder in der alten Bundesrepublik genauso erinnerungseinsam fühlen konnten wie in der DDR, wo das Thema Ostpreußen direkt ab Staatsgründung tabuisiert war. Die ritualisierten Gedenkfeiern der Vertriebenenverbände und die Sonntagsreden von Ministern gab es zwar weiterhin, aber sie erlangten zu keinem Zeitpunkt mehr die Hoheit über gesellschaftspolitische Diskurse zurück. Unter diesen Umständen hatten Erinnerungen nur eine Chance auf Gehör, wenn sie gegenwartsgeeignet „berichtigt" wurden. Dies galt besonders für erlittene sexuelle Gewalt und andere Arten von Demütigungen, die systematische Verschleppung von Zivilisten und das massenhafte Seuchen- und Hungersterben. Je geringer die gesellschaftliche Achtung und Würdigung der ihnen zugrundeliegenden historischen Vorgänge wurde, desto vorsichtiger und verdeckter hatte man solche Erfahrungen in seine Geschichte einzuflechten. Doch selbst geglättet konnten sie noch so viel Sprengkraft besitzen, dass sie sich vom Adressaten in keine vertraute Opfererzählung einordnen ließen, die gesamtgesellschaftlich akzeptiert war.[135]

Dieses Spannungsverhältnis von eigenen Erinnerungen und äußerem Erwartungsdruck reichte bis hinein in die Familien. Die Nachfahren mancher einstigen Hungerkinder empfanden die Vergangenheit ihrer Mütter und Väter als derart belastend und verstörend, dass sie kategorisch abblockten und sich jeder Überlieferung verschlossen, anstatt den Missklang zwischen elterlicher Erzählung und offiziellen Versionen auszuhalten. Dass es innerhalb der eigenen Familie nicht möglich war, seine

Erinnerungen zu erzählen, ist für die Betroffenen bis heute ein wunder Punkt.

„Mein Sohn hat mir klipp und klar gesagt, gib dir keine Mühe, du machst aus mir keinen Ostpreußen. Ich sag, na ja, ich will auch keinen Ostpreußen aus dir machen, aber zumindest, dass du weißt, wo wir herkommen und wie es war. Ich hab ihm ein paar Bücher gegeben, und die hat er wohl auch gelesen. Er ist wirklich ein netter Junge. Aber über Ostpreußen spricht er mit mir nicht." [an dieser Stelle beginnt die Zeitzeugin das einzige Mal während des knapp vierstündigen Interviews zu weinen][136]

„Ich hab verpasst, bevor ich noch konnte, dass ich hätte klein bisschen aufschreiben solln. Denn die Tochter so, wenn de bisschen was erzählst, na ja, se zuckt mit de Schultern, geht se weg, nich dies, nich das. Aber ich denke an so ein Büchlein, wenn man so bisschen was schriftlich hätte, dass se sich das nach Jahren angucken kann, wenn ich mal nicht mehr da bin, dann kann se später noch sehen, wie, was und wo so in etwa gewesen ist." (Horst Simon)

Die Erfahrung der Unerzählbarkeit persönlicher Erinnerungen sammelten viele Betroffene aber nicht nur in privaten und halb privaten Situationen. Selbst an Orten mit besonderem Schutzraumcharakter wie den Heimattreffen ostpreußischer Kreis- und Stadtgemeinschaften konnten sie sich nicht mitteilen, weil sich auch hier eigene Erinnerungen und fremde Erwartungshaltung verfehlten.

„Ich bin 55 Jahre zum Pillauer Treffen nach Eckernförde hingegangen. Das war für mich wichtig, vertraute Gesichter zu sehen, aus meiner Familie waren ja fast alle gestorben. Die Teilnehmer an diesen Treffen hatten Pillau alle früh genug verlassen.

Und jetzt wollten sie jedes Mal von mir wissen, was danach in Pillau passiert ist. Ich sag, Kinder, fragt mich nicht. Ich kann auch nicht viel sagen. Wir sind nach der Einnahme [Ende April 1945] auf der Chaussee nach Juditten [Richtung Königsberg] gegangen, ich sag, die kennt ihr, und mehr weiß ich auch nicht.

Und mehr hab ich auch nicht gesagt, das Ende hab ich nicht erzählt. Der eine wusste dies besser, der andere meinte das besser zu wissen. Und dann haben sie mir auch so blöde Fragen gestellt, zum Beispiel, was ist denn noch in Pillau stehen geblieben? Ist dies und das Haus beschädigt. Gibt's die und die Straße noch. Solche Sachen. Da war ich nicht bereit, so was zu beantworten. Wissen Sie, wie wir damals in Pillau aus der Zitadelle getrieben wurden, da sind wir über Leichenteppiche gelaufen, das waren alles gefallene Soldaten. Mein Vater mit der Kleinsten auf den Schultern, wir um ihn rum, später dann das Hungern, die Massengräber. Und hier in Eckernförde wollten sie wissen, wie viele Fensterscheiben da heile geblieben waren.

Keiner meinte das böse, natürlich nicht, die mochten mich alle. Zu so nem Treffen reisten sie aber aus ganz Westdeutschland an. Die hatten sich alle 'n Jahr nicht gesehen und wollten auch mal über etwas Schönes reden. Da konnte ich nicht erzählen, was ich erlebt hatte, selbst wenn ich gewollt hätte, das passte da nicht hin." (Leni Kosemund)

Auch in der Kirche war man nicht gefeit davor, mit seinen Erinnerungen keinen Anschluss zu finden.

„Bei uns in der Gemeinde gab's mal einen Abend zum Thema ‚Das verzeihe ich dir nicht'. Da hieß es dann schnell, wir Christen verzeihen immer. Ich sag, ihr habt aber auch nen Horizont, der geht wirklich nicht über ne Milchkanne drüber weg. Ja, hieß es dann, willst du denn was dazu sagen. Dann komm doch mal nach vorne. Ich sag, ja, da kann ich wohl was zu sagen. Und dann bin ich wirklich aufgestanden und hab mich vorne hingestellt und wusste gar nicht, was jetzt passiert, es war ja nichts abgesprochen. Erst mal wurde vor mir noch ein Mann befragt, der hatte auch irgendwas erlebt, da hab ich gar nicht mehr zugehört. Ich habe nur gedacht, Mensch, was soll ich denn gleich erzählen, wem kann ich denn wirklich nicht verzeihen, außer vielleicht Stalin und Hitler, aber die wollte ich da nun auch nicht unbedingt präsentieren.

Ich hab dann gesagt, dass ich nicht entschuldigen kann, was die Soldaten mit meiner Mutter gemacht haben und mit den anderen Müttern, die da um uns herum waren, mit den jungen, mit den alten, mit allen. So schlimm war das sicher nicht, haben einige gesagt. Da habe ich gegengehalten, ihr könnt nicht mitbieten, weil ihr das nicht erlebt habt. Ihr müsstet euch mal solch eine Situation vorstellen, in der man Kind ist und neben einem wird die eigene Mutter immer wieder vergewaltigt, nicht einmal, nicht zehnmal, sondern immer und immer wieder. Man hat diese Situationen sein ganzes Leben auf der Brust liegen oder im Kopf sitzen, man hat es eben in sich, da kann man nicht verzeihen, wenn man noch nach vielen Jahren jede Nacht wieder damit konfrontiert wird.

Dann stand der Pastor auf und meinte, ich würde mich in meinem Geschädigtsein suhlen. So, wie er den Satz sagte, konnte ich das aber überhaupt nicht annehmen. Ich hab bitter geweint, ich sag, ich will ja vergeben, ich bete ja auch um Vergebung für diese Menschen, aber ich möchte sie aus meinem Kopf haben. Und suhlen tue ich mich ganz bestimmt nicht. Ich bin da eingetunkt worden, ohne das zu wollen, und diese Tunke geht nicht von mir weg, wie kriege ich die ab, bitte hilf mir doch." (Brunhild Pentzeck)

Die hier aufgeführten Beispiele lassen erahnen, was mit den meisten Erinnerungen der Hungerüberlebenden passiert ist. Sie wurden im Laufe der Zeit schließlich auch von den Redebereiten selbst als nicht akzeptabel eingestuft und so gut es ging beiseitegeschoben. Früh den Kontakt zu Schicksalsgefährten verloren, von Sprachlosigkeit umgeben und von der sozialen Erwartungshaltung bedrängt, blieben sie mit ihren Erlebnissen völlig alleine. Im günstigsten Fall ließ sich diese Last mit Ehepartner und Kindern teilen und dadurch leichter ertragen. Im schlimmsten Fall kam zur Bürde einer bedrückenden Vergangenheit das Gefühl, die Angehörigen mit den eigenen Problemen zu belästigen und vom außerfamiliären Umfeld als Störenfried abgestempelt zu werden.

Die Betroffenen litten nicht nur unter den seelischen und körperlichen Folgen der Nachkriegsereignisse, sondern ebenso unter der späteren Gleichgültigkeit, die ihnen für ihr Schicksal aus der Mitte der Gesellschaft entgegenschlug. Diese Gleichgültigkeit war das Produkt eines gigantischen Verdrängungsprozesses, der in der DDR mit Brudervolkparolen geschmückt und in der Bonner Republik als Postnationalismus deklariert wurde. In beiden Staaten waren die Geschichten aus Deutschlands untergegangenem Osten zu Altlasten geworden, die es geräuscharm abzuwickeln galt. Dieses Ziel erforderte Schweigeopfer, welche von denen zu erbringen waren, die schon 1945 für Hitlers Krieg gegen die Sowjetunion den höchsten Preis gezahlt hatten. Im Endeffekt fühlten sich die Betroffenen entwertet und übergangen, nicht wissend und meist nur vage ahnend, dass sie das, was sie in der Vergangenheit unschuldig erlebt hatten, in der Gegenwart nicht mehr ohne „Schuld" erzählen konnten.[137]

Das ungeschriebene Gesetz überdauerte auch den Fall der Berliner Mauer und verlor, anders als man hätte annehmen können, nicht in dem Maße an Bedeutung, wie die Themen Flucht und Vertreibung in den Medien an Gewicht gewannen. Das lässt sich am Umgang mit den in Litauen vergessenen Ostpreußen erkennen, für die nun der Begriff „Wolfskinder" geläufig wurde. Einige Hundert von ihnen hatten sich nach der Unabhängigkeitserklärung der Baltenrepubliken 1991 aus der Deckung gewagt und die Interessenvereinigung „Edelweiß"[138] gegründet. Nach dem Zusammenbruch der Sowjetunion reichten sie beim Bundesverwaltungsamt in Köln Anträge auf Feststellung ihrer deutschen Staatsangehörigkeit ein. Die Bearbeitung dieser Anträge gestaltete sich trotz eines vielversprechenden Beginns langwierig und offenbarte auch auf bundesministerialer Ebene eine erstaunliche Tendenz zur historischen Amnesie.[139]

Es glich einem kompletten Filmriss: Weder das dem Bundesverwaltungsamt übergeordnete Bundesministerium des Innern noch das ebenfalls in den Vorgang involvierte Auswärtige Amt kamen auf den Gedanken, im eigenen Hause Recherchen anzustellen und die bis Anfang der 1970er-Jahre in dieser Sache gesponnenen Fäden wiederaufzunehmen. Entsprechend wurden die sich nun aus Litauen meldenden Personen in keinen Zusammenhang mit der zahlenmäßig größeren Gruppe der zuvor ausgesiedelten Ostpreußen gestellt, sondern als ein neues, bislang völlig unbekanntes Phänomen behandelt. Das Bundesministerium des Innern taxierte diesen Personenkreis deshalb abwartend. In den wenigsten Fällen beherrschten die zwischen 50 und 62 Jahre alten Frauen und Männer die deutsche Sprache, schienen auch ansonsten geringe Schnittpunkte mit dem deutschen Kulturkreis aufzuweisen, führten Namen und Geburtsorte, die keine Rückschlüsse auf ihre Abstammung zuließen und konnten sich zum Teil nur bruchstückhaft an ihre Kindheit und früheren Familienverhältnisse erinnern.

Dementsprechend schwierig war die Ausgangsposition. Auf der einen Seite das staatliche Verwaltungsverfahren, das auf die Nachweisbarkeit aller geltend gemachten Angaben durch Urkunden fixiert war. Zeugenaussagen spielten in diesem Bereich schon deshalb eine eher untergeordnete Rolle, weil die Begrifflichkeiten des Staatsangehörigkeitsrechts keineswegs immer mit den umgangssprachlichen Bedeutungen übereinstimmten. Erschwerend kam die Befürchtung des Bundesinnenministeriums hinzu, angesichts mehrerer Hunderttausend Anträge von Spätaussiedlern aus der ehemaligen Sowjetunion falschen Darstellungen der Sachlage aufzusitzen und damit präjudizielle Entscheidungen zu treffen, die auch Betrüger zur Antragstellung hätten nutzen können.

Auf der anderen Seite gab es die ostpreußischen Frauen und Männer, die sich im Zuge der litauischen Unabhängigkeit plötzlich aufbrechenden Fragen nach ihrer Identität ausgesetzt sahen und sich eine offizielle Würdigung ihres Schicksals wünschten. Sie konnten jedoch weder deutsche Geburtsurkunden oder Staatsangehörigkeitsausweise vorlegen, noch waren sie mit den Gegebenheiten von rechtsstaatlichen und verwaltungsmäßigen Abläufen vertraut. Unter diesen Voraussetzungen schien es voraussehbar, dass die auf staatliche Fürsorge, Beratung und Mitgefühl hoffenden Antragsteller auf ein ihnen unverständliches und sie mitunter auch verletzendes Klima des Zweifels und der Überprüfung stießen.

1992 hatte allerdings der Bundestagsabgeordnete und Vorsitzende der Deutsch-Baltischen Parlamentariergruppe, Wolfgang Freiherr von Stetten, erstmals diese Gruppe getroffen. Die Schicksale, die er nun erfuhr, berührten ihn so sehr, dass diese Begegnung zum Ausgangspunkt seines langjährigen Einsatzes für die Edelweiß-Mitglieder wurde. Zusammen mit der Aussiedlerbeauftragten der CDU/CSU-Bundestagsfraktion, Gertrud Dempwolf, erwirkte er, dass im Mai 1993 zwei Mitarbeiterinnen des Bundesverwaltungsamts in der deutschen Botschaft in Wilna insgesamt 129 Antragsteller zu Einzelgesprächen empfingen. Zweck dieser Reise war eine Sondierung, mit welchen Dokumenten für die Feststellungsverfahren gerechnet werden konnte. Ein Vorhaben, dessen Umsetzung aufgrund der mangelhaften Deutsch- und Schreibkenntnisse vieler Betroffener auf andere Weise auch kaum möglich gewesen wäre.

Die damals federführende Beamtin wurde von der emotionalen Wucht der Begegnungen völlig überrascht.

„Ich war nicht darauf vorbereitet gewesen, dass es so intensiv werden würde. Den historischen Sachverhalt kannte ich bis dahin quasi nur aus der Satzung des Vereins. Ich sollte nun vor Ort Sprachkenntnisse und Unterlagen überprüfen und schauen, ob es überhaupt Sinn ergibt, die Leute in ein Verwaltungsverfahren hineinzutreiben.

Die meisten Antragsteller sahen ärmlich aus. Sie waren aus ganz Litauen angereist, viele waren aufgeregt. Sie brachten mir kleine Geschenke mit und bedankten sich tausendmal, dass man sich um sie kümmert und sie überhaupt wahrnimmt. Das fand ich beeindruckend, aber irgendwie auch erschreckend. Einige wenige hatten vorher schon Energie entwickelt und selbstständig versucht, Unterlagen zu besorgen. Insgesamt war die Zielstrebigkeit aber nicht so ausgeprägt.

Alle Gespräche wurden gedolmetscht. Nur zwei Personen sprachen Deutsch, mit starkem ostpreußischem Dialekt. Ich kann mich erinnern, dass sich die eine Frau ihre Muttersprache erhalten hatte, weil sie bei der Küchenarbeit immer mit sich selbst sprach. Ich habe die Leute anfangs frei erzählen lassen. In einigen Fällen hat sich das dadurch begrenzt, dass Erinnerungen fehlten oder zu viele Emotionen aufbrachen und es einfach nicht mehr weiterging. Anschließend habe ich gefragt, gibt's Verwandte, Dokumente und so weiter. Abends saß ich bis Mitternacht im Hotel und habe alles übertragen.

In diesen zwei Wochen waren es über 120 Personen. Ihre Geschichten ähnelten sich stark. Es ging immer um dieses Essenholen. Entweder war die Mutter vorausgegangen und kam nicht zurück, oder die Kinder sind losgezogen, um Nahrungsmittel zu besorgen, und haben die Mutter dann nicht wiedergefunden. Der Nahrungsmittelmangel war der zentrale Punkt. Darüber sind die Familien auseinandergedriftet. Irgendwann hab ich zum Dolmetscher gesagt, es tut mir leid, das war jetzt die zehnte verhungerte Mutter in Folge, ich brauch jetzt eine Pause. Jeder, der auch nur ein bisschen Empathie empfindet, wird das verstehen. Das ging an die Nerven.

Es sind viele Tränen geflossen in meinem Büro. Aber ich hatte den Eindruck, dass es für die Antragsteller ein Befreiungsschlag war, einer deutschen Beamtin zu erzählen, ja, ich bin auch Deutscher. Es gab keinen einzigen Moment, in dem ich das Gefühl hatte, jemand sagt die Unwahrheit und versucht zu betrügen. Das Wichtigste schien mir für die meisten die Suche nach den eigenen Wurzeln zu sein, besonders bei denen, die von ihren Angehörigen getrennt worden waren, ohne zu wissen, was mit diesen dann passiert war. Nach dem Erzählen wirkten viele wie erschlagen, gerade die jüngeren Jahrgänge. Die haben dagesessen und gehofft, gleich kommt irgendjemand in den Raum und holt sie endlich ab." [140]

Mit dieser „Bestandsaufnahme" erbrachte das Bundesverwaltungsamt eine besondere Serviceleistung. Sie erklärte sich vor dem Hintergrund, dass neben dem dortigen Referat für Staatsangehörigkeitsfeststellung auch die deutsche Botschaft in Wilna und einzelne Politiker wie von Stetten und Dempwolf frühzeitig erkannt hatten, dass in diesen besonders gelagerten Fällen eine besondere Unterstützung notwendig und geboten war. Spätestens nach dem Vorsprechen der Antragsteller im Mai 1993 war allerdings auch klar, dass sich ihre deutsche Herkunft weder auf dem Papier noch durch eine beibehaltene Pflege der deutschen Kultur und Sprache nachweisen ließ. Gleichzeitig bestanden nicht die geringsten Zweifel an ihrer Glaubwürdigkeit.

Hier ansetzend und sich auf einen nicht durch die Antragsteller zu vertretenden Beweisnotstand berufend, hätten die Anträge auf Feststellung der deutschen Staatsbürgerschaft rasch zu einem positiven Abschluss gebracht werden können. Die endgültige Entscheidung über die Auslegung der Glaubhaftmachung ihrer Abstammung oblag allerdings dem Bundesministerium des Innern. Dort hätte man sich jetzt klar positionieren und zur historischen Verantwortung für das Schicksal dieser gebürtigen Reichsdeutschen bekennen müssen.

Doch stattdessen übte sich das Ministerium in Kleinmut. Auf einer Besprechung der Staatsangehörigkeitsreferenten des Bundes und der Länder im Juni 1993 wurde sich in den Edelweiß-Fällen gegen die generelle Erleichterung der Nachweisführung und für die Anwendung der allgemeinen Grundsätze bei der Feststellung der deutschen Staatsangehörigkeit ausgesprochen.[141]

Für die Betroffenen begannen damit nervenaufreibende Jahre voller Unverständnis und Frustration. Ohne Erfolgsaussichten mussten sie sich nun in die Tretmühle der bürokratischen Verfahrensprozesse begeben. Keine Partei und keine Menschenrechtsorganisation fand sich während dieser Zeit, um ihr Anliegen zu unterstützen. Einzig Wolfgang von Stetten bemühte sich, die weiteren Verfahrensabläufe in Rundschreiben an die Antragsteller verständlich zu formulieren und in ihrem Sinne weiterhin Verwaltung und politische Entscheidungsträger zu sensibilisieren.

Im September 1995 beschloss das Bundesinnenministerium schließlich, die erfolglos laufenden Verfahren in Anträge auf vorsorgliche Einbürgerung „umzudeuten". Vorsorglich deshalb, weil eben auch nicht abschließend geklärt worden war, ob die Antragsteller die deutsche Staatsangehörigkeit nicht doch von Geburt an besaßen. Mit diesem Schachzug sollte nicht nur die anhaltende Beweisnot umgangen werden, sondern auch die ungeklärt gebliebene Frage, ob ein Verlust – bei unterstelltem Erwerb – der früheren deutschen Staatsangehörigkeit durch späteren Antragserwerb der sowjetischen oder litauischen Staatsangehörigkeit eingetreten sei.

Ein Ermessensspielraum, den man in den Rückführungsfällen aus der Sowjetunion bis Anfang der 1970er-Jahre völlig selbstverständlich genutzt hatte, in den Feststellungsverfahren seit 1992 jedoch nicht mehr zu erkennen meinte, ergab sich durch das nun gewählte Einbürgerungsverfahren auf der Rechtsgrundlage des Paragraph 13 des Reichs- und Staatsangehörigkeitsgesetzes von selbst. Die im Erlass des Bundesinnenministeriums formulierten Ermessenskriterien der staatsbürgerlichen und kulturellen Voraussetzungen sollten „an dem schweren persönlichen Schicksal"[142] der Antragsteller ausgerichtet werden, was in der Praxis die Dauer eines positiv beschiedenen Einbürgerungsantrags um bis zu einem weiteren Jahr verlängerte.

Der hier erkennbare Wille, die Verfahren im Sinne der Antragsteller pragmatisch zum Abschluss zu bringen, konnte den unterdessen in Litauen immer angespannter wartenden Frauen und Männern freilich nur bedingt gerecht werden. Rund 85 Prozent der Betroffenen stimmten auf Anraten Wolfgang von Stettens und der deutschen Botschaft schließlich einer „Umdeutung" ihres Verfahrens zu, zeigten sich jedoch über diesen Kompromiss tief enttäuscht, weil sie der Auffassung waren, ihre deutsche Staatsbürgerschaft nie aufgegeben zu haben.

In was für unterschiedlichen Welten ihr Gerechtigkeitsempfinden und das rechtsstaatliche Verständnis der Bundesrepublik die gesamte Verfahrensdauer über nebeneinanderher liefen, wurde im ersten Halbjahr 1996 besonders deutlich. Eine Bewilligung der Einbürgerungsanträge war zu diesem Zeitpunkt beschlossene Sache. Und dennoch herrschte gerade in jenen Monaten unter den Antragstellern eine um sich greifende Stimmung der Verzweiflung. Vor allem verbitterte sie, dass sie die deutsche Staatsangehörigkeit nicht „rückerstattet" bekamen, sondern sie gewissermaßen durch die Hintertür ein zweites Mal erwerben mussten. Außerdem empfanden sie, nachdem sie jahrelang ihre Beweisnot geltend gemacht hatten, neuerliche Nachfragen und formalbürokratische Feststellungen im Rahmen der jetzt betriebenen Einbürgerungsverfahren als Brüskierung.

Davon zeugen zahlreiche Schreiben an die deutsche Botschaft in Wilna.

„Ihren Brief erhielt ich am 10. Februar 1996. Er brachte mich in großer und schmerzhafter Verlegenheit. [...] Am schlimmsten ist es für mich Vorwürfe zu hören, dass ich mit dem Erhalt eines Passes [...] während der russischen Besatzung auf die deutsche Staatsangehörigkeit freiwillig verzichtet hatte. In der damaligen UdSSR könnte man ohne sowjetischen Pass weder wohnen noch arbeiten. [...] Unsere Vergangenheit scheint den Leuten, die fähig sind ein kleines Teil von unserem Verlorenen an uns zurückzugeben, unvorstellbar." [143]

„Ich mus mich endschuldingen. Fleicht ist es sehr frech von mir, aber wen bekomme ich nur fragen dan finde ich mich immer sehr begleidigt [gemeint ist beleidigt]. Ich bin doch Deutscher geboren mein Eltern, Großeltern und alle Geschwistern sind Deutscher." [144]

„[...] die Frage ob man die demokratische Grundordnung in Deutschland achten will, klingt etwas komisch für ein Mensch der Lebenslang über seine Heimat träumte." [145]

Auf besonderen Groll stieß bei einem Teil der Betroffenen außerdem, dass die deutsche Botschaft in Wilna zu jedem Einbürgerungsantrag eine Stellungnahme zum Kenntnisstand der deutschen Sprache abzufassen hatte. Viele hatten sich inzwischen zwar wieder ein bisschen in die Muttersprache zurückgekämpft. Doch alleine das Wissen um diese Vorgabe traf sie nun bis ins Mark, führte sie ihnen doch auf besonders schmerzliche Weise die ganze Tragik ihres Schicksals vor Augen. Während das Bundesverwaltungsamt hinsichtlich ihrer Sprachkenntnisse von der Botschaft nicht mehr als eine Äußerung erwartete, um den vom

Bundesinnenministerium formulierten Ermessenskriterien formal Genüge zu tun, wurden diese Kriterien für die Kinder der Antragsteller tatsächlich restriktiver ausgelegt. Damit sollte verhindert werden, dass ganze Familien ohne deutsche Sprachkenntnisse in die Bundesrepublik übersiedelten.

In einem direkt an das Bundesverwaltungsamt gerichteten Schreiben aus dem Juni 1996 findet sich die von vielen empfundene Entrüstung angesichts der heraufgesetzten Anforderungen für ihre noch stärker assimilierten Söhne und Töchter wieder: „Es kann doch unmöglich sein, dass eine Deutsche ihr Kind nicht als Deutsche anerkennen kann."[146] Im Gefühl, weiterhin von Grund auf unverstanden zu sein, setzten sie in ihrer kollektiven Fassungslosigkeit im Mai 1996 ein gemeinsames Schreiben an Bundeskanzler Helmut Kohl auf, welches als Duplikat auch an den Bundespräsidenten Roman Herzog, Wolfgang von Stetten und den Parlamentarischen Staatssekretär beim Bundesminister des Innern, Horst Waffenschmidt, ging.

„Wir, Edelweißer-Wolfskinder aus Litauen, sind noch einmal gezwungen, uns an Sie mit einem Hilfsruf zu wenden.
Zuerst möchten wir uns bei Herrn Dr. Wolfgang von Stetten herzlich bedanken: für die große Mühe, die er sich gegeben hat, um uns zu helfen, aus der schwierigen Lage rauszukommen, in der wir durch den verlorenen Krieg sind. Und auch für die Liebe, die er uns bei jeder direkten Begegnung widmet. Aber wir verstehen, dass er auch nichts mehr für uns machen kann.
[…] Die Heimreise ist in unseren Herzen ein tief versteckter Traum geblieben. 1991 ist ein Hoffnungsstern uns aufgegangen. Wir dachten, dass wir endlich problemlos nach Deutschland zurückkönnen. Viele haben einen Antrag ausgefüllt, um die deutsche Staatsangehörigkeit zu besitzen. Manche haben das schon vor 4 Jahren gemacht. Dann ist die Wartezeit eingetreten. Von uns wurden Papiere und noch Papiere verlangt, sogar von Groß-

eltern. Gnädige Herren, woher, sagen Sie bitte, woher können wir die Papiere haben? Durch den Krieg ist vieles verlorengegangen: unsere Eltern, unsere Geschwister, unser Zuhause. Wir haben die Heimat und auch die Papiere verloren.

Manche unsere Mitglieder haben es geschafft. Sie haben die deutsche Pässe erhalten, aber nur wenige. Es ist aufgefallen dass die deutsche Staatsangehörigkeit diejenigen bekommen haben, die in der Nachkriegszeit in Deutschland ihre Eltern gefunden haben. Daraus entsteht eine Frage: sind wir schuldig, dass unsere Väter und Brüder im Krieg gefallen sind, dass Mütter und Schwestern abgequält wurden, dass wir keine Möglichkeit unsere Angehörigen noch einmal sehen zu können gehabt haben. Jetzt werden wir bestraft, dass unser Schicksal schlimmer war und dass wir mutterseelenallein sind.

1992 wurden litauische Pässe ausgeliefert. In einer Versammlung der Wolfskinder haben wir gefragt, was wir unternehmen sollten. Man hat uns eindeutig gesagt, dass wir litauische Staatsangehörigkeit annehmen müssen, das wird die weitere auf deutsche Staatsangehörigkeit bezogene Bearbeitung nicht beeinflussen. Jetzt hat man uns gesagt, dass wir wiedereingebürgert werden, wobei wir die Prüfung der deutschen Sprache bestehen müssen. Aber wie ist das vorzustellen, weil die Mehrzahl von uns Analphabeten sind. Wir mussten arbeiten und Brot verdienen, nicht lernen. Wir alle sind denselben Leidensweg gegangen, wir alle sind von demselben Schicksal betroffen, man darf keinem von uns die deutsche Staatsangehörigkeit und die Heimreise ablehnen.

[...] Die Narben, die durch den Krieg in unseren Seelen geblieben sind, bluten wieder bei jeder neuen moralischen Verletzung. [...] Keiner erklärt uns, warum wir die Abgestoßenen sind. [...] Für uns Wolfskinder ist Deutschland verriegelt. [...] Wir bitten Sie herzlichst den richtigen Ausweg herauszufinden, um jedem von uns Hilfe zu leisten."[147]

Dieser von über siebzig Vereinsmitgliedern unterzeichnete Brief beeinflusste das nun ohnehin an Tempo aufnehmende Verfahren höchstens noch in Nuancen. Er lässt jedoch erahnen, dass die Antragsteller die bürokratischen Prozesse bis zum Moment der Aushändigung ihrer Einbürgerungsurkunden nicht verstanden und sich entgegen aller Beteuerungen nie vom Gefühl befreien konnten, doch hingehalten zu werden. Über hundert Edelweiß-Mitglieder wurden bis Ende 1997 schließlich in den deutschen Staatsverband eingebürgert. Neben ihnen gab es eine kleinere Gruppe, die zuvor bereits über das Aussiedleraufnahmeverfahren[148] ins Ziel gekommen war, und eine weitere Gruppe, die ihren Antrag angesichts des zähen und frustrierenden Ringens der anderen zurückgezogen oder erst gar keinen eigenen gestellt hatte. Im Bewusstsein, alle dasselbe Schicksal erlitten zu haben, spürten die Betroffenen eine tiefe Ungerechtigkeit, die doch formaljuristisch nicht existierte. Für die Feststellungsverfahren hätte es in ihren Fällen einen Ermessensspielraum der Exekutive gegeben, der nicht vollumfänglich begünstigend ausgelegt wurde, weil der politische Rückenwind fehlte und die in Litauen vergessenen Ostpreußen keine wirkliche Lobby besaßen.

Wer letzten Endes einen deutschen Pass in Händen hielt, sah seine Identitätsberichtigung offiziell als bestätigt. Vielen reichte die Gewissheit, ab nun jederzeit ausreisen zu können, wenn sie denn wollten. Rund achtzig Personen wagten tatsächlich den Schritt und siedelten im sechsten oder siebten Lebensjahrzehnt mit ihren Ehepartnern in die Bundesrepublik über. Dort merkten sie allerdings schnell, auch weiterhin um Anerkennung kämpfen zu müssen. Denn ihr neues Umfeld konnte Begriffe wie Ostpreußen oder Königsberg nicht mehr einordnen und rechnete sie häufig den russlanddeutschen Spätaussiedlern zu. Während jene aber aufgrund ihres Deportationsschicksals eine pauschale Eingliederungshilfe gemäß dem Bundesvertriebenengesetz erhielten, wurde ihnen diese von den Landesbehörden mit

Verweis auf einen fehlenden „erlittenen Gewahrsam" verwehrt.

In den 1950er-Jahren hatten sich westdeutsche Behörden und Gerichte im Rahmen der damaligen Überprüfung der Heimkehrereigenschaft von Zivilisten aus dem Königsberger Gebiet im Detail mit der Frage beschäftigt, inwiefern bei diesem Personenkreis sogar generell von einem erlittenen Gewahrsam und/oder einer Verschleppung auszugehen sei.[149] Vierzig Jahre später wurde der Zeitraum von 1945 bis 1947 einfach ausgeblendet und bloß die Bettelzeit in Litauen in den Fokus genommen.

Dies wird aus einem Schreiben des baden-württembergischen Innenministeriums an Christel Fischer deutlich, die sich aufgrund der ihr verwehrten Eingliederungshilfe an den damaligen Bundesinnenminister Manfred Kanther gewandt hatte und zuständigkeitshalber aus Stuttgart Antwort erhielt.

„Aus Ihrem Schreiben spricht Unverständnis und Enttäuschung, was aufgrund des Schicksals, das Sie insbesondere als Kind und Jugendliche erleiden mussten, mehr als verständlich ist.

Leider reicht ein besonders schweres Nachkriegsschicksal in der ehemaligen UdSSR nicht aus, um daraus einen Anspruch auf eine pauschale Eingliederungshilfe nach § 9 Abs. 2 Bundesvertriebenengesetz (BVFG) abzuleiten. Hinzukommen muss ein erlittener Gewahrsam. Ein solcher Gewahrsam wird bei Spätaussiedlerinnen und Spätaussiedlern angenommen, die das kollektive Schicksal der Deutschen aus Russland geteilt haben. Fehlt es daran, muss ein zu Unrecht erfolgter Gewahrsam nachgewiesen werden.

Sie haben als ‚Wolfskind' nicht das typische Schicksal der Deutschen aus Russland geteilt. Im Gegenteil, Sie mussten, um überleben zu können, Ihre deutsche Abstammung verleugnen. Sie teilten das Schicksal von Kriegswaisen in Litauen, und zwar unabhängig von der Zugehörigkeit zu einer bestimmten Nationalität. Sie haben daher keinen Gewahrsam im Sinne des § 9 Abs. 2 BVFG erlitten. Dies ist die geltende Rechtslage."[150]

Die Frage, unter welchen Bedingungen Christel vor ihrem Abwandern nach Litauen auf einer Sowchose im Königsberger Gebiet gelebt hatte und wie darüber hinaus das „Arbeitsverhältnis" ihrer dort festgehaltenen und nach wenigen Monaten verstorbenen Mutter zu bewerten sei, stellte sich für das Innenministerium in Stuttgart offensichtlich ebenso wenig wie die Überlegung, ob Christel aufgrund ihrer deutschen Herkunft in der Sowjetunion nicht etwa doch spezifische Nachteile in Kauf nehmen hatte müssen.

Auch die anderen Edelweiß-Mitglieder, die zwischen 1996 und 2000 in die Bundesrepublik übersiedelten, deuten im Rückblick die den Russlanddeutschen gewährte Eingliederungshilfe als Entschädigungszahlung für erlittenes Leid, die ihnen als „richtigen deutschen Kindern"[151] vorenthalten worden sei. Zentraler Punkt ihrer Sichtweise ist die von ihnen mit dieser Zahlung gleichgesetzte offizielle Würdigung des russlanddeutschen Kollektivschicksals. Als besonders schmerzlich empfinden sie hierbei, dass sie im Königsberger Gebiet häufig gleich mehrere Familienmitglieder verloren haben und vereinsamt unter falscher Identität leben mussten, während das honorierte Deportationsschicksal der Russlanddeutschen in gewisser Weise sogar identitätsfestigend war und in der Gruppe gemeinsam getragen werden konnte.

Ausbremsendes Element bei ihrer Suche nach Identität und Anerkennung war letzten Endes also nicht die Verwaltung, sondern die mangelnde politische Unterstützung. Wesentliche Entscheidungsträger fürchteten, sich mit einem Engagement für ein Thema, welches das frühere Ostpreußen betraf, angreifbar zu machen und hielten sich deshalb bedeckt. Bundeskanzler Helmut Kohl, die Bundesinnenminister Rudolf Seiters und Manfred Kanther, deren Parlamentarische Staatssekretäre sowie verschiedene Innenminister der Länder, ihnen allen gegenüber war auf die Ausnahmesituation der in Litauen vergessenen Hungerkinder hingewiesen worden. Und sie alle reagierten, obwohl sie wussten, dass es sich um einen zahlenmäßig kleinen Kreis gebürtiger Deutscher und vom Schicksal besonders hart getroffener Menschen handelte, mit Verweisen auf allgemeine Bestimmungen oder mit einem kommentarlosen Weiterreichen der Angelegenheit an nachgeordnete Stellen.

Politische Rückendeckung wäre unerlässlich gewesen, um in den 1990er-Jahren eine ähnliche Willkommenskultur zu schaffen, wie sie den in der Hochphase des Kalten Krieges aus der Sowjetunion ausreisenden Ostpreußen bereitet worden war. Jenen hatte man goldene Brücken in den Westen gebaut und bei derselben Beweisnot ihrer Herkunft umstandslos einen deutschen Pass und das Heimkehrergeld ausgehändigt. Doch zwischen der Kanzlerschaft von Willy Brandt und dem Mauerfall waren die Schicksale dieser Menschen in der bundesdeutschen Öffentlichkeit zu Fremdkörpern geworden.

Als sich die letzten Übriggebliebenen aus dem unabhängigen Litauen meldeten, verstand man es nicht mehr, sie in ihrer Hilfsbedürftigkeit aufzufangen. Die kultivierte Sprachlosigkeit um das versunkene Ostpreußen trug Früchte. Historisches Wissen war verschüttet, gesellschaftliche Anteilnahme Fehlanzeige. Nur noch Einzelpersonen mit einem besonderen Zugang zum Thema brachten die Kraft auf, sich dem entgegenzustellen. Am Anfang dieser Entwicklung hatte etwas Unausgesprochenes gestanden, das inzwischen zur allgemeinen Gepflogenheit geworden war: sozial nicht akzeptierte Erinnerungen ans ostpreußische Hungern und Massensterben. Abwehr und Verdrängung hatten schließlich viele Menschen mitleidlos werden lassen.

Die Macht der Medien

Die einstigen Hungerkinder hätten zu Lebzeiten kein Gehör mehr gefunden, wären ihre Geschichten nicht von Presse und Fernsehen wiederentdeckt worden. Im völligen Gegensatz zur allgemeinen Entwicklung der Thematik strahlte das Zweite Deutsche Fernsehen im März 1991 eine 120-minütige Dokumentation aus. Auf den Monat genau 44 Jahre nach dem Beginn des großen Exodus der Ostpreußen in Richtung Litauen ließ der Regisseur Eberhard Fechner eine betroffene Familie von ihrem Schicksal erzählen, das sie nach vielen Strapazen im Jahre 1951 schließlich nach Hamburg geführt hatte.

Dass der Film *Wolfskinder*[152] am Karfreitag zur besten Sendezeit um Viertel nach acht lief, lag zum einen an dem Stellenwert, den das kleine Litauen in jenen Monaten als Gegenstand der Weltpolitik erlangt hatte. Gemeinsam mit Lettland und Estland rang es um seine staatliche Unabhängigkeit von der Sowjetunion. Jeder Beitrag, der das in der Bundesrepublik fast vergessene Land in ein gutes Licht rückte, kam den Programmdirektoren der öffentlich-rechtlichen Rundfunkanstalten gelegen. Zum anderen genoss Fechner als renommierter Dokumentarfilmer aufgrund seines dreiteiligen Werkes über den Düsseldorfer Majdanek-Prozess[153] sowie zahlreicher Film- und Fernsehproduktionen, die mit Preisen ausgezeichnet wurden, die Freiheit, einen Stoff zu wählen, der sich historisch offensichtlich kaum verorten ließ. Dies wird aus der Reaktion des *Spiegel* deutlich, der das nachgezeichnete Geschehen nur vage als „Fluchtgeschichte aus Ostpreußen"[154] umschrieb und seine Aufmerksamkeit im Übrigen auf die angewendete Schnitttechnik und das filmografische Lebenswerk des Regisseurs richtete.

So zufällig, wie Fechner durch einen Artikel im *Hamburger Abendblatt* auf die Zeitzeugen aufmerksam geworden war, so direkt ließ sich die mediale Entdeckung des Themas an seine über alle revisionistischen Verdächtigungen erhabene Person binden. Rückblickend erscheint es deshalb schlüssig, dass sich der Titel seiner Dokumentation zum maßgeblichen Begriff entwickelte, wo auch immer sich in den folgenden Jahren nun der einst nach Litauen ausgewichenen deutschen Bettelkinder angenommen werden sollte.

Als Erstes tauchte der Wolfskinder-Ausdruck in den Heimat- und Bürgerbriefen der nordostpreußischen Stadt- und Kreisgemeinschaften wieder auf. Über diese Organe wurde zu Beginn der 1990er-Jahre für die Mitglieder des Edelweiß-Vereins fieberhaft nach herkunftsbezeugenden Dokumenten und noch lebenden Angehörigen gesucht. Den Schriftleitern dieser Zeitungen schienen die tragischen Schicksale nicht völlig fremd, waren in den Ausgaben weit vor dem Mauerfall doch immer wieder schon die Hungerfahrten der deutschen Zivilbevölkerung nach Litauen thematisiert worden.[155]

Die Entwicklung, die der Begriff in diesem Zusammenhang durchlief, lässt sich beispielhaft an den *Gerdauener Heimatbriefen*[156] ablesen. Noch in der Weihnachtsausgabe 1988 hatte die Redaktion über die Geschichte einer in der Litauischen Sowjetrepublik lebenden und auf dem Hauptkreistreffen der Gerdauener in Rendsburg als Gast anwesenden Ostpreußin berichtet, ohne für deren Schicksal den Wolfskinder-Begriff zu verwenden. Doch schon wenige Monate nach der TV-Ausstrahlung tauchte die Wolfskinder-Bezeichnung in einem Artikel über eine nach 46 Jahren geglückte Zusammenführung von verschollenem Sohn und hochbetagtem Vater auf. In den Folgeausgaben verselbstständigte sie sich zusehends. Anfangs überwiegend noch in Anführungszeichen gesetzt, wurde auf diese bald immer öfter verzichtet. In Verknüpfung mit der Patenschaft, die die Kreisgemeinschaft inzwischen für alle aus dem früheren Kreis Gerdauen stammenden Edelweiß-Mitglieder übernommen hatte, wurde sechs Jahre später schließlich vorbehaltlos von „unseren Wolfskindern" gesprochen.

Den entscheidenden Anstoß zur übergeordneten Etablierung des von Eberhard Fechner gewählten Titels gaben jedoch drei andere Faktoren. Der Vorsitzende der Deutsch-Baltischen Parlamentariergruppe, Wolfgang Freiherr von Stetten, verwendete seit seinem ersten Kontakt mit Vertretern des Vereins Edelweiß im Jahre 1992 den Begriff in allen offiziellen Schreiben, sodass die Bezeichnung aus praktischen Gründen bald auch vom Bundesministerium des Innern, dem Bundesverwaltungsamt und der deutschen Botschaft in Wilna übernommen wurde.[157] Ebenso bestimmte die Historikerin Ruth Kibelka den Ausdruck zum zentralen Arbeitsbegriff ihrer 1994 vorgelegten Publikation *Wolfskinder* und verankerte diesen damit auch im wissenschaftlichen Bereich. Außerdem bezeichneten sich die Edelweiß-Mitglieder nun auch selbst mit diesem Begriff.

„Ich war Vorsitzende für die Sektion Memelland. Erst hießen wir nur Edelweiß, da haben die anderen mich gefragt, was das ist, ein Edelweiß. Haben wir erklärt, das ist ein Blümchen, das wächst in den Bergen, auf ganz armen Böden, alleine für sich, deshalb passt es zu uns. Aber das reichte ihnen noch nicht, haben sie gesagt, da fehlt noch was. Da haben wir überlegt und dann Wolfskinder mit reingeschrieben. Das war zwei, drei Jahre nach der Gründung, da war das Wort schon bekannt, in Deutschland. Haben sie wieder gefragt, was bedeutet Wolfskinder. Da haben wir gesagt, das passt auch, das hat auch zu tun mit der Armut, der Einsamkeit und dem Kämpfen. Ab da hießen wir Edelweiß-Wolfskinder." (Marianne Beutler)

Spätestens mit dem zweiten Beitrag des *Spiegel*[158], der sich der Thematik 1996 in engem Bezug auf Kibelkas Arbeit erneut widmete und dieses Mal die historischen Hintergründe gründlich recherchiert hatte, ließ sich erkennen, dass sich Fechners einprägsame Vokabel durchgesetzt hatte. „Wolfskind" war aufgrund seiner Griffigkeit in der Lage, das in Vergessenheit geratene Nachkriegsphänomen der nach Litauen gezogenen ostpreußischen Hungerkinder mit einem einzigen Wort zu umreißen.

Obendrein bot der Begriff Verknüpfungsmöglichkeiten mit literarischen Vorbildern wie der antiken Sage von Romulus und Remus, dem Findelkind Mogli aus dem *Dschungelbuch* von Rudyard Kipling oder dem Kaspar-Hauser-Roman von Jakob Wassermann. Dies beflügelte ganz offensichtlich die Phantasie mancher Journalisten: „Wölfen gleich, streiften sie auf der Flucht aus Ostpreußen durch Wälder, hausten im Unterholz [...]." „Die Kinder versteckten sich in den Wäldern, lebten in Höhlen [...]." „Der Hunger trieb die Kinder gleich Wölfen durch die Wälder nach Litauen, wo es angeblich Brot und Kuchen im Überfluss gab." Diese kurzen Ausschnitte aus Artikeln im *Focus*, in der *Süddeutschen Zeitung* und der *Welt*[159] offenbarten zwei wesentliche Merkmale einer sich ausbildenden festen Erzählung, die von Presse und Publizistik maßgeblich geprägt wurde. Die Motive „Wald" und „Wolf" legten Überlebensweisen nahe, die der tatsächlichen Erfahrungswelt der Betroffenen allerdings nicht entsprachen. Deren Erlebnisse wurden zur Gruppenerfahrung jenseits der Zivilisation umgeschrieben, obgleich die Formel für ein Überleben in der Nachkriegszeit gerade nicht in einem Waldversteck unter Wölfen, sondern in der Anpassung an einen anderen Kulturkreis und der Loslösung von Schicksalsgefährten gelegen hatte.

Außerdem versuchten viele Journalisten, die Ursachen der Mutterlosigkeit schablonenhaft mit dem Fluchtgeschehen aus Ostpreußen zu erklären. So meinte *Die Welt* im Jahre 2012 etwa von 20 000 Wolfskindern zu wissen, die in den Kriegswirren und auf der Flucht vor der Roten Armee von ihren Familien getrennt worden seien. Unterstrichen wurde diese Feststellung mit dem Foto eines Mädchens aus einem Flüchtlingstreck. Der *Weser Kurier* berichtete nach einer Lesung in Bremen, dass die ostpreußischen Kinder auf der Flucht vor der Roten Armee gegen Ende des Zweiten Weltkriegs ihre Eltern verloren, sich dann zu Banden zusammengeschlossen und nach Litauen durchgeschlagen hätten. Diese Kinderbanden seien später wie Wölfe durch die Wälder geschlichen, daher käme die Bezeichnung Wolfskinder. Selbst das Zentrum gegen Vertreibungen, eine Institution, der eigentlich besondere Themennähe und Sachkenntnis unterstellt werden darf, verwendete dieses Erklärungsschema: „[…] in den Wirren zum Ende des Zweiten Weltkriegs verloren Tausende Kinder ihre Eltern und Familien. Entwurzelt und ohne jegliche Fürsorge mussten sie auf sich allein gestellt vor der heranrückenden Roten Armee fliehen."[160]

Der einengende Blick durch die „Fluchtbrille" erfolgte offensichtlich automatisch. Er unterband von vornherein den eigentlich unabdingbaren Hinweis, dass die Hungerkinder ihre Mütter und Geschwister in der Regel erst Monate oder gar Jahre nach dem Kriegsende verloren hatten. Stattdessen wurde der gesamte Zeitraum bis zum Frühjahr 1947 mit ein paar allgemeinen Sätzen zur Lebensmittelsuche und dem Nachkriegschaos überbrückt. Anschließend verlagerte sich der Blick rasch nach Litauen. Ausmaß und Auswirkungen des Hungers auf Körper, Geist und zwischenmenschliche Beziehungen blieben dadurch ebenso verdeckt wie die eigentlichen Ursachen des Massensterbens in Ostpreußen. Auch die Tatsache, dass Tausende jüngere Hungerkinder das Königsberger Gebiet gar nicht verließen und stattdessen in den sowjetischen Waisenhäusern Aufnahme fanden, blieb dabei unberücksichtigt.

Ähnlich verhielt es sich auch mit den Filmen. Die beiden meistgesehenen waren die zweite Folge des ZDF-Doku-Dreiteilers *Die Kinder der Flucht* und der in der ARD und auf Arte ausgestrahlte Kinofilm *Wolfskinder*.[161] In beiden Werken setzte die Handlung zwar mit dem Tod der Mutter im Königsberger Gebiet ein, schwenkte dann aber ebenfalls sofort nach Litauen. Das Sterben der Mutterfiguren vollzog sich deshalb in einem für den Zuschauer historisch unklaren und schicksalsgegeben erscheinenden Rahmen. Erst mit dem Abwandern der kindlichen Figuren nach Litauen gewann das Geschehen an Tiefe und Schärfe.

Dieser an die beiden Regionen gebundene Unterschied verdeutlichte, welche geschichtlichen Ereignisse mit sozialer Akzeptanz rechnen konnten und welche nicht. Ein Überlebenskampf von Kindern im entpolitisierten Raum der Natur und umrahmt von der nachbarschaftlichen Überlebenshilfe eines kleinen und in seiner eigenen Existenz bedrohten Volkes versprach, das Identifikationsbedürfnis der Zuschauer zu bedienen. Eine filmische Beschäftigung mit dem apokalyptischen Massensterben der ostpreußischen Zivilbevölkerung drohte das Publikum dagegen zu überfordern, weil es hierfür keine Ausgangspunkte gab, von denen her sich diese unbekannten Teile der Nachkriegsgeschichte sinnzusammenhängend erzählen ließen.

Dokumentierende Beiträge zur Identitätssuche von Edelweiß-Mitgliedern in den 1990er-Jahren widmeten schließlich der defensiven Haltung seitens der deutschen Behörden verstärkte Aufmerksamkeit.[162] Im Falle der langwierigen Verfahren zur Staatsangehörigkeitsfeststellung wurde dabei meistens das Bundesverwaltungsamt als verantwortlich ausgemacht, im Falle verwehrter finanzieller Unterstützung einzelne Bundesministerien sowie das Auswärtige Amt. Symptomatisch waren in diesem Zusammenhang die wiederholten Verweise auf eine unbewegliche Bürokratie und tatenlose Politiker, ohne dass dabei jemals die frühere ostpreußenfreundlichere Verwaltungspraxis aufgedeckt oder nach den eigentlichen Gründen für die nun offensichtlichen Abwehrmechanismen gefragt worden wäre.

Dementsprechend bildete sich im Laufe der Zeit eine Wolfskinder-Erzählung heraus, die sich an folgenden Merkmalen festmachen ließ: eine nebulöse Mischung aus Flucht und Hunger als Eingangstor; ein mythologisch angehauchter Überlebenskampf in Litauen als Schwerpunkt; ein sich daran anschließendes Leben unter „falscher" Identität in der Sowjetunion; eine durch die politischen Umwälzungen ab 1991 ermöglichte Auseinandersetzung mit der eigenen Herkunft als weiterer Schwerpunkt; und ein „offizielles Deutschland", das den Edelweiß-Mitgliedern zögerlich und skeptisch begegnete.

Die ausgewogeneren Darstellungen zur Hunger- und Bettelzeit fanden sich in biografischen Erinnerungsberichten, die Zeitzeugen ab den 1990er-Jahren in Buchform veröffentlichten oder den ostpreußischen Kreis- und Stadtgemeinschaften zum Abdruck in den Heimat- und Bürgerbriefen überließen.[163] Sie gewichteten die im Königsberger Gebiet gesammelten Erfahrungen deutlich stärker und bedienten sich viel seltener der Wald- und Wolf-Motive. Außerdem meldeten sich über diese Plattformen auch Waisenhausinsassen zu Wort. Paradoxerweise übergingen die Printmedien und das Fernsehen diese Art veröffentlichter Erinnerungen konsequent. Gerade sie hätten dem Diskurs jedoch etwas von seinem mythologischen Anstrich nehmen und ihn in Richtung der bereits 1948/1951 nach Deutschland zurückgekehrten Hungerkinder erweitern können.

Trotz dieser verengenden Perspektiven erschufen die Medien mit ihren Beiträgen ein Koordinatengerüst, in dem die noch lebenden Zeitzeugen für ihre eigene Vergangenheit ausreichend Anhaltspunkte fanden. Nach Fernsehsendungen und der Lektüre von Publikationen gingen deshalb viele ostpreußische Frauen und Männer in sich und überlegten fieberhaft, inwiefern sie die dargestellten Schicksale teilten und den Begriff „Wolfskind" auf sich beziehen sollten. „Wir haben das in Ostpreußen gar nicht gewusst, dass wir Wolfskinder waren." „Anfangs konnte ich damit nichts anfangen, da ich ja auch nicht in den Wäldern übernachtet habe, sondern in einer Familie aufgenommen war." „Meine Schwester hat gesagt, das waren wir doch selber. Da war mir klar, dass wir dazugehören."[164]

Da das Fernsehen und Bücher nur eine ungefähre Begriffsdefinition lieferten, konnten die Betroffenen das Geschilderte in jedem Falle als Projektionsfläche für persönliche Erlebnisse nutzen. Den mitgelieferten Wolfskinder-Ausdruck machte sich aber nur ein Teil von ihnen zu eigen, während sich andere von ihm abgrenzten. Abgesehen von den Edelweiß-Mitgliedern in Litauen teilten hierbei fast alle das Los, diese Überlegungen mangels Kontakten zu Schicksalsgefährten aus dem heimischen Fernseh- oder Lesesessel heraus vornehmen zu müssen.

„Ich habe den Begriff sofort mit dieser Wolfsgeschichte, die ich erlebt habe, in Zusammenhang gebracht. [ein Wolf stand im Winter auf dem Hof der litauischen Pflegefamilie von Gerda Moritz] Ich dachte, das hängt so zusammen. Ich identifiziere mich insofern mit dem gefühlsmäßigen Elend dieser Kinder [die Mitglieder des Vereins Edelweiß], was ich genauso empfinde, weil ich mich genauso verloren fühle aus dieser Zeit wie diese Kinder sich fühlen und wohl immer noch fühlen. Das ist die Verbindung zu Wolfskindern. Ich weiß, dass ich nicht wirklich unter dieses Prädikat falle, das weiß ich natürlich. Denn das sind ja die Kinder, die wirklich keine Eltern hatten und auch keine Eltern haben, während unsere Mutter ja wenigstens da gelebt hat, in der Zeit, wo wir da waren, das ist ja dieser Unterschied [zwischen 1947 und 1951 sah Gerda ihre Mutter mehrmals stundenweise, als sie von dieser ‚umquartiert' wurde]."

„Na, Wolfskinder. Vielleicht ist Wirklichkeit, vielleicht auch Märchen, ein Wolf hat doch mal ein Kind aufgenommen und großgezogen. Ich weiß nich, wer hat den Namen ausgedacht, aber das passt zu unserem Schicksal. Wir sind wie die kleine Wölfe ausgesetzt, damals, verstehn Se." (Christel Fischer)

„Ich konnte mir nicht vorstellen, warum Wolfskinder – aber ich nehme an, das kommt von den Kindern, die tatsächlich im Wald gelebt haben, die Kleinen, da haben ja viele. Es gab doch mal einen Film davon. Ich war ja nie in den Wäldern, ich hab mich ja nie so viel rumgetrieben, ich war ja gleich fest [gemeint ist ein fester Schlaf- und Arbeitsplatz bei einer Bauernfamilie]." (Eva Doll)

„Schlecht finde ich den Begriff nicht, weil das irjendwie, na ja, die Menschen [gemeint ist die litauische Bevölkerung] haben so einfach jelebt und Angst vor Tiere hatten se. Wir hatten auch immer Angst – und die auch." (Bruno Dettmann)

„Die rausgekommen sind 51 [die Transporte im Mai 1951 in die DDR], zu denen sage ich nicht Wolfskinder. Das sage ich zu denen, die geblieben sind, die ausgenutzt wurden, die im Wald gelebt haben. Aber die müssen auch vom Lande gewesen sein, dass sie dort geblieben sind, die müssen Bauernarbeit gekannt haben. Ich kannte keine Bauernarbeit. Ich glaube, ein Städter, selbst wenn er noch Kind ist, dann zieht es ihn in die Stadt zum Arbeiten." (Ruth Schirrmacher)

Viele kamen aber auch zu keiner eindeutigen Sichtweise.

„Ich weiß ja nicht, ob ich nun eine in dem Sinne bin. Wolfskinder. Kann ich nichts zu sagen, weil ich so was nicht erlebt habe. Wenn die berichten, dass die Kinder ja im Wald sich da irgendwo verkrochen haben und da von Wölfen bedroht wurden oder die Wölfe gesehen und gehört haben. Kann ich nichts zu sagen. Weiß ich nicht. Ich hab nicht ein Mal draußen übernachtet." (Helga Broehl)

„In dem Sinne kann ich mich nicht als Wolfskind bezeichnen. Wolfskinder sind mehr oder weniger die, die am Rand von

Litauen gelandet sind, die viel in den Wäldern und überall und die Schlimmes erlebt haben. Klar, sagen wir mal, zum Teil kann ich mich auch als Wolfskind bezeichnen, aber [kurzes Zögern] ich weiß nicht, da ich das ja nicht so schlecht getroffen hab, bin ja gleich so von Familie zu Familie aufgenommen worden." (Irmgard Schrade)

„Wolfskinder, die hat's ja auch ganz schön erwischt. Ja, also wie ich das mal geguckt habe, habe ich gedacht, das ist ja so deine Zeit. Aber ich bin mir nicht so ganz sicher, ob die das noch schwerer hatten oder wie. Also, dazu kann ich Ihnen nichts sagen. Ich weiß nicht, ob ich ein Wolfskind bin." (Kurt Ptack)

Die Frage der Selbstverortung kreiste bei den meisten Zeitzeugen um das „Problem", dass sie sich aufgrund ihrer Isolations- und Einsamkeitserfahrungen von den medial entworfenen Wolfskinder-Bildern angesprochen fühlten, gleichzeitig aber auch irritiert waren. Denn gerade das Fernsehen erzeugte bei ihnen die Vorstellung, dass ein „echtes" Wolfskind in jedem Fall Waise und jünger als sie selbst gewesen wäre und in Litauen über längere Zeit in der freien Natur geschlafen hätte, was in der Wirklichkeit nur selten zutraf. Viele gingen zu dem Begriff auch auf Distanz, weil sie keine Begegnungen mit Wölfen gehabt hatten, ihre Mütter am Leben geblieben waren oder gar fürchteten, dass Dritte den Ausdruck mit Sodomie in Verbindung brachten. Andere fanden die Bezeichnung unpassend, weil sie mit Wölfen Wehrhaftigkeit verbanden, die sie sich für die historische Situation absolut nicht zuschrieben.

„2002 war ich das erste Mal in meinem Leben auf einem Ostpreußentreffen, in Leipzig. Da kam irgendwann eine Dame an unseren Tisch geschossen und sagte zu mir, ich hab gehört, Sie sind auch ein Wolfskind. Mir passte das gar nicht, denn mit Wölfen hatte ich nichts zu tun. Ich hab mich gerade gemacht und gesagt, bin ich behaart, habe ich Reißzähne oder was.

Später hab ich mich an das Wort dran jewöhnt, störte mich nicht mehr, weiß ja, was se damit meinen, ihr habt damals so und so gelebt, ja. Aber nach wie vor sag ich jedem, Wolfskinder, das stimmt nicht. Aufgewachsen wie ein streunender Hund, immer an der Wand lang schleichen, Kopf unten, Schwanz unten und immer abwarten, wer schmeißt dir einen Knochen hin, immer auf niedriger Stufe. Aber mit Wölfen so, da könnte ich mich nie vergleichen." (Hubert Schwark)

Neben dem Bild des streunenden Hundes favorisierten Zeitzeugen auch Begriffe wie „Rucksackkind" oder „Bettelkind" oder suchten nach anderen Gleichnissen.

„Ich habe überlegt, welches Tier würde ich da noch nehmen. Ich hatte schon die Maus, Mauskind. Aber Maus ist so sehr klein und schnell, wir waren nicht so schnell. Wir hatten ja auch immer Ängste und sind dann immer ganz langsam vorgepirscht. Also Maus passt nicht, während Wolf, der pirscht sich langsam an die Sachen ran, ist aber auch immer unruhig, ist alleine. Da ist der Wolf schon passend, weil der ist dann mal wieder im Rudel und dann mal wieder alleine." (Brunhild Pentzeck)

Obgleich es vielen Frauen und Männern nach der Ausstrahlung von diesen Fernsehdokumentationen „gar nicht gut" ging und sie anschließend nachts wachlagen, schauten sie sich auch spätere Wiederholungen an. „Richtig süchtig" wurden einige auf diese Sendungen, hatten sie hier doch endlich die so lang ersehnte Rückversicherungsinstanz für ihre wortlose Vergangenheit gefunden. Manche Fragen stellten sich dabei erneut, auf die man schon Jahrzehnte vorher keine Antwort erhalten hatte.

„Ich habe mir das alles angeschaut, diese Kinder, die in der Sowjetunion geblieben sind. So ein Film ist ja, wie wenn man eine erlebte Katastrophe nacherzählt bekommt. Ich sag zu meinem Mann, damals, Adenauer, der hat 1955 die ganzen Kriegsgefangenen zurückgeholt. Warum nicht auch die deutschen Kinder, die in Litauen gelandet sind, das irritiert mich. Ich war ja auch eine von denen. Die hätte er damals doch auch schon mit zurückholen können. Das müssen die doch gewusst haben, dass da so viele deutsche Kinder in der Sowjetunion waren. Warum haben sie sich erst Jahre später um uns gekümmert. Solche Fragen haben mich jedes Mal aufgewühlt." (Irmgard Schrade)

Manchmal reichte auch eine einzige Kameraeinstellung, um lange Verdrängtes schlagartig ins Bewusstsein zu rufen.

„Im Fernsehen über Ostpreußen, es belastet, ich schlafe danach schlecht, aber ich gucke, hundertprozentig. Die Filme zu den Wolfskindern, da dachte ich, ich bin da drin. In dem einen ging es um ein Mädchen, die hat das gleiche Schicksal gehabt wie ich, die war auch im Lager [ein sibirisches Straflager für Zivilgefangene, das in der Dokumentation *Irgendwo gebettelt, irgendwo geklaut* von Ingeborg Jacobs aufgesucht wird]. Mein Gott, die ist da 30, 40 Jahre später mit dem Fernsehteam wieder hingefahren, das Lager existierte noch. Auf einmal sehe ich, dass sie da zwischen den Baracken Bretter gelegt haben, so als Trampelwege, damit du nicht im Morast versinkst. Das wurde kurz gezeigt. Bei mir liefen die Tränen. Zum ersten Mal liefen bei mir die Tränen. Menschenskind. [lange Gedankenpause]" (Peter Ehlert)

Die Fernsehsendungen waren für viele Zeitzeugen vor allem als Momente der Selbstvergewisserung wichtig. Daneben bot ihnen die öffentliche Thematisierung ihrer Schicksalswege eine

Ausstiegsmöglichkeit aus der Erinnerungseinsamkeit. Angehörige, Bekannte und Nachbarn, die auf fallengelassene Erinnerungsbruchstücke stets mit Gleichgültigkeit oder Unwillen reagiert hatten, begegneten einem nach der Ausstrahlung von solchen Beiträgen plötzlich mit Aufmerksamkeit und Einfühlungsvermögen. „Sehr gut getan" und „sehr geholfen" habe das, weil einem im Alltag nun gelegentlich geglaubt oder sogar Respekt entgegengebracht wurde.

Diese Erfahrungen waren so erhebend, dass manche Betroffene fortan versuchten, ihre eigenen Erinnerungen auf das Filmgeschehen abzustimmen, um sicherzugehen, dass einem das so lange ersehnte Verständnis der Umgebung nicht gleich wieder entzogen wurde.

„Der Wolfskinder-Film war sehr gut gemacht. Genauso wie die zwei Mädchen da sind [gemeint sind die beiden kleinen Kinder aus der Einstiegsszene von Blumenberg], also ich hab gesagt, guck, genauso haben wir das erlebt [Erwin Makies meint sich und seinen später nach Australien ausgewanderten jüngeren Bruder], als wenn die das von mir jehört hätten. Da sind zwei kleine Mädchen. Und wir haben mal Mädchen jekannt, ob's die waren, weiß ich nicht. Die beschreiben das genauso, wie wir das erlebt haben. Ich habe zu Irmgard [seine Ehefrau] gesagt, versetz dich da in zwei kleine Jungen [kurzes Innehalten, dann in nachdenklichem Tonfall weiter], genau dasselbe. Wo se auf den Hof kommen, wo se runtergejagt werden vom Hof. Wo der Hund hinter se herkommt. Wo se was zu essen kriegen, wo se nischt zu essen kriegen. Genauso hat's uns jegangen wie's den zwei Mädels da jegangen ist.

Diese Wolfskinder, für mich war das eigentlich früher [er zögert] ein Schimpfwort will ich nicht sagen, aber irjendwie doch so abwertend – Wolfskinder, wie [längeres Nachdenken], so haben wir das empfunden. Ich bin davon überzeugt, dass die das gesagt haben. Hallo, da sind wieder die Wolfskinder, die wollen wieder ein Brot haben oder irjendwas, gell. Ich kann mich da ein bissel irren, aber es hat damit zu tun."

So segensreich sich Fernsehsendungen auf die grundsätzliche soziale Akzeptanz der ostpreußischen Kinderschicksale auswirkten, so selbstverständlich formten sie auch die Geschichten nach ihren eigenen Vorstellungen um. Am stärksten trat dies dort zutage, wo persönliche Erinnerungen und künstlerischer Gestaltungswille direkt aufeinandertrafen.

„Mich hatte das Fernsehen anjefragt, für eine Dokumentation. Hier in Deutschland wurde alles abgesprochen und bisschen überlegt, wie machen wir dies und wie machen wir das. Da hatte ich der Frau [die Regisseurin] auch von meinem Bruder erzählt, den wir unterwegs sitzen gelassen haben. An der Memel, nach Pogegen, da sind noch zwei Brücken, von der Memel Nebenarme, sind da so kleine Flüsschen. Zwischen diese beide Brücken blieb mein Bruder damals sitzen.
Als wir nun mit den Filmleuten nach Litauen gefahren sind, wollte die Frau auch ne Brücke aufnehmen, aber sie wollte nicht die beiden richtigen Brücken haben. Da hätten wir ja hinfahren können, gar kein Problem, eben anhalten und aufnehmen. Aber sie suchte dann einen ganzen halben Tag, ne Brücke finden, irgend ne baufällige. Auf einmal, sie raus, ist da so 'n Damm aufgeschüttet, dahinter ne Brücke, schon dreißig Jahre nicht mehr genutzt, Rohre hängen raus. Da sollte ich mich dann hinstellen und die Geschichte von meinem Bruder erzählen, so piek klein. Hab ich gesagt, also beim besten Willen, an der Brücke kriege ich keinen Ton raus. Das konnte die Frau nicht begreifen. Hab ich gesagt, nej, ich hab ja gesagt Ihnen, dass er am Straßenrand sitzen geblieben ist. Und hier ist kein Straßenrand, hier kriegen Sie auch keine Straße mit aufs Bild, nur diesen ollen Erdhügel. Viel-

leicht ein Stück von dem Rohr, das Loch da, mehr is nicht. Da wurden wir uns nicht einig.

Wissen Se, ich bin ja kein Berufsschauspieler und das sollte ja so ne Art Dokumentarfilm werden. Da wollte ich auch, dass es wahrheitsgetreu ankommt. Hab bis heut noch Kontakt zu ein paar Leutchen in Litauen. Hab nach dem Film auch paar Anrufe jehabt und so. Was sollt ich ihnen da erklären, wenn ich im Fernsehen die Hucke vollschwindel und der andere sagt, ich war auch dort und weiß das besser als du, was hast hier jelogen. Das geht doch nich, das können sie mit mir nicht machen.

Die Fernsehleute wollten viel, dass ich da irgendwas schlechtrede. In Litauen hatte ich aber nichts Schlechtes erlebt. Vorher, in Ostpreußen, war's grauenhaft, aber in Litauen, da ging's mit uns ja langsam wieder aufwärts. Auf gut Deutsch, die wollten aufn Busch kloppen, auf die Tränendrüse drücken, und das konnte ich nicht." (Hubert Schwark)

In gewisser Weise können solche negativen Erlebnisse als Tribut einzelner Zeitzeugen an die Medien verstanden werden, ein Umstand, der im Endeffekt der Gesamtgruppe nutzte. Denn jede Sendung über Schicksale ostpreußischer Hungerkinder bot dank ihrer Reichweite deutschlandweit allen Betroffenen die Möglichkeit zur weiteren individuellen Vergangenheitsaufarbeitung. Obgleich die seit 1991 entstandenen Erzählangebote nur von wenigen Überlebenden mitgeprägt wurden, dienten sie doch nahezu allen als Projektionsfläche für eigene Nachkriegserfahrungen. Mit ihrer Hilfe ließen sich diese besser in einen sinnstiftenden Zusammenhang setzen und ins übergeordnete große Ereignisgeschehen einsortieren. Gleichzeitig trugen sie zur wachsenden gesellschaftlichen Akzeptanz der so lange unsagbaren Erinnerungen bei. Aufgrund seines hohen Wiedererkennungswerts und seines literarisch-mythologischen Fundaments besaß der Wolfskinder-Begriff wesentlichen Anteil an dieser Entwicklung. Er garantierte den Personen, die sich mit ihm identifizierten oder sich zumindest in seinen Dunstkreis begaben, die „Erzählbarkeit" ihrer Erlebnisse; ihr Opferstatus wurde dabei nicht infrage gestellt.

Dass seine Popularität unter Ostpreußens letzten Kindern jedoch nicht so unumstritten war und ist, wie man annehmen könnte, erklärt sich aus seiner einengenden Perspektive. Was die Jungen und Mädchen vor ihrem Abwandern nach Litauen bis 1947 in Ostpreußen erlebt haben, belässt er im Unklaren. Tausende Waisenhauskinder, die kleinen Geschwister der Litauenfahrer, klammert er ganz aus. Wie viele der in Litauen bettelnden Kinder und Jugendlichen später doch noch nach Deutschland zurückkehrten, vermittelt er ebenfalls nicht. Um die Geschichte aller ostpreußischen Hungerkinder zu erzählen, bedarf es deshalb bis auf Weiteres Differenzierung, Tiefenschärfe und Entmythologisierung.

Fernes nahes Land

Bis zum Zusammenbruch der Sowjetunion blieb das Königsberger Gebiet unerreichbar. Die Region war von Moskau zu einer militärischen Sondersperrzone erklärt worden und konnte deshalb auch von Deutschen, die dort geboren waren, nicht besucht werden. Informationen über den Zustand und die weitere Entwicklung Nordostpreußens waren dementsprechend rar. In der Bundesrepublik beschränkten sie sich auf wenige Berichte und Darstellungen, in der DDR nahezu ausschließlich aufs Hörensagen. Die letzten verfügbaren Foto- und Filmaufnahmen stammten aus dem Winter 1945. Was danach dort geschehen war, ließ sich allenfalls mutmaßen.

Der Fall der Berliner Mauer und die sich abzeichnende Unabhängigkeit der baltischen Länder brachten die bestehenden Verhältnisse dann ins Rutschen. 1991 öffneten sich schließlich auch die Schlagbäume des Königsberger Gebiets. Aus den Fenstern der sogleich eintreffenden Reisebusse schauten adrett gekleidete Bundesbürger, die sich auf eine ungewisse Expedition in die Vergangenheit begaben. Zuerst besuchten sie einige Sehenswürdigkeiten wie die Ruinen des Königsberger Doms oder das Grab von Immanuel Kant. Anschließend schwirrten die weißhaarigen Frauen und Männer in alle Richtungen aus. Aufgewühlt liefen sie über versteppte Wiesen, suchten im Brombeergestrüpp nach Fundamenten und Gräbern oder füllten an gottverlassenen Stellen etwas Erde in ein mitgebrachtes Fläschchen. Für begleitende Ehepartner und andere Vertraute konnte es keinen Zweifel geben: Sie waren unterwegs mit Heimwehkranken.[165]

Zehntausende Ostpreußen spürten auf diese Weise in den 1990er-Jahren nach ihren Wurzeln. Die meisten von ihnen waren 1944/45 rechtzeitig evakuiert worden oder erfolgreich geflüchtet. An die Stätten ihrer Kindheit und Jugend kehrten sie deshalb mit idyllischen Vorkriegsbildern und Erinnerungen zurück.

Dementsprechend groß war meistens die Enttäuschung. Noch vorgefundene Elternhäuser, Grundschulen und andere Gebäude befanden sich in einem traurigen Zustand. Eine Ahnung vom Ausmaß der Zerstörungen besaßen allenfalls die Überlebenden der Hungerkatastrophe. Doch selbst sie, die nach dem Krieg Zeugen von Brandschatzungen, Vandalismus und Demontage geworden waren, zeigten sich über den fortgeschrittenen Verfall geschockt.

So auch Brigitte Krause, die bis 1947 mit ihrer Mutter und Großmutter in Gerdauen gelebt und zwischendurch in Litauen gebettelt hatte.

„91 war schon ein Bekannter von uns in Gerdauen gewesen, der hat anschließend Fotos gezeigt. Man war ja ausgehungert, wir wussten überhaupt nicht, wie's aussieht, was noch steht und in welchem Zustand. 92 bin ich mit meinem Mann selbst gefahren. Die Neuendorfer Straße, wo wir gewohnt hatten, habe ich sofort wiedererkannt. Aber ich habe bitter geweint. Gerdauen war eine sterbende Stadt, und es stank. Wir sind am See langgegangen, da war ein großes Abflussrohr offen und die ganze Kloake lief da rein. Gerdauen war im Ersten Weltkrieg zerstört und dann wirklich sehr schön wiederaufgebaut worden. Es war eine junge Stadt gewesen, mit einer modernen Kläranlage und Kanalisation, und im Zweiten Weltkrieg war die Stadt heile geblieben. Aber jetzt wurde die ganze Brühe in den See geleitet. Ich konnte das nicht verstehen. Auch die Häuser waren marode. Neu gebaut worden war nur an ein, zwei Stellen, und ausgerechnet auf unserem Friedhof. Ich hab mich so darüber aufgeregt. Als wir wieder zu Hause in Ibbenbüren waren, sah ich schlimm aus, die ganze Lippe kaputt, richtig fertig. Ich sag, da will ich nie wieder hin, nie wieder.

Aber mich hat's doch noch weiter beschäftigt. Ich hab dann hier bei uns acht Kurse belegt, Russisch, weil ich die Leute dort verstehen wollte. Die Kurse wurden leider irgendwann zu schwer, es waren Studenten dabei, die kriegten nachher 'n Diplom oder was dafür, da ging's dann nicht mehr weiter für mich. Aber ich habe Klamotten gesammelt, für das Kinderheim und das Altersheim in Gerdauen. Da haben mir die Leute hier gesagt, wie kannst du dich da schleppen für die Russen, die uns alles genommen haben. Ich sag, das sind doch nicht diese. Das war doch damals Krieg. Das ist doch ganz was anderes. Und selbst damals gab's nette Russen. Wie ich bei meinen Touren nach Litauen einmal fast unter den Zug gefallen bin, hat mich ne Russenfrau in den Arm genommen und geweint, malinka dotschka, malinka dotschka, kleine Tochter heißt das.

Im Ganzen bin ich noch neunmal nach Ostpreußen hin, weil ich so heimatverbunden war. Mein Mann sagt, kein Problem, du kannst fahren, aber lass mich in Ruhe. Er hat mich mit dem Auto jedes Mal zu den Anschlussstellen gebracht, nach Bielefeld, wo die Busse anhielten und ich zusteigen konnte. Aus unserem Hauseingang in Gerdauen gab's noch zwei andere Frauen, wo die Ehemänner auch nicht wieder mitwollten, Ruth und Hilde. Mit denen war ich dann unterwegs. Mit den Russen, die heute in unserem Haus leben, haben wir uns richtig angefreundet. In unserer Wohnung habe ich sogar zweimal meinen Geburtstag gefeiert.

Ein junger Mann, den wir da kennengelernt haben, der hat uns in seine Küche eingeladen und für uns gekocht, gebratene Hähnchen, Fisch, Fleisch. Wir haben am Anfang gedacht, der ist vielleicht 16 oder 18, dabei war er schon verheiratet. Später hat er angefangen zu trinken. Seine Frau hat aber zu ihm gehalten. Von innen pflegen sie ihre Wohnungen, aber von außen zerfällt alles. Keine Dachrinne, da ist nichts mehr. Bei unserem letzten Besuch waren an der Hauswand Leitplanken angebracht worden, weil die Nachbarn da mit ihren Autos immer so wild dran vorbeifuhren."

Viele russische Bewohner Nordostpreußens kamen in diesen Jahren mit deutschen Besuchern in Kontakt. Oft arbeiteten sie für diese als Fahrer oder Dolmetscher und erlebten sie dabei in sehr persönlichen Momenten des Erinnerns. Von einer solchen Verbindung weiß etwa Johanna Erlach zu berichten, die im früheren Kreis Darkehmen geboren ist, durch den 1945 die innerostpreußische Grenze gezogen wurde.

„Seit 1991 bin ich fast jedes Jahr in Ostpreußen gewesen. Das erste Mal war enttäuschend. Im Grenzgebiet waren alle Dörfer weg, auch unseres. Unter Breschnew war das passiert [Leonid Breschnew, 1964 bis 1982 Generalsekretär des Zentralkomitees der Kommunistischen Partei der Sowjetunion], der hatte alles niederreißen lassen. Das zu sehen, hat mir sehr zugesetzt.
Beim zweiten Mal habe ich aber einen guten Fahrer kennengelernt, der konnte Deutsch, hatte studiert, ein junger Mann, hätte vom Alter mein Sohn sein können. Der arbeitete als Chauffeur und hat mich überall hingefahren, wo ich wollte. 5 Mark hat er dafür genommen, später 5 Euro. Da hab ich oft zu ihm gesagt, Viktor, holst mich übermorgen wieder ab und kaufst vorher schon ein? Du weißt ja, was. Ja, Frau Johanna, das mache ich. Ne Flasche Sekt haben wir mitgenommen, er für sich ne Limo oder 'n Wasser, was er nu gerade wollte, und für mich ein halbes Brot. Und dann haben wir dort Picknick gemacht, wo unser Dorf jestanden hat. Viktor hat die Flasche geschüttelt und geöffnet, so feierlich, diese Fontäne und der schöne Knall, und dann hab ich die Flasche genommen und bin losgegangen. Überall, wo früher Häuser standen, habe ich angehalten, ein Stückchen Brot gegessen und getrunken, bis die Flasche leer war. Das haben wir jedes Jahr gemacht.
Mir war auch wichtig, an die zu denken, die nach dem Krieg um uns rum jestorben sind [die Seuchen- und Hungertoten von der Sowchose Ströpken bei Darkehmen]. Ei, das klingt jetzt sehr roh [längeres Innehalten], aber so war es. Sterben ist eigentlich

ein Wort, das den Himmel ausdrückt. Die Menschen sind damals nicht jestorben, die sind krepiert, verhungert, haben geschrien nach irgendwas Essbares und keiner konnte ihnen was geben. Der Hungertod ist viel grausamer als Erschießen oder andere Sachen. Er zieht sich sehr quälerisch in die Länge und es gibt keinen Verantwortlichen, an dem man das alles festmachen kann. Am Ende kamen die armen Menschen alle in diesen Bunker, unten am Friedhofsrand, schön übereinandergeschichtet, es brauchte ja Platz, kamen den ganzen Winter welche dazu. Im Frühling 47 war der Bunker übervoll. Bei Tauwetter wurden sie angebrannt. Da hing der Rauch über uns und wollte nicht abziehen, ein Gestank, kann ich Ihnen sagen.

Diesen Bunker besuche ich auch immer, wenn ich in Ostpreußen bin, und da leuchte ich mit der Taschenlampe runter. Auf dem Boden ist heute noch eine schwarze teerige Masse. Also es sieht so aus, als wenn se nicht fest ist, als wenn das noch wie ein Brei ist, aber das kann ich jetzt nicht behaupten, das kann auch sein, dass es trocken ist und glänzt bloß, wenn ich mit der Taschenlampe so, das ist weit unten. Da will ich dann auch nicht drin rumrühren. Das sind die Reste der Toten von damals, da sind viele Bekannte dabei. Da kommt mir das vor, als wenn ich die Totenruhe störe, trotzdem da bloß noch diese Teermasse ist. Da werfe ich dann lieber nur einen Feldblumenstrauß runter. Einmal hatte ich auch meine Schwester mit, die Kleine. Da haben wir zusammen von den Toten Abschied genommen."

Neben dem Aufsuchen persönlicher Erinnerungsorte im Königsberger Gebiet verspürten viele ehemalige Hungerkinder den Wunsch, ihre litauischen Lebensretter noch einmal wiederzusehen. Evelin Wenk gehörte zu den Akteuren der ersten Stunde.

„Bis 1960 oder 62 hatte ich mich mit meiner Gastfamilie geschrieben, auf Litauisch. Dann kam ein Brief von denen, es ist nicht mehr erlaubt auf Litauisch, ich soll auf Russisch. Da lief das irgendwie aus.

Aber Weihnachten 1990, kurz danach, als in Litauen da bisschen Tohuwabohu war und am Fernsehturm die Leute umkamen, ich weiß nicht, wie man das genau nannte, die wollten ihre Freiheit haben [gemeint sind die Ereignisse vom 13. Januar 1991 in Wilna, als bei Demonstrationen für die litauische Unabhängigkeit 14 Menschen ums Leben kamen], da hab ich mich hingesetzt und einen Brief auf Deutsch geschrieben. Weil ich wusste, die eine Schwester von meinen Gasteltern, die war Deutschlehrerin. Und das dauerte gar nicht lange, da hatte ich Antwort. Ich sag zu meinem Mann, ich möchte so gerne noch mal zu den Menschen, die mir das Leben gerettet haben. Ja, das versuchen wir, sagt mein Mann.

Und als wir im August 1991 das erste Mal wieder in Königsberg waren, da haben wir uns eine Litauisch sprechende Dolmetscherin gesucht und sind mit nem Taxi einfach nach Litauen hingefahren. Ich hatte mich vorher noch mal mit denen jeschrieben und Bescheid gegeben. Und als wir da ankamen, da hatten die schon die ganzen Nachbarn angeklingelt. Jewuti kommt, Jewuti kommt, so hatten sie mich damals immer gerufen, das klang litauischer als Evelin.

Und nun stand da das ganze Dorf zusammen. Mein Gott, war das eine Freude. Wir haben gar nicht viel gesprochen, wir haben alle nur jeheult. Die kleinen Kinder, die ich damals auf dem Schoß hatte, die waren jetzt erwachsen und hatten selber Familie. Und die Oma lebte noch, die war schon 99. Die hatte mich damals immer so 'n bisschen unter ihre Flügel jenommen und sich um mich gekümmert. Meine Gasteltern haben uns ein großes Essen gemacht, die haben uns Lieder gesungen und die dumme Evelin, die saß dabei, hat sich zwar gefreut, aber konnte nicht eine Zeile mehr mitsingen, oh, hab ich mich da geärgert."

Von einer tiefen Dankbarkeit gegenüber den Litauern zeigen sich heute alle Hungerüberlebenden erfüllt. Viele von ihnen schreiben ihre Rettung sogar vollständig der litauischen Bevölkerung zu. Wie Elfriede Riemer wünschen sie sich, dass der humanitäre Aspekt dieser Nachbarschaftshilfe auch in der Bundesrepublik stärker gewürdigt wird.

„Die Litauer sind das einzige Volk gewesen, das uns Deutschen nach 1945 geholfen hat, ohne dafür eine Gegenleistung zu verlangen. Da bin ich immer ein bisschen hinterher, dass man ihnen das auch anrechnet. Trotz des Hitler-Stalin-Pakts [im Deutsch-Sowjetischen Grenz- und Freundschaftsvertrag vom 28. September 1939 war Litauen mit deutschem Einverständnis der sowjetischen Interessensphäre zugeschlagen worden] haben sie Tausenden von uns das Leben gerettet. Es hat für sie überhaupt keine Rolle gespielt, dass wir evangelisch waren und sie katholisch. Sie haben ihre Armut mit uns geteilt, ne Schütte Stroh in die Stube gebracht, ne Decke drüber und so haben wir mittenmang zwischen ihnen geschlafen.

Natürlich hat es auch Bettelkinder gegeben, die als günstige Arbeitskräfte genommen wurden. Aber ich meine, dass man das den Litauern nicht ankreiden kann. Vor dem Krieg war Litauen gegenüber Ostpreußen um 100 Jahre zurück. Sie hatten noch Lehmfußböden, hier und da war bestenfalls gedielt. Es hat dort jeder gearbeitet. Auch ihre eigenen Kinder mussten mit ran. Und bedenken Sie mal, was für Zeiten das waren. Für trocken Brot sind wir 30, 40 Kilometer gelaufen. Die Partisanen haben gegen die Kommunisten gekämpft. Und die Bauern hatten alle ihr fertiges Gepäck in der Ecke stehen, weil nachts deportiert wurde. Wie hätten sich unter diesen Bedingungen die Menschen in anderen Ländern verhalten, wenn am Tag zehn Leute an der Tür klopfen und um Essen bitten? Ich weiß es nicht. Zwischen uns Ostpreußen und den Litauern war auf jeden Fall eine Seelenverwandtschaft.

Wenn ich malen könnte, würde ich heute ein reetgedecktes Haus zeichnen. Davor sitzt eine alte Frau auf der Bank und betet ihren Rosenkranz. Sie sieht mich mit meiner Schwester den Weg lang kommen, legt sofort den Kranz beiseite, holt aus der Küche Brot und gibt jedem von uns ein Stück. Diesen Moment habe ich vor Augen, als wäre es gestern gewesen.

Oder andernorts, eine Schmiede. Dort hat mir die alte Großmutter über den Kopf gestrichen und auf Litauisch ganz andächtig gesagt, armes Mädchen, armes Mädchen. Sie hat meine Füße gewaschen, die voller Blasen waren, und mit ihren großen rauen Händen gestreichelt. Dann gab es so geriebene Kartoffeln mit Schmand, die gebacken waren. Da durfte ich mich zu den Männern an den Tisch setzen und mitessen. Und danach hat mich die alte Frau in ihrem eigenen Bett schlafen lassen und sich selbst auf die Ofenbank gelegt.

1998 bin ich noch mal in Litauen gewesen. Vorher hatte eine litauische Ärztin, die ich auf einer Tagung kennengelernt hatte, einen Text von mir in einer litauischen Zeitung veröffentlicht, mit meiner Adresse. Ein paar Leute haben mir darauf geantwortet. Mit denen habe ich mir dann hin- und hergeschrieben. Und als ich in Litauen mit meiner Frauengruppe aus einer Kirche rauskomme, stehen da welche mit meinem Briefumschlag und warten auf mich. Das war ergreifend, diese Herzlichkeit.

Es war aber auch erschütternd, wenn Sie merken, dass Sie heute eigentlich viel besser dran sind als die Leute, die Ihnen damals das Leben gerettet haben. Wir Bettelkinder von früher kamen jetzt im klimatisierten Bus vorgefahren, und die Menschen da, denen ging es wirklich schlechter als uns. Das war offensichtlich, obwohl auch die ihr Leben lang gearbeitet haben. Bei meiner Vertriebenengruppe in Dresden habe ich immer wieder gesagt, ich möchte nicht, dass die Litauer ausgeklammert werden. Denn ohne sie wären wir nicht mehr."

Verbittert äußern sich die Zeitzeugen am häufigsten über die langwierigen Verwaltungsverfahren und verwehrten Entschädigungszahlungen in den 1990er-Jahren. Beides betrifft die Edelweiß-Mitglieder. Viele andere Hungerkinder solidarisieren sich in diesen Punkten allerdings gedanklich mit ihnen. Durch das Fernsehen und durch Lesen ist jenen meistens überhaupt erst klar geworden, von welchen Zufällen auch ihr eigenes Schicksal abhängig gewesen ist.

„Dass zum Beispiel die Kinder, die da vergessen worden waren, von unserem Staat jahrelang hingehalten wurden, das ist schlimm. Das ist nicht nur furchtbar, das ist ein richtiger Skandal. Da hat es Menschen unverschuldet getroffen, die mussten ihr ganzes Leben lang Sachen ausbaden, die ihnen andere eingeschenkt haben, und dann werden sie von ihren Landsleuten mit solchen spitzen Fingern angefasst. Ich hab so oft gedacht, was sind wir eigentlich für ein Volk. Da sprechen sie im Fernsehen immer von sozialer Verantwortung und aus der Geschichte lernen und so, und dann will keiner was von diesen armen Menschen wissen, die den Mist abbekommen haben.

Wenn solche Sachen wie Ihre Arbeit überhaupt einen Zweck erfüllen sollen, dann müssten die den Sinn der Bekanntmachung und Festschreibung haben. Denn nur an der Uni da in irgendwelchen statistischen Dingern zu versinken und sich an Zahlen oder Begriffen abzuarbeiten, ich finde, dazu ist das zu schlimm, was diese Kinder erlebt haben.

Meine Schwestern und ich, wir hatten großes Glück, dass wir 51 mit in diese Transporte gekommen sind [gemeint ist der Ostpreußen-Transport aus der Litauischen Sowjetrepublik in die DDR, der im Mai 1951 stattfand]. Aber die, die in den baltischen Ländern zurückgeblieben sind, die den Weg nicht zurückgefunden haben, die waren genauso deutsche Menschen wie wir. Sie haben noch sehr viel mehr deutsche Schuld begleichen müssen, und unser Staat hat ihnen bis heute keine Entschädigung gezahlt. Und niemand stört sich daran, mir ist jedenfalls keiner bekannt. Ich finde, unser ganzes Volk sollte sich schämen. Ganz ehrlich." (Gerda Moritz)

Bemerkenswert ist, dass die Zeitzeugen zur historischen Einordnung ihres Schicksals die durch die sowjetische Führung verursachte Hungersnot nicht losgelöst von den vorangegangenen deutschen Aggressionen ansprechen. Je mehr Leid sie am eigenen Körper erfahren haben, desto klarer haben sie offensichtlich auch zu beobachten und Wirkungen einzuschätzen gelernt.

„Wütend bin ich auf die Russen nicht. Wütend bin ich auf uns selbst, also auf die Deutschen, die Ostpreußen verspielt haben. Das ist so ein schönes Land. Ich meine, wenn se was aus Überdruss verjubeln, Geld, Schmuck oder so, das ist das eine, aber so ne ganze Provinz? Vielleicht ändert sich's auch noch mal. Gorbatschow hätt Königsberg doch nach de Wende schon freigegeben [Michail Gorbatschow, 1985 bis 1991 Generalsekretär des Zentralkomitees der Kommunistischen Partei der Sowjetunion]. Aber unsere Politiker ham das Angebot damals nicht anjenommen. Die durften nicht, wegen ihre westlichen Partner [gemeint sind die grundsätzlichen Bedenken Großbritanniens und Frankreichs vor einem wiedererstarkten Deutschland nach dem Fall der Berliner Mauer].
Sehn Se, die Russen haben im Krieg unter den Deutschen so gelitten. Aber sie ham uns ihr Leid nie vorgehalten und versucht, damit Politik gegen uns zu machen. Meine Heimatstadt Eydtkuhnen war Grenzstadt zwischen Deutschland und Litauen, Litauen war damals ja Sowjetunion. Durch die Hindenburgstraße ham se gleich 1941 ganze Kolonnen mit russische Gefangene jetrieben. Ein Trupp von denen musste später bei uns in de Stadt arbeiten. Wir Kinder haben denen Brot jebracht und dafür Spielzeugpisto-

len bekommen, mit so ne schönen Verzierungen, die da reingeschnitzt waren. Später durften wir aber nicht mehr hin zu ihnen, da wurden die Russen immer schlechter behandelt. Die taten mir als kleinem Jungen richtig leid, diese Männer. Was die Deutschen mit ihnen gemacht haben, war schlimm und irjendwie auch unwürdig. Die Rechnung dafür ham die Frauen und wir Kinder zahlen müssen, die 45 nicht aus Ostpreußen weggekommen sind oder die wie wir dorthin zurück sind und dann zu hungern hatten.

Aber ich hab auf die Russen nie 'n Hass drauf gehabt. Ich merke nur, dass man jetzt im Alter immer öfter an diese Zeit denkt. Man wandert mit de Gedanken nach Ostpreußen. Ich hab so viele Bilder vor Augen, wissen Se, mit sieben, acht, neun Jahren, da bleibt vieles hängen. Eydtkuhnen ist heute ne ganz primitive Stadt, da steht nur noch ne Handvoll Häuser. Und trotzdem bleibt das meine Heimat. Wo se geboren sind, ist ihre Heimat. Das können se nicht ändern." (Bruno Dettmann)

Kindheit und Herkunft sind im hohen Lebensalter für fast alle Zeitzeugen wieder zu Themen geworden, um die ihre Gedanken kreisen.

„Ich rieche plötzlich die Pferde, ich weiß wieder, wie sich das Fell unseres Hundes anfühlt. Wissen Sie, Ihre Sinne bringen Ihnen im Alter wieder nahe, was Sie früher erlebt haben. Das war Geborgenheit, vor dem Krieg. Wir haben als Mehrgenerationenfamilie auf dem Bauernhof zusammen mit den Tieren gelebt, das war alles so 'n Stücken eins. Das war eigentlich sehr schön. Danach habe ich Heimweh, nach diesem Ostpreußen, je älter ich werde, desto größer wird es." (Elfriede Riemer)

„Früher habe ich mich als Sächsin gefühlt. Meine Kolleginnen waren Sachsen, mein Mann war Sachse, unser Freundeskreis, warn alles Sachsen. Aber jetzt im Alter, wo ich mehr alleine bin, beginne ich mir Gerichte zu kochen, die ich aus Ostpreußen kenne. Und ich pflanze mir im Garten Blumen, die wir auch in Ostpreußen hatten. Zum Beispiel Pfingstrosen, Flieder, Schneeball oder diese gelben, Zaungucker sagten wir dazu, die werden ziemlich hoch und blühen erst im Spätsommer. Die hab ich jetzt gerne, das kommt mir langsam alles wieder zu Bewusstsein.

Wenn ich mit meinen Schwestern telefoniere, füge ich gern auch mal ein ostpreußisches Wort ein. Seitdem die Mutter tot ist, habe ich ja kaum noch Gelegenheit, Plattdeutsch zu sprechen. Bloß mit einer Frau, die ich übers *Ostpreußenblatt* kennengelernt habe, die heute im Oldenburgischen wohnt, mit der kann ich das noch. Die ist schon über 90 und weiß ein bisschen mehr als ich. Die rufe ich manchmal an, wenn mir ne Frage kommt, wo ich mich nicht erinnern kann, wie wird denn das und das gewesen sein, in Ostpreußen. Wir kennen uns nur vom Telefonieren. Neulich hat sie mir erzählt, wie Beerdigungen abliefen. Nach dem Begräbnis wurde richtig gefeiert, der Ostpreuße war derb und lebenslustig. Auch ein Gedicht hatte ich, aus der Schule, an das ich mich nicht mehr erinnert habe. *Gemäht sind die Felder, der Stoppelwind weht, hoch droben in Lüften, mein Drachen nun steht.* Dann gibt es so ganz tolle Verse, wo der Drachen etwa ins Storchennest blickt, *Guten Morjen, Frau Störchin, geht die Reise bald fort?* So spricht der Drachen dann, das ist ein schönes Gedicht, aber ich brachte es nicht mehr zusammen, und sie hat mir's geschickt. Sie konnte es noch. Sie ist jetzt meine Brücke nach Ostpreußen." (Johanna Erlach)

Die früheren Hungerkinder wissen zweifellos, wo sie herkommen. Aber wo sie heute hingehören, können sie als gewaltsam entwurzelte Menschen viel schwerer benennen. Die meisten behelfen sich mit einer sorgfältigen Unterscheidung der Begriffe „Heimat" und „Zuhause". Doch eine zufriedenstellende Gesamtantwort lässt sich damit nur bedingt finden.

„Wie soll der Mensch eine Heimat haben, wenn in seinem Ort, wo er ist auf die Welt gekommen, kein Haus mehr steht? Das ganze Leben, das alles war so zerrissen, immer so, muss man hier neu anfangen, muss man da neu anfangen. Das ist am schlimmsten, wenn ein Mensch hat keine Stelle ewig, wo er ist geboren, wo er ist groß geworden und wo er sein Leben lang wohnt, dann ist schon bisschen schwierig. Muss man so sagen." (Bruno Roepschläger)

„Ich bin 1966 mit meiner russischen Frau aus Sibirien nach Hannover zu meinem Vater gekommen. Aber der Vater hat uns nicht verstanden. Er hatte ganz andere Ansichten vom Leben, der Luxus hier in Deutschland, das fand ich damals schon befremdlich. Und diese Verschwendung ist nicht weniger geworden. Mir werden auch heute noch zu viele Lebensmittel weggeschmissen. Klamotten werden gekauft, die überhaupt nicht nötig sind. Manche Nachbarn gehen an dir vorbei, als ob du ein Schatten bist, obwohl wir seit 20 Jahren in dieser Straße wohnen. Ich hab mich nie nach Russland zurückgewünscht, ich träume immer noch von der Zeit im Straflager. Aber Sehnsucht habe ich, nach dem Osten. Ich bin in Hannover bis heute nicht richtig angekommen." (Peter Ehlert)

„Manche Menschen merken noch an meiner Aussprache, dass ich Preuße bin und aus dem Osten komme. Mir ist das recht. Ich fühle mich hier akzeptiert und zu Hause. Aber ich bin kein Hesse, ich bin kein Niedersachse und auch kein Bayer. Ich bin ein Deutscher. Diese Kleinklunkerei finde ich rückständig. Jeder hat zum Beispiel seinen eigenen Sender. Hier spricht der hessische Sender und hier das Radio Niedersachsen und hier der und der, ich finde das unmöglich. Wenn sie sich inhaltlich wenigstens unterscheiden würden. Aber das tun sie nicht. Sie bringen alle das Gleiche. Deshalb ist das rausgeschmissenes Geld.

Viele Menschen hier sind mir zu unkritisch. Sie haben nie gelernt, die Nachrichten zu filtern, zwischen den Zeilen zu lesen, auf Zwischentöne zu achten. Ich hab die Braunen und die Roten kennengelernt und später im Westen das kapitalistische System. Ich musste immer wach sein und beobachten. Ich würde jedem raten, glaubt an eure eigene Vernunft, brecht nichts übers Knie, strebt nach dem, was ihr selbst für richtig haltet, und seid ein bisschen gemeinschaftlich. Und jeder, der eine Heimat hat, sollte sie wertschätzen." (Klaus Weiß)

„Ich bin in Königsberg geboren, aber ich fühle mich ein bisschen schmerzlich. Ich kann nicht gut Deutsch sprechen, und wenn ich irgendwo was sage, dann bin ich immer ein Russe. Das tut weh. Meine Frau und ich sind 1996 nach Deutschland gekommen. Wir fahren jedes Jahr im Sommer noch wieder nach Litauen, bei unsere Kinder und Enkelkinder. In Litauen, ich bin immer Jonas, nicht Hans Werner. Meine Frau hat zwei Schwestern und wenn wir uns treffen, dann alle sagen nur: Labas, Jonai. Guten Tag, Jonas.

Hier in Berlin, wenn ich Probleme mit der Sprache hab, ich immer sag: Ich bin Deutscher. Entschuldigen Sie bitte, dass ich nicht richtig Deutsch sprechen kann, aber ich bin Deutscher. Das ist nicht mein Schuld, das Krieg alles gemacht hat." (Hans Werner Puschnakowski)

„Man muss lernen, mit dem Verlust der Heimat so umzugehen, dass einen das nicht auffrisst. Das Ganze zu ertragen, bleibt aber eine Lebensaufgabe. Immerhin kann ich zwischen einer Ostpreußin und einer Niedersächsin nicht so große Unterschiede erkennen. Wir teilen die wunderbare hochdeutsche Sprache, die habe ich in Gerdauen geliebt und die liebe ich heute in Bückeburg. Strebsamkeit, Disziplin, Fleiß und Zuverlässigkeit, das sind preußische Eigenschaften, die kenne ich aus meinem Elternhaus und die haben die Niedersachsen auch. Insofern fühle ich mich hier nicht fremd." (Gerda Moritz)

„Jetzt habe ich viel Zeit, um nachzudenken. Wie war das Leben in jungen Jahren? Es gab kein Zuhause, keine Familie, keine Eltern, keine Hilfe. Ich hab Tag und Nacht jearbeitet. Und bekomme nun 400 Euro Rente. Ist das richtig? Bis heute hat uns noch keiner was gegeben, dass du das alles miterlebt hast.

Wir sind erst 1997 rausgefahren. Nach 50 Jahren im Ausland habe ich aber keine Heimat mehr gefunden. Deutschland hat sich in der langen Zeit ganz verändert. In Nordrhein-Westfalen tun die Leute, als käme ich vom Mond, als hätt's Königsberg nie gegeben. Vielleicht bilde ich mir das auch ein, aber ich glaube, die Ostpreußen sind anders, ganz anders als die Menschen hier in Essen.

Auch in Lettland waren andere Menschen, Letten, Russen, Juden, mit allen bin ich gut zurechtgekommen. Hier weiß keiner vom anderen, alle gehen sie aneinander vorbei. Mich zieht's an die Ostsee. Wenn ich gewusst hätte, dass hier so ein Leben ist wie ich hier lebe, wäre ich nie hergekommen." (Ursula Bolz)

„Ich habe lange in Litauen gelebt. Aber mein Wunsch war immer nach Deutschland zurück. Im Herzen ist das meine Heimat. Als Litauen frei wurde, bin ich in den Verein eingetreten [Interessenvereinigung Edelweiß]. Ich hab die Unterlagen gemacht und zu meinen Kindern gesagt, wenn ihr nicht mitkommt, fahre ich alleine. Ich will kein Reichtum, gar nichts. Aber ich will wenigstens in meine Heimat sterben. Meine Mama, die liegt hinter Königsberg, mein Bruderchen auch und mein Vater liegt hier. Da kann ich nicht allein in Litauen bleiben.

1996 bin ich nach Deutschland gekommen, zu meine Cousine, die lebt hier in der Nähe. Ich weiß nicht, was Sie jetzt von mir denken, aber ich hab mit ihr keinen Kontakt mehr. Wissen

Se, jedes Mal, wenn sie ist zu mir gekommen, ich hatte danach Kopfschmerzen. Wenn sie dich anguckt oder anspricht, sie gibt dir jedes Mal so ein schlechtes Gefühl, dass du arm bist und dann bist auch dumm und du weißt nichts vom Leben. Das, was ich hab durchgemacht, das versteht se überhaupt nicht. Da war was zwischen uns, wo du kannst den andern zwar sehen, aber nicht rankommen. Sie hat mir so viel Nerven gekostet. Jetzt ist besser so.

Wenn ich auch nicht in de Kirche oft gehe, aber ich bete jeden Tag. Ich danke, dass Gott uns hat geholfen, mich und meine Kinder nach Deutschland zu holen. Die Kinder haben Arbeit, meine Enkel auch. Ich bin zufrieden." (Christel Fischer)

„Ich bin Pillauerin. Ich bin nie älter geworden wie vierzehn. Weihnachten 1946 habe ich mir mit meinen Geschwistern und meinem Vater eine einzige trockene Scheibe Brot geteilt. Im Januar 1947 sind sie verhungert. Als sie in die Erde gingen, ist in mir alles zerbrochen. Habe ab da nur noch gewartet, dass ich auch sterben kann. Als ich begriffen hab, dass ich weiterleben muss, war ich schon eine Oma.

Manchmal, wenn ich so im Bett liege, überlege ich, was ich für ein Mensch geworden wäre, wenn ich in Ostpreußen geblieben wär. Ich hätt versucht, aus Königsberg nach Pillau zurückzugehen und hätt meinetwegen auch nen Russen geheiratet. Ich mag die Russen ja im Grunde genommen, ich verurteile sie nicht, ich bin ihnen nicht böse. Von der Mentalität her haben sie viel gemeinsam mit uns Deutschen. Ich fühle mich ihnen viel näher als den Amis oder Engländern. Die Herzlichkeit, das Dankbare, das Gemeinschaftliche. Das war bei uns in Ostpreußen, und das hab ich auch bei den Russen später oft gespürt.

Ich hätte gerne geholfen, Pillau wieder mitaufzubauen, aus Pillau wieder was zu machen. Heute bin ich dafür zu alt. Hier drinnen [zeigt auf ihre Brust] bin ich aber die Vierzehnjährige geblieben. Das ist wie eingefroren. Wenn ich die Augen irgendwann schließe, soll meine Asche vor Pillau in die Ostsee gestreut werden." (Leni Kosemund)

Was bleibt

Starke Kinder, starke Menschen

Die Königsberger Hungerkatastrophe schien lange Zeit dem Vergessen geweiht. Ihre lückenhafte schriftliche Dokumentierung befand sich in sowjetischen Archiven, die verschlossen waren. Die Schauplätze des Geschehens lagen unerreichbar in einem militärischen Sperrgebiet. Die Überlebenden pflegten keinen Kontakt zueinander. Um sich zu schützen, hüllten sie sich an ihren neuen Wohnorten in Wortlosigkeit. Später hätten manche gerne gesprochen, begegneten aber niemandem, der ihnen zuhörte. Wo selbst die mündliche Überlieferung unmöglich war, drohte schließlich auch das noch abrufbare Wissen verloren zu gehen.

Es kam allerdings anders. Der Zusammenbruch der Sowjetunion und das Interesse der Medien an den nach Litauen ausgewichenen deutschen Bettelkindern begünstigten ein Klima, in dem sich die Betroffenen nach über einem halben Jahrhundert doch noch zu erinnern begannen: für sich allein im Fernseh- oder Lesesessel, im Gespräch mit Familie und Bekannten oder in der Öffentlichkeit als nunmehr respektierte Zeitzeugen. Mit zunehmend sichtbarer werdenden Zeichen. Im heute zu Litauen gehörenden Pogegen, am Nordufer der Memel, wurde schon 1992 ein Holzkreuz zum Gedenken an die Wolfskinder und ihre litauischen Lebensretter errichtet. Im Altvaterturm auf dem thüringischen Wetzstein brachte man für sie eine Gedenktafel an. An die im nördlichen Ostpreußen verstorbenen Waisenhauskinder erinnert seit 2010 im Garten der Evangelisch-lutherischen Propstei Kaliningrad ein Stein mit Inschrift. Auf Schloss Stetten in Baden-Württemberg lädt der Burgherr Wolfgang Freiherr von Stetten zu deutsch-baltischen Festveranstaltungen regelmäßig Delegationen des Edelweiß-Vereins mit ein. Das Schicksal der Wolfskinder hat es inzwischen auf die Kinoleinwand und in Romane geschafft. In Berlin gibt es sogar einen Geschichtsverein, der sich speziell der wissenschaftlichen Erforschung ihrer Lebenswege widmet.

Nach den würdelosen Einbürgerungsverfahren hat sich auch der deutsche Staat noch einmal der Edelweiß-Mitglieder angenommen. In den Jahren 1999, 2011 und 2013 ermöglichte er ihnen Zusammenkünfte mit den Bundespräsidenten Roman Herzog, Christian Wulff und Joachim Gauck. Ob es sich hierbei um reine Symbolpolitik handelte oder tatsächlich ein Wechsel in der Bewertung stattgefunden hat, bleibt abzuwarten. Vor dem Hintergrund der verwehrten pauschalen Eingliederungshilfe ist der entscheidende Gradmesser für ein abschließendes Urteil die nach wie vor offene Entschädigungsfrage. Der jüngste Beschluss des Deutschen Bundestages zur Entschädigung ziviler deutscher Zwangsarbeiter aus dem Sommer 2016 hat in dieser Sache jedenfalls keine Klärung herbeigeführt. Er berücksichtigt Ostpreußens Hungerkinder abermals nicht.

Trotz zumindest einiger hoffnungsvoll stimmender Entwicklungen werden die Überlebenden siebzig Jahre nach ihrer Entwurzelung und Vertreibung weiterhin nicht als Schicksalsgemeinschaft wahrgenommen. Der Verein Edelweiß in Litauen ist inzwischen durch Sterbefälle und die Ausreise vieler Mitglieder arg dezimiert. Die Königsberger Waisenhauskinder pflegen in der Bundesrepublik ihren Zusammenhalt mittels informeller Treffen, führen in den Medien aber ein Schattendasein, weil sie nicht unter den Wolfskinder-Begriff passen. Die übergroße Mehrheit der zeitweise in Litauen unterwegs gewesenen Bettelkinder ist spätestens in den 1950er-Jahren nach Deutschland zurückgekehrt; mangels Austausch mit Schicksalsgefährten ist sie bis heute uneins, ob sie sich selbst zu den Wolfskindern zählen soll. Gefragt wären an dieser Stelle kulturpolitische Einrichtungen wie die Bundesstiftung Flucht, Vertreibung, Versöhnung in Berlin oder das Ostpreußische Landesmuseum in Lüneburg. In beiden Häusern entstehen momentan Dauerausstellungen, die auch die Nachkriegszeit im Königsberger Gebiet thematisieren werden. Von der inhaltlichen Ausrichtung dieser Projekte hängt mit ab, ob die Geschichte der ostpreußischen Hungerkinder weiterhin auf eine mythologisierte Bettelzeit in Litauen reduziert oder zukünftig in ihrer ganzen Dimension erzählt wird.

Ließe sich überhaupt beantworten, welchen Preis die Betroffenen für ihr Überleben gezahlt haben? Fragt man sie direkt, kommen unzählige Erinnerungen zusammen, deren Merkmale Verlust und Einsamkeit sind; fehlende Vorbilder und Ratgeber; das Bewusstsein um verpasste Bildungschancen; das tief sitzende Gefühl, mehr leisten zu müssen, um toleriert zu werden; die Hunger- und Todeserfahrungen, die von der Umgebung lange überhört wurden, ein Zustand, der im Prinzip ebenso schmerzte wie das Erlebte; das Ausbleiben von Anerkennung für den zurückgelegten Lebensweg. All das, so ihre Bilanz, habe sie hart und durchsetzungsstark werden lassen.

Trauer, Leere und Verlorensein ließen sich vorübergehend ausblenden, aber nicht dauerhaft bezwingen. Gerade im hohen Alter überkommen die Zeitzeugen wieder Gedanken, die an manchen Tagen kaum auszuhalten sind: Was ist mit der Schwester passiert, die man im Mai 1947 mit ihren erfrorenen Füßen in ein Krankenhaus geschleppt hat und von der es danach nie mehr ein Lebenszeichen gab? War man zu unaufmerksam, als der kleine Cousin mit nach Litauen fuhr und bei voller Fahrt zwischen den Waggons auf die Schienen stürzte? Warum steht auf dem Massengrab, in das die Mutter geworfen wurde, heute ein Sendemast? Weshalb möchte der Bruder, den man nach langer Suche erst in den 1990er-Jahren ausfindig gemacht hat, nichts mehr von einem wissen? Wieso kümmert sich die Bundesrepublik nicht um eine besondere Gedenkstätte für alle verhungerten Kinder, Mütter, Omas und Opas, in der die Gründe ihres Todes auch beim Namen genannt werden?

Das Grübeln erstreckt sich ebenso auf die Frage nach den Gesetzmäßigkeiten für das eigene Überleben. Dass viele Mädchen und Jungen um einen herum gestorben sind, während man selbst ein gesegnetes Alter erreichen durfte, erscheint erklärungsbedürftig. Oft mag der Zufall über Leben und Tod entschieden haben. Sicher ist aber, dass die Hungerzeit letztendlich niemand überlebte, der nicht auch mutig, tapfer und anpassungsfähig war. Alle Betroffenen wurden zu Opfern der Nachkriegsereignisse, aber sie erzählen heute nicht nur Opfergeschichten. Sie beweisen, dass Traumatisiertsein keineswegs bedeutet, dass man schwach ist. Sie führen uns vor Augen, dass Angewiesensein nicht gleichzusetzen ist mit Sich-fallen-lassen. Und sie offenbaren, dass man sich trotz unheilbarer seelischer Wunden sein Ausdauervermögen und seinen Optimismus bewahren kann.

Ostpreußens Hungerkinder sind starke Persönlichkeiten und Kämpfernaturen. Die Einzigen, auf die sie sich in ihrem Leben fortwährend verlassen konnten, waren sie selbst. Mit der Bewältigung der Nachkriegszeit haben sie ihr Behauptungsvermögen unter Beweis gestellt. Sie haben Tausende von Schicksalsgefährten überlebt, die schwächer, ungeschickter oder weniger widerstandsfähig waren. Oder denen das Glück einfach weniger hold war. Sie haben an ihrer Herkunft festgehalten, die ihnen oft genug Quell aller erlittenen Anfeindungen war. Sie haben in der Hochphase des Kalten Krieges ihre Einzelausreise in den Westen erwirkt, im siebten Lebensjahrzehnt nach einer späten Übersiedlung noch einmal ganz von vorne begonnen und, bereits lange wieder in Deutschland lebend, trotz aller gleichgültigen oder relativierenden Äußerungen von Landsleuten sich die Ursprünglichkeit, Authentizität und Prägnanz ihrer eigenen Erinnerungen bewahren können.

Ihre Geschichten sind unendlich tragisch und kaum in Worte zu fassen. Aber sie zeugen gleichzeitig auch vom Überstehen und Durchkommen, vom Fleißigsein und Nichtverzagen. Von Dankbarkeit, später im Westen in der Lage gewesen zu sein, den eigenen Kindern an Essen zu bieten, auf was sie auch immer Appetit hatten. Von Freude über den Sohn, der nie „von früher" hören wollte, einem jetzt aber den ersten Computer eingerichtet und als Startseite „gleich was mit Ostpreußen gemacht" hat. Vom Stolz über den Führerschein, an den man sich im Alter herangewagt hat, um sich die vertraute Selbstständigkeit zu erhalten. Und vom unermüdlichen Einsatz für den Weißstorch, den man einst, vom unerbittlichen Hunger getrieben, um Eier und Jungtiere gebracht hat.

Wer im August durch die Uckermark fährt, an einem Vormittag, an dem sich die Altstörche zum Abflug in ihr Winterquartier sammeln, kann einen stattlichen Mann erblicken, der ein Storchennest auf seinem Grundstück hat und ergriffen zum Himmel schaut. Jugend und Alter, Leichtes und Schweres, Abschiedsschmerz und die Hoffnung auf ein Wiedersehen verschwimmen in diesem einen Moment, und der achtzigjährige Bruno in Schmiedeberg bei Angermünde sieht plötzlich den achtjährigen Bruno im ostpreußischen Eydtkuhnen, der in denselben Himmel blickt, und weiß, dass alles, was geliebt wird, nicht verloren ist. Für einen Augenblick steht die Welt still. – Dann kehren Zeit und Raum ins Bewusstsein zurück.

Anhang

Anmerkungen

[1] Lehndorff, Hans Graf von: Ostpreußisches Tagebuch. Aufzeichnungen eines Arztes aus den Jahren 1945-1947, München 1961; beispielhaft außerdem: Deichelmann, Hans: Ich sah Königsberg sterben. Aus dem Tagebuch eines Arztes von April 1945 bis März 1948, Aachen 1949; Linck, Hugo: Königsberg 1945-1948, Oldenburg 1948; Starlinger, Wilhelm: Grenzen der Sowjetmacht. Spiegel einer West-Ostbewegung hinter Palisaden von 1945-1954. Mit einem Bericht der deutschen Seuchenkrankenhäuser Yorck und St. Elisabeth über Leben und Sterben in Königsberg von 1945-1947; zugleich ein Beitrag zur Kenntnis des Ablaufs gekoppelter Großseuchen unter elementaren Bedingungen, Würzburg 1955.

[2] Kibelka, Ruth: Wolfskinder. Grenzgänger an der Memel, 4., erweiterte Aufl., Berlin 2003 (Erstauflage 1996); Kibelka, Ruth: Ostpreußens Schicksalsjahre 1944-1948, Berlin 2000; Brodersen, Per: Die Stadt im Westen. Wie Königsberg Kaliningrad wurde, Göttingen 2008; Hoppe, Bert: Auf den Trümmern von Königsberg. Kaliningrad 1946-1970 (= Schriften der Vierteljahrshefte für Zeitgeschichte, Band 80), München 2000; Als Russe in Ostpreußen. Sowjetische Umsiedler über ihren Neubeginn in Königsberg/Kaliningrad, hrsg. v. Eckhard Matthes, Ostfildern 1999.

[3] Kossert, Andreas: Kalte Heimat. Die Geschichte der deutschen Vertriebenen nach 1945, München 2008; Grass, Günter: Im Krebsgang, Göttingen 2002; Hansen, Dörte: Altes Land, München 2015; Muhtz, Christoph u.a.: Langzeitfolgen von in der Kindheit am Ende des II. Weltkriegserlebter Flucht und Vertreibung, in: Psychother Psych Med 2011, 61, S. 233-238; Bode, Sabine: Die vergessene Generation. Die Kriegskinder brechen ihr Schweigen, München 2005; Die „Generation der Kriegskinder". Historische Hintergründe und Deutungen, hrsg. v. Jürgen Reulecke und Lu Seegers, Gießen 2009.

[4] Douglas, Raymond M.: „Ordnungsgemäße Überführung". Die Vertreibung der Deutschen nach dem Zweiten Weltkrieg, München 2012, S. 14.

[5] Die Rückwanderung von ostdeutschen Flüchtlingen in ihre Heimatgebiete im Frühjahr 1945 ist bislang weitestgehend unerforscht. Etwas Licht ins Dunkel bringen: Holz, Martin: Evakuierte, Flüchtlinge und Vertriebene auf der Insel Rügen 1943-1961 (Veröffentlichungen der Historischen Kommission für Pommern V 39), Köln 2003, S. 95-120;

Dokumentation der Vertreibung der Deutschen aus Ost-Mitteleuropa, hrsg. v. Bundesministerium für Vertriebene, Flüchtlinge und Kriegsgeschädigte, Bd. I/1, S. 69E-79E und S. 328-343. Außerdem die Interviews mit: Dettmann, Bruno; Erlach, Johanna; Grigat, Artur; Makies, Erwin; Schirrmacher, Charlotte; Schwark, Hubert.

[6] Zeidler, Manfred: Kriegsende im Osten. Die Rote Armee und die Besetzung Deutschlands östlich von Oder und Neiße 1944/45, München 1996, S. 173; auch Luschnat, Gerhild: Die Lage der Deutschen im Königsberger Gebiet 1945-1948, 2., ergänzte u. durchgesehene Aufl., Frankfurt/Main 1998 (Erstauflage 1996), S. 47-50.

[7] Deutsches Rotes Kreuz [im Folgenden: DRK] München, H 1428, Suchdienst Hamburg an den Präsidenten des DRK sowie den Bundesminister für Vertriebene, Bericht über die Verschleppung von deutschen Zivilpersonen in die Sowjetunion. Motive, Planung und Ausführung, 31.1.1953; Zeidler, Kriegsende, S. 174 ff. und 183 ff.; Kibelka, Schicksalsjahre, S. 43; Dokumentation der Vertreibung, Band I/1, S. 79E-87E und Band I/2, S. 3-34.

[8] Balko, Gerd: Land in dunklen Zeiten. Erinnerungen eines Arbeiters, Münster 2005, S. 54.

[9] Kibelka, Schicksalsjahre, S. 83-95; außerdem die Interviews mit: Bolz, Ursula; Doll, Eva; Erlach, Johanna; Grigat, Artur; Riemer, Elfriede; Schwark, Hubert.

[10] Balko, Land in dunklen Zeiten, S. 57.

[11] Fisch, Bernhard / Klemeševa, Marina: Zum Schicksal der Deutschen in Königsberg 1945-1948, in: Zeitschrift für Ostmitteleuropa-Forschung 44 (1995), 3, S. 391-400. Angezeigt werden hier alleine für den Zeitraum 1. September 1945 bis 1. Mai 1946 exakt 21 111 registrierte Typhustote. Berücksichtigt man die hohe Dunkelziffer an weiteren Sterbefällen sowie zusätzlich die erste Seuchenwelle im Zeitraum vor dem 1. September 1945, erscheint eine Gesamtzahl von 30 000 sehr vorsichtig veranschlagt.

[12] Beispielhaft hier: Niedersächsisches Landesarchiv, Hauptstaatsarchiv Hannover [im Folgenden: NLA HStAH], Nds. 386 Acc. 67/85, Nr. 822, fol. 7, Eidesstattliche Versicherung von Maria J. (Jg. 1894) vor dem Amtsgericht Soltau im Rahmen der Überprüfung der Heimkehrereigenschaft von Arno L. (Jg. 1930), Schneverdingen, 20.9.1957.

[13] Kibelka, Schicksalsjahre, S. 136.

[14] Bischof, Gertrud: Berichte aus dem sowjetischen Internierungslager Brakupönen/Rosslinde, Kreis Gumbinnen, Ostpreußen von 1945 bis 1948, 3. Aufl. (Eigenverlag), Nürnberg 2012.

[15] Exemplarisch die Interviews mit: Erlach, Johanna; Fischer, Christel; Kosemund, Leni; Moritz, Gerda; Weiß, Klaus.

[16] Brodersen, Stadt im Westen, S. 79 ff.; Kibelka, Schicksalsjahre, S. 229-232.

[17] Der Begriff wird von Douglas, Ordnungsgemäße Überführung, S. 181, für das Lager Jaworzno in Oberschlesien zwischen Kattowitz und Krakau verwendet. Die dort beschriebenen Zustände aus dem Jahre 1945 treffen im Hinblick auf das allumfassende Ausgeliefertsein der Frauen ebenso auf das gesamte nördliche Ostpreußen zu. Das Deutsche Rote Kreuz stellte in den 1950er-Jahren zu den fehlenden Rückzugsmöglichkeiten der Frauen fest, dass eine permanente strenge Bewachung überhaupt nicht notwendig gewesen sei, da das ganze Königsberger Gebiet „ein unter Hungersnot leidendes Arbeitslager" war, aus dem es praktisch kein Entkommen gegeben habe: NLA HStAH, Nds. 386 Acc. 67/85, Nr. 503, fol. 17-18, DRK Suchdienst Hamburg an die Lagerleitung Friedland bzgl. Heimkehrereigenschaft von Martha S. (Jg. 1916), 19.7.1955.

[18] Bundesministerium des Innern [im Folgenden: BMI], Staatsangehörigkeit der „Wolfskinder" in Litauen, Band 1 (V II 5 – 124080 LIT/2), Erlebnisbericht von Elfriede B. (Jg. 1936) aus Groß Heydekrug, ohne Datum, muss nach 1991 in Litauen abgefasst worden sein.

[19] Kühnapfel, Margarete: Auch in der Hölle bist Du da. Not und Gnade meiner Russenjahre, Stuttgart 1952, S. 42-70; Bundesarchiv [im Folgenden: BArch] Ost-Dok. 2/6, fol. 19 u. 22; Interview mit Schirrmacher, Ruth; beispielhaft auch: BArch Ost-Dok. 2/7, fol. 123; Interviews mit: Dettmann, Bruno und Erlach, Johanna.

[20] Kibelka, Schicksalsjahre, S. 42-49, 132-138, 156-160 und 188-195; Dies., Wolfskinder, S. 29-32.

[21] NLA HStAH, Nds. 386 Acc. 67/85, Nr. 503, fol. 17-18, DRK Suchdienst Hamburg an die Lagerleitung Friedland bzgl. Heimkehrereigenschaft von Martha S. (Jg. 1916), 19.7.1955. Auch Kibelka, Schicksalsjahre, S. 158, erkennt in den Arbeitsverhältnissen auf den Sowchosen einen „Zwangscharakter".

[22] Exemplarisch die Interviews mit: Bolz, Ursula; Erlach, Johanna; Kosemund, Leni; Makies, Erwin; Riemer, Elfriede; Schirrmacher, Ruth; außerdem die E-Mail von Hans Wunder vom 10.4.2016 an den Verfasser.

[23] Hoppe, Auf den Trümmern, S. 34-42.

[24] Balko, Land in dunklen Zeiten, S. 91-92.

[25] Lowe, Keith: Der wilde Kontinent. Europa in den Jahren der Anarchie 1943-1950, Stuttgart 2014, S. 56-64.

[26] Zur Errechnung der zivilen Sterbequote für das Königsberger Gebiet: Spatz, Christopher: Ostpreußische Wolfskinder. Erfahrungsräume und Identitäten in der deutschen Nachkriegsgesellschaft (Einzelveröffentlichungen des Deutschen Historischen Instituts Warschau 35), Osnabrück 2016, S. 60-61.

[27] Kibelka, Schicksalsjahre, S. 158-159.

[28] Zu den ökonomischen Gesichtspunkten: Brodersen, Stadt im Westen, S. 52-58; Hoppe, Auf den Trümmern, S. 38-42; Kibelka, Schicksalsjahre, S. 148-156; zur allgemeinen Entwicklung des Hungers: Luschnat, Lage der Deutschen, S. 79-95; zu den Aktivitäten des Deutschen Clubs, der die deutsche Zivilbevölkerung im Sinne der neuen Machthaber beeinflussen sollte: Luschnat, Lage der Deutschen, S. 181-193, sowie das Interview mit Naujeck, Harry (Mitarbeiter des Deutschen Clubs); zur letztendlich dennoch vorherrschenden Gleichgültigkeit der Behörden gegenüber den Deutschen: Kibelka, Schicksalsjahre, S. 158 u. 188-195.

[29] Exemplarisch für viele ähnliche Erlebnisberichte: BArch Ost-Dok. 2/20, fol. 129-131; BArch Ost-Dok. 2/20, fol. 428-429; Archiv der Königsberger Diakonie in Wetzlar, Darstellung der Geschichte des Ostpreußischen Provinzialvereins für Innere Mission 1919-1949, Teilmanuskript des Pfarrers Paul Kaufmann über „Die letzten Tage in Kaliningrad", Niederschrift vermutlich 1949, S. 3-4; Kühnapfel, Not und Gnade, S. 131-143; beispielhaft auch die Interviews mit: Dettmann, Bruno; Hofmann, Gisela; Riemer, Elfriede; Schrade, Irmgard; Schwark, Hubert; Wenk, Evelin.

[30] Exemplarisch für unzählige ähnliche Erlebnisberichte: NLA HStAH, Nds. 386 Acc. 67/85, Nr. 260, fol. 14-15, Einspruchsschreiben von Margarete G. bzgl. Kriegsgefangenenentschädigung an Sozialbehörde Hamburg, Amt für Vertriebene und Kriegsgeschädigte, Hamburg, 27.6.1955, hier zit. in einem Schreiben ebendieser Behörde bzgl. Heimkehrereigenschaft des Sohnes Günter G. (Jg. 1930) an die Lagerleitung Friedland, Hamburg, 28.7.1955; NLA HStAH, Nds. 386 Acc. 67/85, Nr. 326, fol. 19-20, Schreiben von Erna S. (Jg. 1921) bzgl. Heimkehrereigenschaft an die Lagerleitung Friedland, Schwörstadt, 29.8.1955; NLA HStAH, Nds. 386 Acc. 67/85, Nr. 656, fol. 13-14, Eidesstattliche Versicherung von Herta W. (Jg. 1903) vor einem Notar in Eckernförde, 18.6.1956; Landesarchiv Schleswig-Holstein [im Folgenden: LASH], Abt. 815.2, Nr. 80, Brief von Maria P. (Jg. 1917) an den Leiter der Heimschule Wentorf, Bückeburg, 14.10.1953; BArch Ost-Dok. 2/20, fol. 419; Matthes, Als Russe in Ostpreußen, S. 320-328 und 337-342; Balko, Land in dunklen Zeiten,

S. 99; Kühnapfel, Not und Gnade, S. 34; exemplarisch auch die Interviews mit Beutler, Marianne; Fischer, Christel; Fritz, Edeltraut; Puschnakowski, Hans-Werner; Schrade, Irmgard; Schwark, Hubert.

[31] NLA HStAH, Nds. 386 Acc. 67/85, Nr. 503, fol. 31-34, Schreiben von Martha S. (Jg. 1916) an den Heimkehrerverband, Ortsverband Solingen, Solingen, 2.6.1954.

[32] Ewert, Erna: Cranz. Aufzeichnungen 1945-1947, in: Frauen in Königsberg 1945-1948, hrsg. v. der Kulturstiftung der deutschen Vertriebenen, 8. Aufl., Bonn 2006, S. 41-42.

[33] Balko, Land in dunkler Zeit, S. 95.

[34] Balko, Land in dunkler Zeit, S. 93.

[35] Deichelmann, Ich sah Königsberg sterben, S. 28. Johann Schubert veröffentlichte seine Erinnerungen unter dem Pseudonym Hans Deichelmann.

[36] Exemplarisch für viele Lebensgeschichten mit ähnlichen Erinnerungen die Interviews mit Erlach, Johanna; Kosemund, Leni; Schrade, Irmgard; Wenk, Evelin; außerdem Müller, Hannelore: Königsberg 1945-1948: Das war unsere Befreiung. Erinnerung 1995, in: Frauen in Königsberg, S. 153.

[37] Manthey, Jürgen: Königsberg. Geschichte einer Weltbürgerrepublik, München 2006, S. 671.

[38] Interviews mit Kosemund, Leni; Schirrmacher, Ruth; Weiß, Klaus; Balko, Land in dunklen Zeiten, S. 97; zum Thema Kannibalismus siehe auch die von Königsberger Ärzten persönlich festgestellten Fälle: BArch Ost-Dok. 2/20, fol. 129; Deichelmann, Ich sah Königsberg sterben, S. 18 u. 29; zu dieser Thematik außerdem: Brodersen, Stadt im Westen, S. 74 u. 79; Kibelka, Schicksalsjahre, S. 229 ff. und exemplarisch für viele weitere Erinnerungsberichte: Linck, Königsberg 1945-1948, S. 68-71; Pollmann, Marga: Königsberg 1945-1947. Bericht 1947, in: Frauen in Königsberg, S. 63; Müller, Königsberg 1945-1948, in: Frauen in Königsberg, S. 142; BArch Ost-Dok. 2/20, fol. 122-123; 321-322; 430.

[39] Interviews mit Erlach, Johanna und Schwark, Hubert; außerdem: „Ich will endlich meine Mutti kennen lernen!", in: Das Ostpreußenblatt, Nr. 23, 25.11.1951; zu den Leichenbergen in Königsberg, die aufgrund des Frosts im Winter 1946/47 nicht zu beerdigen waren: Deichelmann, Ich sah Königsberg sterben, S. 27 ff. und BArch Ost-Dok. 2/20, fol. 419.

[40] Archiv des Diakonischen Werkes der Evangelischen Kirche in Deutschland [im Folgenden: ADW], Allg. Slg. 1095, „Den Schlangengraebern Kaliningrads entkommen! Erschuetternder Bericht eines Koenigs-

berger Kindes", Heilsberg bei Frankfurt/Main, 9.6.1948 (Entwurf).

[41] Spatz, Ostpreußische Wolfskinder, S. 60-61. Vieles spricht dafür, dass beide dort angegebenen Zahlen (eine deutsche Restbevölkerung von 210 000 bis 220 000 im Frühjahr 1945 sowie 105 000 Nachkriegstote) noch höher zu veranschlagen sind. Die Dokumentation der Vertreibung, Band I/1, S. 77E, geht etwa von 250 000 bis 300 000 Menschen aus, die sich direkt nach Kriegsende im Königsberger Gebiet aufhielten. Dieses Plus an Zivilisten müsste nahezu vollständig den Toten zugerechnet werden, da die Gesamtzahl der später nach Restdeutschland Ausgewiesenen (105 000) gut dokumentiert ist.

[42] Deutsch-russisch-polnisches Treffen in Kaliningrad, URL: http://www.auswaertiges-amt.de/DE/AAmt/zz_Archiv_BM-Reisen/2011/05-Polen-Kaliningrad/110521-Kaliningrad.html, 21.5.2011, letzter Zugriff: 31.7.2014. Der Bericht über Westerwelles Besuch scheint inzwischen von der Seite des Auswärtigen Amts entfernt worden zu sein, Stand: 31.7.2016. Beispielhaft für den Fokus der deutschen Leitmedien: Dreiertreffen in Kalingrad – Raketenschirm: Moskau fordert Sicherheitsgarantie, in: Süddeutsche Zeitung, 21.5.2011.

[43] Häusser, Alexander / Maugg, Gordian: Hungerwinter. Deutschlands humanitäre Katastrophe 1946/47, Berlin 2009.

[44] Diese Leere im Herzen, in: Frankfurter Allgemeine Sonntagszeitung, Nr. 48, 29.11.2015; Sumowski, Hans-Burkhard: „Jetzt war ich ganz allein auf der Welt". Erinnerungen an eine Kindheit in Königsberg 1944-1947, München 2007, S. 133; Interview mit Makies, Erwin.

[45] Kibelka, Schicksalsjahre, S. 206-228; Dies.: Wolfskinder, S. 99-111; zu den Waisenhäusern außerdem: Luschnat, Lage der Deutschen, S. 141-154 und 195-202; Weder Stroh noch Decken in den Waggons. Leben und Überleben in den Kinderheimen von Königsberg und Umgebung bis 1948, in: Das Ostpreußenblatt, Nr. 20, 21.5.1994; aus der Perspektive von Waisenhaus-Insassen: Bernotat, Gerhard: Das sowjetische Kinderheim im Kreis Ebenrode – dem späteren Rayon Nesterow von 1945-1947, in: Heimatbrief Ebenrode/Stallupönen, 1994/95, 31, S. 38-45; Müller, Königsberg 1945-1948, in: Frauen in Königsberg, S. 165-177; Sumowski, Jetzt war ich ganz allein, S. 132-224; Von Sonnenaufgang bis -untergang gearbeitet. Das Leben und Überleben in den Kinderhäusern in Königsberg von 1945 bis 1948, in: Das Ostpreußenblatt, Nr. 31, 31.7.1993.

[46] Sumowski, Jetzt war ich ganz allein, S. 136-137, 139, 153, 169.

[47] Erlebnisbericht von Gertraud Groß, geb. Hübner (Jg. 1938),

verfasst im Herbst 2009, von ihr am 7.5.2010 dem Verfasser per E-Mail zugesendet.

⁴⁸ Kibelka, Schicksalsjahre, S. 216.

⁴⁹ Hermann, Arthur: Die Ostpreußen in Litauen 1945-1951, in: Die Grenze als Ort der Annäherung. 750 Jahre deutsch-litauische Beziehungen, hrsg. v. Arthur Hermann, Köln 1992, S. 201-218.

⁵⁰ NLA HStAH, Nds. 386 Acc. 67/85, Nr. 420, fol. 20, Eidesstattliche Erklärung von Ella J. (Jg. 1906) vor einem Notar in Buxtehude, 17.5.1956; NLA HStAH, Nds. 386 Acc. 67/85, Nr. 503, fol. 31-34, Schreiben von Martha S. (Jg. 1916) an den Heimkehrerverband, Ortsverband Solingen, Solingen, 2.6.1954; NLA HStAH, Nds. 386 Acc. 67/85, Nr. 741, fol. 47, Eidesstattliche Erklärung von Elfriede S. (Jg. 1922) auf dem Bürgermeisteramt Hausen, Kreis Mayen, 24.7.1956.

⁵¹ Kibelka, Wolfskinder, S. 81-98.

⁵² Interviews mit: Doll, Eva; Ehlert, Edith; Wenk, Evelin.

⁵³ Siehe hierzu die Wolfskinder-Typisierung in: Spatz, Ostpreußische Wolfskinder, S. 83-91.

⁵⁴ Hier sowie im Folgenden: Brodersen, Stadt im Westen, S. 73-83; Hoppe, Auf den Trümmern, S. 28-43; Kibelka, Schicksalsjahre, S. 229-265.

⁵⁵ BArch DO 2/54, fol. 82-85, Deutsche Verwaltung des Innern, Hauptabteilung Umsiedler, Notiz für Vizepräsidenten Arthur Vogt, Betr. Umsiedler aus Ostpreussen, 4.11.1948; zum Ablauf der Deportationen: Kibelka, Wolfskinder, S. 113-128; außerdem ein Aufsatz, der dieses Thema im Hinblick auf offene Fragen und mögliche Forschungsansätze anreißt: Matthes, Eckhard: Späte Opfer. Zur Aussiedlung der Deutschen aus dem Gebiet Kaliningrad 1947-1948, in: Deutschland Archiv 40 (2007), 5, S. 840-847.

⁵⁶ Sumowski, Jetzt war ich ganz allein, S. 217-218.

⁵⁷ BArch DO 2/54, fol. 82-85, Deutsche Verwaltung des Innern, Hauptabteilung Umsiedler, Notiz für Vizepräsidenten Arthur Vogt, Betr. Umsiedler aus Ostpreussen, 4.11.1948.

⁵⁸ Balko, Land in dunklen Zeiten, S. 145.

⁵⁹ Fisch / Klemeševa, Schicksal der Deutschen, S. 399, stellen anhand russischer Archivunterlagen „pro Zug 3 bis 9" Verstorbene fest. Mittelt man diesen Wert und multipliziert ihn mit der Gesamtzahl der Transporte (48), ergibt sich eine Zahl von 288 Toten. Kibelka, Wolfskinder, S. 120, gibt für die Transporte insgesamt 48 Tote an und stützt sich dabei auf die Unterlagen der deutschen Verwaltungsstellen. Die erhebliche Differenz ließe sich mit der offensichtlich angewendeten Praktik erklären,

einen Großteil der unterwegs Verstorbenen während der zahlreichen Zwischenstopps aus den Waggons zu holen, sodass die meisten Toten daher von keiner deutschen Statistik erfasst worden sind.

[60] Balko, Land in dunklen Zeiten, S. 150-151.

[61] BArch DO 2/54, fol. 75-77, Zentralverwaltung für deutsche Umsiedler, Bericht über die Reise der beiden Vizepräsidenten Philipp Daub und Arthur Vogt in das Quarantänelager Bitterfeld-Wolfen am 5.11. zwecks Besuchs des 4. Ostpreußen-Transportes, 8.11.1947; BArch DO 2/54, fol. 87, Umsiedlerstützpunkt Pasewalk, Bericht über den 1. Ostpreußentransport, 27.10.1947; BArch DO 2/54, fol. 94-96, Zentralverwaltung für deutsche Umsiedler, Bericht über den 3. Ostpreußentransport und die Besichtigung der Kinderlager Eggesin, Koserow, Grimmen, Seltz, 4.11.1947; BArch DO 2/54, fol. 101-102, Umsiedlerstützpunkt Pasewalk, Bericht über den 5. Ostpreußentransport, 4.11.1947; ADW, ZBB 814, Bericht der Diakonisse Frida F. über ihre Tätigkeit auf dem Umsiedlerstützpunkt Pasewalk, wo sie zwischen August und Oktober 1948 rund 42 000 deportierten Ostpreußen den ersten Gruß der Kirche ausgerichtet hatte, Oktober 1948.

[62] BArch DO 2/70, fol. 107, Zentralverwaltung für deutsche Umsiedler, Telefongespräch mit dem Ministerium für Sozialwesen in Schwerin, 21.11.1947; BArch DO 2/20, fol. 176, Ministerium für Sozialwesen Schwerin, Hauptabteilung Umsiedler, Ärztlicher Jahresbericht 1947.

[63] Landeshauptarchiv Schwerin [im Folgenden: LHAS], 6.11-11/2683, Ministerium des Innern Schwerin, Krankenbetreuung im Umsiedlerlager Eggesin 1947-1949.

[64] ADW, Allg. Slg. 1095, Bericht „Ostpreussische Waisenkinder" des Zentralbüros Ost der Evangelischen Kirche in Deutschland über die Verteilung von Lebensmittelspenden an Pflege- und Heimkinder in der SBZ, Ende 1947; BArch DO 2/70, fol. 119, Zentralverwaltung für deutsche Umsiedler, Aktenvermerk über Gesundheitszustand eines Kindertransports im Lager Polizeikaserne Erfurt, 3.12.1947.

[65] Spatz, Ostpreußische Wolfskinder, S. 99 ff.

[66] Kibelka, Wolfskinder, S. 129-142; Herrmann, Die Ostpreußen in Litauen, S. 211 ff.; Interviews mit: Pentzeck, Brunhild; Schirrmacher, Ruth.

[67] Spatz, Ostpreußische Wolfskinder, S. 102 ff.; außerdem Skliutauskas, Jokubas: Über die Abschiebung der Ostpreußen aus Litauen in die DDR 1951. Erinnerungen eines Arztes, in: Annaberger Annalen 1 (1993), S. 7-12; Stark, Felicitas: Der Wolfskindertransport 1951 von Litauen in die DDR. Vorbereitung, Durchführung, Integration, Magisterarbeit Mainz, 1997.

[68] Spatz, Ostpreußische Wolfskinder, S. 106 ff.
[69] BArch DO 2/70, fol. 72-73, Zentralverwaltung für deutsche Umsiedler, Bericht über eine Dienstreise einer Mitarbeiterin nach Pasewalk, Eggesin, Koserow, Grimmen und Seltz vom 29.10.–2.11.1947, 5.11.1947; BArch DO 2/70, fol. 96, Zentralverwaltung für deutsche Umsiedler, Aktennotiz über eine Besprechung mit dem Zentraljugendamt und der Volkssolidarität, 13.11.1947. Allgemein zum weiteren Schicksal anhangloser Ostpreußenkinder: Fügemann, Bettina: Ich suche eine neue Mutti. Kinder in Sachsen-Anhalt als Opfer der Vertreibung 1945-1951, Halle (Saale) 2015; Kaltenborn, Steffi: Die Aufnahme elternloser ostpreußischer Kinder im Jahre 1947 in Thüringen, sowie Pietsch, Martina: Kinderlager in Sachsen – eine Durchgangsstation auf dem Lebensweg anhangloser Kinder und Jugendlicher aus Königsberg 1947/48, beide Aufsätze in: 50 Jahre Flucht und Vertreibung. Gemeinsamkeiten und Unterschiede bei der Aufnahme und Integration der Vertriebenen in die Gesellschaften der Westzonen/Bundesrepublik und der SBZ/DDR, hrsg. v. Manfred Wille, Magdeburg 1997, S. 323-335 und S. 312-322.
[70] Sumowski, Jetzt war ich ganz allein, S. 230-232.
[71] Landesarchiv Berlin [im Folgenden: LArchB], C Rep. 104, Nr. 2141-2147.
[72] LArchB, C Rep. 104, Nr. 2144 F118/49, Kreisgesundheitsamt Dippoldiswalde an den Kreisrat für innere Verwaltung in Dippoldiswalde, 10.6.1949.
[73] LArchB, C Rep. 104, Nr. 2142 F40/49, Verhandlung vor dem Stadtjugendamt Görlitz, vorgeladen Wally K. aus Görlitz, 15.3.1948.
[74] LArchB, C Rep. 104, Nr. 2147 F25/52, Schreiben von Wilhelm H. an den Magistrat von Berlin, Rathenow, 4.11.1952.
[75] LArchB, C Rep. 104, Nr. 2147 F25/52, Brief der Schwester Gerda E. an das Heimkind Uschi R., Kletzke, 29.9.1949 (Abschrift).
[76] Kreisarchiv Bautzen, Kinderkartei aus dem Lager Bischofswerda, stichprobenartige Auswertung für den Buchstaben „B", 145 Karteikarten von Kindern aus dem nördlichen Ostpreußen. Diese Kartei eignet sich hervorragend für Untersuchungen, weil rund 3000 der 5363 anhanglosen Ostpreußenkinder direkt nach ihrer Quarantäne das Lager Bischofswerda durchliefen, bevor sie mit ihren Familien wiedervereint in Pflegefamilien oder in Heime gegeben wurden. Vom Kreis der genannten 60 Prozent Heim- und Pflegefamilienkinder müssen die nachträglich erfolgten Familienzusammenführungen abgerechnet werden, sodass sich die angegebene Verteilung von 50 : 50 ergibt.

⁷⁷ BArch DO 1/8210, Protokoll einer Besprechung des Ministeriums des Innern, Abteilung Bevölkerungspolitik, mit den Innenministerien der Länder, der Generaldirektion der Reichsbahn sowie den Leitern der für den Litauen-Transport vorgesehenen Quarantänelager, 5.4.1951.

⁷⁸ Hier sowie im Folgenden: Spatz, Ostpreußische Wolfskinder, S. 110 ff.

⁷⁹ Hier sowie im Folgenden: Spatz, Ostpreußische Wolfskinder, S. 112 ff.

⁸⁰ SED hält Kinder zurück, in: Die Welt, 15.6.1951; Die letzten Königsberger kamen ..., in: Die Zeit, Nr. 25, 21.6.1951; Königsberger kommen aus Litauen, in: Das Ostpreußenblatt, Nr. 12, 20.6.1951; Litauer standen ihnen bei, in: Das Ostpreußenblatt, Nr. 13, 5.7.1951.

⁸¹ ADW, ZB 836, DRK Suchdienst Hamburg, Weitere Befragungsergebnisse der über das Lager Friedland in den Westzonen eingetroffenen Umsiedler der Transporte aus Litauen und dem Memelgebiet (UdSSR), Zusatz der Befragungsstelle Friedland, S. 2, 30.6.1951 (Abschrift).

⁸² DRK Hamburg, H2 9939, Evangelisches Lagerpfarramt Friedland, Brief des Lagerpfarrers Lippert an einen Amtsbruder, Juli 1951.

⁸³ Landeshauptarchiv Sachsen-Anhalt [im Folgenden: LHASA], MD, K 3, Nr. 6528, fol. 446, Schreiben des Herrn M. an den Rat des Kreises Bitterfeld, Marburg, 21.5.1951.

⁸⁴ DRK München, H 557, Verfügung 3464-13182/51 des Bundesministers für Justiz an sämtliche Landesjustizverwaltungen, 6.10.1951.

⁸⁵ DRK Hamburg, H2 9939, Evangelisches Lagerpfarramt Friedland, Brief des Lagerpfarrers Lippert an einen Amtsbruder, Juli 1951; beispielhaft für zahlreiche Schriftwechsel ähnlichen Inhalts: HStAH, Nds. 386 Acc. 67/85, Nr. 503, fol. 31-34, Schreiben von Martha S. (Jg. 1916) an den Heimkehrerverband, Ortsverband Solingen, Solingen, 2.6.1954; HStAH, Nds. 386 Acc. 67/85, Nr. 544, fol. 5-6 und 21, Schreiben des Heimkehrerverbands, Kreisverband Osterode/Harz, an die Lagerleitung Friedland bzgl. Heimkehrereigenschaft von Helene B. (Jg. 1907), 22.1.1955 sowie Schreiben des Heimkehrerverbands, Ortsverband Bad Lauterberg, an die Lagerleitung Friedland, 17.4.1955; beispielhaft für die DDR: Sächsisches Hauptstaatsarchiv [im Folgenden SächsHStA], 11377/2232, fol. 4-5, 16-19, 55-57, 62-63, 82-83, Ministerium des Innern Dresden, Abteilung Bevölkerungspolitik, Berichte über die Überprüfung der Unterbringung der Umsiedler vom Transport aus dem Kaliningrader Gebiet, Kontrollfahrten am 19.11.1951 im Kreisgebiet Bautzen; am 27.12.1951 im Kreisgebiet Dresden; am 6.12.1951 im Stadtgebiet Leipzig; am 18.12.1951 im Kreisgebiet Meißen; am 26.10.1951 im Kreisgebiet Rochlitz;

⁸⁶ BArch DO 2/70, fol. 94-95, Zentralverwaltung für deutsche Umsied-

ler, Bericht über die Reise des Zweiten Vizepräsidenten Arthur Vogt nach Pasewalk/Eggesin, 10.11.1947; ADW, ZBB 814, Bericht der Diakonisse Frida F. über ihre Tätigkeit auf dem Umsiedlerstützpunkt Pasewalk, wo sie zwischen August und Oktober 1948 rund 42 000 deportierten Ostpreußen den ersten Gruß der Kirche ausgerichtet hatte, Oktober 1948.

[87] LHAS, 6.11-21/3595, Ministerium für Volksbildung Schwerin, Bericht von Heinz W., Mitglied im Kreisumsiedlerausschuss Usedom, über die Begleitung des Kindertransportes von Koserow nach Falkensee bei Berlin, 13.11.1947.

[88] LHASA, MD, K 3 Nr. 6775, fol. 608-610, Quarantänelager Wolfen, Bericht über die schulische Betreuung der Repatriantenkinder aus Litauen, 2.7.1951. Ganz ähnlich auch die Erfahrungen der Lehrer in Bischofswerda und Fürstenwalde: BArch DO 1/8408, Quarantänelager Bischofswerda, Erfahrungsbericht über die pädagogische Tätigkeit im Quarantänelager Bischofswerda, 7.6.1951 (Abschrift); Brandenburgisches Landeshauptarchiv [im Folgenden: BLHA], Rep. 203, Nr. 1182, fol. 47, Quarantänelager Fürstenwalde, Bericht über die schulische Betreuung des Transportes aus Insterburg, 8.6.1951.

[89] BArch B 150/5813, fol. 67-68, Bundesministerium für Vertriebene an Bundesministerium des Innern bzgl. Schulbildung der aus Polen und den polnisch besetzten Gebieten rückgeführten Kinder, 4.7.1950; BArch DO 1/15631, Ministerium für Volksbildung, Richtlinien über die Fördermaßnahmen für die besondere Betreuung überalterter Schüler, insbesondere der Kinder ehemaliger Umsiedler, 19.9.1950, sowie Ministerium für Volksbildung an die Bildungsministerien der Länder, Richtlinien über die erste Betreuung der Kinder und Jugendlichen von Umsiedlern in den Sammellagern der Deutschen Demokratischen Republik, 19.9.1950.

[90] Leiserowitz, Ruth: Von Ostpreußen nach Kyritz. Wolfskinder auf dem Weg nach Brandenburg, Potsdam 2003, S. 35-50.

[91] Exemplarisch die Interviews mit: Buchholz, Günter; Ehlert, Edith; Machein, Dora und Eva; Moritz, Gerda; Ptack, Kurt.

[92] BArch DO 1/15631, gesamter Vorgang um die Schwestern K. (Jg. 1936 und 1937) zwischen dem Ministerium des Innern, Abteilung Bevölkerungspolitik, und dem Ministerium für Volksbildung, Juli 1951 – Februar 1952.

[93] BArch B 150/5813, fol. 315-316, Bundesministerium für gesamtdeutsche Fragen an Bundesministerium für Vertriebene, Betr. Schulische Ausbildung von deutschen Kindern aus Ostpreußen und Litauen, 26.9.1951; BArch B 150/5813, fol. 310-311, Bundesministerium für Ver-

triebene an Bundesministerium für gesamtdeutsche Fragen, Betr. Schulische Ausbildung von aus dem Ausland und den polnisch besetzten Gebieten rückgeführten Kindern, 7.11.1951; BArch B 150/5813, fol. 218, Bundesministerium für Vertriebene, Vermerk über den Besuch des Leiters der Förderschule für rückgeführte Kinder im Steilhof in Espelkamp, Herrn Thie, am 15. Mai 1952.

[94] Sie mußten erst deutsch sprechen lernen, in: Die Zeit, Nr. 38, 17.9.1953. Die gleich zu Beginn aus der Erinnerung des Lehrers wiedergegebene Jahreszahl 1950 kann im Zusammenhang mit der geschilderten Situation nicht stimmen, da sie sich so erst nach dem Eintreffen der Ostpreußen aus Litauen im Mai 1951 abgespielt haben kann.

[95] Landesarchiv Schleswig-Holstein [im Folgenden: LASH], Abt. 761, Nr. 4951, Gemeinsamer Runderlass des Kultusministers (V 250 - 1672/52 - Wentorf) und des Ministers für Arbeit, Soziales und Vertriebene des Landes Schleswig-Holstein (IX/50 a - 2129 a, Tgb. Nr. 147/52), Betr. Beschulung heimatvertriebener Kinder ohne ausreichende Schulbildung in dem Volksschulinternat für Heimatvertriebene in Wentorf, 9.10.1952. Zu dieser Einrichtung siehe auch den Aufsatz von Kolbeck, Hans Heinrich: Eine Schule für Flüchtlingskinder: die „Heimschule Wentorf", in: Schleswig-Holstein. Kultur, Geschichte, Natur 2005, 5, S. 9-12.

[96] LASH, Abt. 815.2, Nr. 24, Erfahrungsbericht des Heimleiters Ueberück über ein Jahr Arbeit in der Heimschule Wentorf, 10.11.1953, S. 1-2 und 8-9.

[97] Ebd., S. 7.

[98] Ebd., S. 1-12.

[99] LASH, Abt. 815.2, Nr. 17, Notizen des Heimleiters Ueberück, um 1953/1954; LASH, Abt. 815.2, Nr. 80, Schreiben Ueberücks an den im Krankenhaus liegenden Schüler Rudolf P., 30.12.1952; Erste Heimschule für junge Spätheimkehrer. Bisher noch ohne Beispiel / Neue Erziehungsmethoden für volksdeutsche und heimatvertriebene Schüler, in: Lauenburgische Landeszeitung, Nr. 293, 18.12.1952; Eine Schule, in der es keine Zensuren gibt. Heute Eröffnung der ersten Heimschule für Heimatvertriebene und Volksdeutsche, in: Lübecker Nachrichten, Nr. 292, 19.12.1952; Man schenkt ihnen die Kindheit wieder, in: Kieler Nachrichten, Nr. 263, 10.11.1954; Das Misstrauen schwindet. Erste Heimschule für deutsche Kinder aus den Ostländern, in: Die Welt, 28.2.1953; Fünfzehnjährige Heimatvertriebene als ABC-Schützen. Heimschule in Wentorf führt Jugendliche ins Leben zurück, in: Das Ostpreußenblatt, Nr. 10, 5.4.1953; Sie haben Deutsch gelernt, in: Die Zeit, Nr. 13, 1.4.1954.

[100] LASH, Abt. 815.2, Nr. 17, Heimleiter Ueberück, handschriftliche Auflistung der gewählten Ausbildungsberufe von seit 1953 abgegangenen Schülern (34 Jungen, 26 Mädchen), undatiert, vermutlich 1955.

[101] LASH, Abt. 815.2, Nr. 27, Schreiben Ueberücks an die zukünftige Arbeitgeberin seiner Schülerin Helga B. (Jg. 1937), 22.11.1954.

[102] Letztes Zitat: LASH, Abt. 815.2, Nr. 63, Brief des Schülers Siegfried S. (Jg. 1938) an Ueberück, Rendsburg, 21.5.1954. Alle anderen Zitate zusammengestellt in: LASH, Abt. 815.2, Nr. 17, Heimleiter Ueberück, Stichpunkte zur Entstehung und Entwicklung der Heimschule Wentorf, undatiert, vermutlich erste Jahreshälfte 1955.

[103] LASH, Abt. 815.2, Nr. 80, Brief von Maria P. an Heimleitung, Lehrer und Erzieher der Heimschule Wentorf, Bückeburg, 11.3.1956.

[104] BLHA, Rep. 401, Nr. 2076, fol. 437, Kinderheim „Ernst Thälmann" Kyritz an die Bezirksverwaltung Jugendhilfe-Heimerziehung Potsdam bzgl. Feier anlässlich des Geburtstages von J.W. Stalin, 5.1.1952; BLHA, Rep. 401, Nr. 2076, fol. 438-439, Erfüllungsbericht über den Aktionsplan des Kinderheimes „Ernst Thälmann" Kyritz für das zweite Halbjahr 1952, 17.12.1952; BLHA, Rep. 401, Nr. 2072, Pädagogischer Arbeitsplan des Kinderheims „Ernst Thälmann" Kyritz für das Schuljahr 1953/54, 1.9.1953.

[105] DRK München, H 559, Niederschrift über den Bericht des Geschäftsführers des DRK-Referats Familienzusammenführung zum Tagesordnungspunkt 3: „Die derzeitige Lage der zurückgehaltenen Personen" (Anlage 1 zum Protokoll der Sitzung des Fachausschusses Familienzusammenführung/Kinderdienst vom 30.6.1953), 9.7.1953; hierzu und im Folgenden auch: Kibelka, Wolfskinder, S. 143-159; zur grundsätzlichen Tätigkeit der Suchdienste: Narben bleiben. Die Arbeit der Suchdienste – 60 Jahre nach dem Zweiten Weltkrieg, hrsg. v. Deutschen Roten Kreuz Suchdienst München u.a., München 2005; zum vom DRK den Angehörigen in der Bundesrepublik empfohlenen Vorgehen: ADW, HJD 69, Tätigkeitsbericht der Geschäftsstelle Familienzusammenführung Hamburg für das Haushaltsjahr 1953, 6.4.1954, S. 5.

[106] Politisches Archiv des Auswärtigen Amtes [im Folgenden: PA AA], MfAA, C 7741, fol. 67, Ministerium für Auswärtige Angelegenheiten an die Diplomatische Mission der DDR in Moskau, Betr. Rückführung von Kindern aus der UdSSR, 21.8.1952.

[107] PA AA, MfAA, A 509, fol. 59-60, Botschaft der DDR in Moskau an das Ministerium für Auswärtige Angelegenheiten - HA IV -, Betr. Erteilung der Genehmigung zur Einreise in die DDR durch die zuständigen deutschen Organe, 28.9.1955.

[108] PA AA, MfAA, C 7741, fol. 6-8, Ministerium für Auswärtige Angelegenheiten an die Botschaft der DDR in Moskau, Betr. Kinderrückführungen, 17.10.1956.
[109] Kibelka, Ruth: Memelland. Fünf Jahrzehnte Nachkriegsgeschichte, Berlin 2002, S. 63-84 (Kapitel „Familienzusammenführung – ein deutsch-deutscher Wettbewerb"); Dies., Wolfskinder, S. 156 ff.
[110] DRK Hamburg, Einzelfallkartei Familienzusammenführung, Film 6003221-56/056 (Zeitraum 1951-1958), gesamter Vorgang.
[111] Für die DDR: Bestand B 22 MfAA C (Botschaft Moskau – Konsularabteilung) im Politischen Archiv des Auswärtigen Amts; für die Bundesrepublik: Einzelfallkartei Familienzusammenführung beim DRK Hamburg.
[112] Kibelka, Memelland, S. 74-84.
[113] Die deutsche Botschaft in Wilna resümierte 1995 nach eingehender Befragung einer größeren Gruppe von Betroffenen im Hinblick auf die willentliche Preisgabe der deutschen Staatsbürgerschaft in einem Schreiben an das Auswärtige Amt: „In aller Regel wird es an dem Willen, eine ausländische Staatsangehörigkeit erwerben zu wollen, gefehlt haben." BMI, Staatsangehörigkeit der „Wolfskinder" in Litauen, Band 3 (V II 2 – 124080 LIT/2), Botschaft der Bundesrepublik Deutschland in Wilna an das Auswärtige Amt, Betr. Staatsangehörigkeitsrecht, hier: Anträge der „Wolfskinder" in Litauen auf Feststellung der deutschen Staatsangehörigkeit bzw. Wiedereinbürgerung in den deutschen Staatsverband, 16.3.1995; in diesem Zusammenhang außerdem: Kibelka, Wolfskinder, S. 143-159.
[114] Der gesamte Vorgang um Marianne Beutler ist auch vom DRK dokumentiert: DRK Hamburg, Einzelfallkartei Familienzusammenführung, Film 6038444-95/199 und NV 433/B-79 + aktualisierter Vorgang (Zeitraum 1958-1964 und 1989-1990).
[115] DRK München, H 229, Grenzdurchgangslager Friedland, Deutsche in dem Zwangsaufenthaltsort Kaunas (Kowno) Litowskaja SSR, Gewährsmann B., Adolf (Jg. 1920), Angaben vom 18.7.1956, bearbeitet am 9.9.1956; DRK München, H 229, Grenzdurchgangslager Friedland, Deutsche in dem Zwangsaufenthaltsort Kowno/Lit. SSR, Gewährsmann R., Gerda (Jg. 1936), Angaben vom 29.12.1957, bearbeitet am 2.1.1958; DRK München, H 264, Grenzdurchgangslager Friedland, Einzelausreisende aus dem Zwangsaufenthaltsort Tauroggen/Lit. SSR, Gewährsmann Familie B., 28.4.1960.
[116] BArch DO 1/34.0/6020 (Aktenzeichen: 50-02-138), Ministerium

des Innern, Abteilung Innere Angelegenheiten, Hauptverwaltung Deutsche Volkspolizei, Schreiben von Frau W. aus Monckeshof (Mecklenburg) an das Ministerium für Auswärtige Angelegenheiten, dort. Eingang: 14.11.1957, (angegeben ist in diesem Fall die Bundesarchiv-Altsignatur).

[117] DRK Hamburg, Einzelfallkartei Familienzusammenführung, Film 6009119-150/070 Mü (Zeitraum 1956-1972), Schreiben von Klaus W. an Tante L., Memel, 29.1.1962 (Abschrift des DRK).

[118] DRK Hamburg, Einzelfallkartei Familienzusammenführung, Film 6013016-253/139 (Zeitraum 1951-1976), Schreiben von Horst R. an seine Eltern, Lelionys (Litauen), undatiert (Abschrift des DRK vom 25.8.1965).

[119] PA AA, B 85, Bd. 1445, Botschaft der Bundesrepublik Deutschland in Moskau an das Auswärtige Amt, Betr. Rückführung/Familienzusammenführung von Deutschen aus der UdSSR, hier: Horst R., 20.10.1971; der gesamte Vorgang um Horst R.: DRK Hamburg, Einzelfallkartei Familienzusammenführung, Film 6013016-253/139 (Zeitraum 1951-1976) und PA AA, B 85, Bd. 1445.

[120] PA AA, B 41, Bd. 109, fol. 552-562, Auswärtiges Amt, V6 -86.30, Zur Unterrichtung über die Umsiedlung und Familienzusammenführung von Deutschen aus Osteuropa, 30.8.1972, S. 2.

[121] PA AA, B 85, Bd. 1444, Schreiben von Gerhard E. an Legationsrat Stubbe im Auswärtigen Amt, Betr. V6 – 88/ 16 109, Degersen, 31.5.1966. Für den gesamten Vorgang um seinen Sohn siehe neben PA AA, B 85, Bd. 1444 auch DRK Hamburg, Einzelfallkartei Familienzusammenführung, Film 6009614-162/159 (Zeitraum 1958-1966).

[122] Beispielhaft für die mediale Anteilnahme in solchen Fällen: Wolfgang aus Königsberg. Sein Leidensweg endete in Recklinghausen, in: Das Ostpreußenblatt, Nr. 49, 8.12.1962; Peter und Joulia – auf russisch. Nach 22 Jahren Sibirien: Heimkehr aus Uchta, in: Bild am Sonntag, 27.3.1966; Nach über 30 Jahren wieder vereint. Freude über heimgekehrte Tochter aus Sibirien – DRK-Suchdienst erfolgreich, in: Nordwest-Zeitung, 14.11.1976.

[123] DRK München, H 1006, Suchdienst Hamburg, Bericht „Als Kind verschollen, nach 15 Jahren aufgefunden, jetzt wieder im Elternhaus", 17.1.1966.

[124] Exemplarisch für die Kinderlosen und unter Dreißigjährigen die Interviews mit Ehlert, Peter; Schrade, Irmgard; Schwark, Hubert; Simon, Horst; exemplarisch für die über Dreißigjährigen mit Kindern die Interviews mit Löll, Horst; Wedemann, Inge.

[125] Für die Einzelausreisenden in die DDR siehe den Bestand B 22

MfAA C (Botschaft Moskau – Konsularabteilung) im Politischen Archiv des Auswärtigen Amtes. Für die Einzelausreisenden in die Bundesrepublik siehe das Verzeichnis beim DRK München über die ab 1955 aus der Sowjetunion im Lager Friedland eingetroffenen Zivilpersonen (Bestand Suchdienst Hamburg, SU: Zwangssiedlungsorte).

[126] Allgemein zum Thema Kriegskinder: Lorenz, Hilke: Kriegskinder. Das Schicksal einer Generation, München 2003; Die „Generation der Kriegskinder". Historische Hintergründe und Deutungen, hrsg. v. Jürgen Reulecke und Lu Seegers, Gießen 2009.

[127] Zahlreiche junge Ostpreußen hatten im Rahmen der Überprüfung ihrer Heimkehrereigenschaft durch die Verwaltung des Grenzdurchgangslagers Friedland bereits wenige Jahre nach dem Eintreffen in der Bundesrepublik Schwierigkeiten, für die geleisteten Angaben überhaupt nur einen Zeugen zu benennen, siehe hier exemplarisch: NLA HStAH, Nds. 386 Acc. 67/85, Nr. 363, fol. 10-11, Schreiben von Fritz B. an die Lagerleitung Friedland bzgl. Überprüfung der Heimkehrereigenschaft seiner Schwester, Gelsenkirchen, 10.10.1955; NLA HStAH, Nds. 386 Acc. 67/85, Nr. 407, fol. 5-8, Antrag auf Anerkennung als Heimkehrer und Ausstellung einer Heimkehrer-Bescheinigung, gestellt von Horst H. (Jg. 1932), Buchholz, 15.11.1955; NLA HStAH, Nds. 386 Acc. 67/85, Nr. 1754, fol. 3-7, Antrag auf Anerkennung als Heimkehrer und Ausstellung einer Heimkehrer-Bescheinigung, gestellt von Ursula F. (Jg. 1936), Lippstadt, 2.4.1957.

[128] Zwei frühere Erzieherinnen, die heute auf dem Ludwig-Steil-Hof in Espelkamp ihren Lebensabend verbringen, geben von sich aus ebenfalls an, die ihnen anvertrauten Kinder und Jugendlichen bei sich bietenden Gelegenheiten vorsichtig auf belastende Themen angesprochen zu haben, siehe die Interviews mit der Diakonissenschwester Hilde und der Freien Schwester Gisela in Espelkamp am 25.3.2011 und 6.9.2011.

[129] Interview mit einer der im Quellenverzeichnis aufgelisteten Personen. Eine genaue Zuordnung wird hier aus Gründen des Persönlichkeitsschutzes nicht vorgenommen.

[130] Ansilewska, Marta / Spatz, Christopher: Gemeinsam einsam? Ein Vergleich „polnischer Holocaustkinder" und „ostpreußischer Wolfskinder", in: BIOS. Zeitschrift für Biographieforschung, Oral History und Lebensverlaufsanalysen 25 (2012), 2, S. 279-295; Ungar-Klein: Brigitte: Überleben im Versteck – Rückkehr in die Normalität? in: Überleben der Shoah – und danach. Spätfolgen der Verfolgung aus wissenschaftlicher Sicht, hrsg. v. Alexander Friedmann u.a., Wien 1999, S. 31-41; Ostpreußi-

sche Waisenhausinsassen und Wolfskinder unterscheiden sich einzig in den Punkten „fehlende gemeinsame Furcht- und Leiderfahrungen" und „Annahme einer neuen Identität", die von den Waisenhauskindern nur mit Einschränkungen geteilt werden.

[131] Muhtz, Christoph u.a.: Langzeitfolgen von in der Kindheit am Ende des II. Weltkriegs erlebter Flucht und Vertreibung, in: Psychother Psych Med 2011, 61, S. 233-238; außerdem eine Studie zu den psychosomatischen Langzeitfolgen kriegsvergewaltigter deutscher Frauen: Kuwert, Philipp u.a.: Trauma and current posttraumatic stress symptoms in elderly German women who experienced wartime rapes in 1945, in: J Nerv Ment Dis 2010, vol. 198, S. 450-451.

[132] Interview mit einer der im Quellenverzeichnis aufgelisteten Personen. Eine genaue Zuordnung wird hier aus Gründen des Persönlichkeitsschutzes nicht vorgenommen.

[133] Allgemein zu diesem Phänomen: Bode, Sabine: Die vergessene Generation. Die Kriegskinder brechen ihr Schweigen, München 2005.

[134] Hierzu und im Folgenden: Assmann, Aleida: Der lange Schatten der Vergangenheit. Erinnerungskultur und Geschichtspolitik, München 2006, S. 153-168; außerdem für die historische Kontextualisierung der Faktoren Sprachlosigkeit und soziale Akzeptanz von Erinnerungen: Kossert, Andreas: Kalte Heimat. Die Geschichte der deutschen Vertriebenen nach 1945, München 2008, S. 323-354.

[135] Hierzu: Assmann, Aleida: Wie wahr sind Erinnerungen? in: Das soziale Gedächtnis. Geschichte, Erinnerung, Tradierung, hrsg. v. Harald Welzer, Hamburg 2001, S. 103-122.

[136] Interview mit Broehl, Helga.

[137] Hierzu: Assmann, Wie wahr sind Erinnerungen, S. 115-118.

[138] In dem Verein organisierten sich gebürtige Ostpreußen der Jahrgänge 1930 bis etwa 1942, die seit der Nachkriegszeit in Litauen lebten. Der Verein diente seinen Mitgliedern unter anderem bei ihrer Identitätssuche und als Interessenvertretung gegenüber den deutschen Behörden.

[139] Hier und im Folgenden: Spatz, Ostpreußische Wolfskinder, S. 168-183.

[140] Interview mit einer Beamtin des Bundesverwaltungsamts aus dem Referat Staatsangehörigkeitsfeststellung in Köln am 19.11.2012; zur Initiative dieser Anhörung in der deutschen Botschaft in Wilna: Privatarchiv Schloss Stetten, Künzelsau, Ordner Edelweiß, Rundschreiben von Wolfgang Freiherr von Stetten an alle Mitglieder des Vereins Edelweiß, Bonn, 14.4.1993.

[141] Bundesverwaltungsamt [im Folgenden: BVA], III B1-1.10, Grund-

satzakte Wolfskinder/Litauen, fol. 16-17, Parlamentarischer Staatssekretär beim BMI Eduard Lintner an die Aussiedlerbeauftragte der CDU/CSU-Bundestagsfraktion Gertrud Dempwolf, ohne Betreff, 12.7.1993.

[142] BMI, Staatsangehörigkeit der „Wolfskinder" in Litauen, Band 4 (V II 2 – 124080 LIT/2), BMI an BVA, Referat III 1, nachrichtlich an Auswärtiges Amt, Referat 510, sowie an Innenministerien und Senatsverwaltungen der Länder, Betr. Staatsangehörigkeits- und Einbürgerungsangelegenheiten, hier: Behandlung der sogenannten „Wolfskinder" in staatsangehörigkeitsrechtlicher Hinsicht, 12.9.1995.

[143] BVA, III B1-103105/1, ohne fol., Schreiben von Bruno R. an die deutsche Botschaft in Wilna, Aktenzeichen III 1 F – R 103105/1, Jurbarkas, 4.3.1996.

[144] BVA, III B1-49425 (alte Az.-Bezeichnung: III 1-G49425), fol. 21, Schreiben von Günter G. an die deutsche Botschaft in Wilna, Aktenzeichen III 1 F – 910545311, Kaunas, 3.6.1996.

[145] BVA, III B1-49557 (alte Az.-Bezeichnung: III 1-B49557), fol. 11, Schreiben von Ingrid B. an die deutsche Botschaft in Wilna, Kaunas, 20.6.1996.

[146] BVA, III B3–048317/01-EER, fol. 101-102, Schreiben von Ursula S. an das BVA Köln, Riga, 14.6.1996.

[147] BMI, Staatsangehörigkeit der „Wolfskinder" in Litauen, Band 5 (V II 2 – 124080 LIT/2), Schreiben des Vereins Edelweiß an Bundeskanzler Helmut Kohl (als Duplikat an Bundespräsidenten Roman Herzog, Wolfgang von Stetten und den Parlamentarischen Staatssekretär beim BMI Horst Waffenschmidt), ohne Ort, undatiert, am 14.5.1996 per Fax von Wolfgang von Stetten an das Bundeskanzleramt.

[148] Anträge auf Aufnahme nach dem Bundesvertriebenengesetz waren für die meisten Edelweiß-Mitglieder trotz der Beweisnot ihrer Abstammung und damit verbundener Probleme in den Staatsangehörigkeitsfeststellungsverfahren keine grundsätzliche Alternative gewesen, da a) nur ein kleinerer Teil die Voraussetzungen für eine Anerkennung als Aussiedler, etwa eine offensichtliche Prägung durch die deutsche Kultur sowie die Beherrschung der deutschen Sprache, erfüllte und b) auch nicht alle, die einen deutschen Pass wünschten, in die Bundesrepublik ausreisen wollten.

[149] NLA HStAH, Nds. 386 Acc. 67/85, Nr. 420; 503; 741; 1135; 1708, Gerichtsurteile aus dem Zeitraum 1954-1959 zur Frage eines erlittenen Gewahrsams im Königsberger Gebiet bzw. zur Frage einer erlittenen Verschleppung nach Litauen (die drei ersten zu Arbeitsverpflichtungen in

Königsberg bzw. Tilsit, das letztgenannte zu einem Zwangsaufenthalt auf einer Sowchose und einer Verschleppung nach Litauen): NLHA Nds. 732 Acc. 2000/140 Nr. 33/1, Landesverwaltungsgericht Hannover, II. Auswärtige Kammer Hildesheim, Az.: AH II 22/56; NLHA Nds. 732 Acc. 2000/140 Nr. 33/1, Landesverwaltungsgericht Hannover, II. Auswärtige Kammer Hildesheim, Az.: AH II 139/56 sowie Bundesverwaltungsgericht, BVerwG V C 215.57, Streitliste Nr. AH II 139/56 (LVG Hannover) (Abschrift); NLHA Nds. 732 Acc. 2000/140 Nr. 33/4, Landesverwaltungsgericht Hannover, II. Auswärtige Kammer Hildesheim, Az.: AH II 363/56 (mit Verweisen auf Urteile des Bundesverwaltungsgerichts zur Auslegung des Begriffes „Internierung" im Sinne des Heimkehrergesetzes); NLHA Nds. 386 Acc. 16/83 Nr. 3, fol. 115-121, Bundesverwaltungsgericht, BVerwG IV 036.54 (Abschrift).

[150] Innenministerium Baden-Württemberg an Christel Fischer (Az. 4-13/ Fischer, Christel /96), Betr. Durchführung des Bundesvertriebenengesetzes (BVFG), hier: Pauschale Eingliederungshilfe gem. § 9 Abs. 2 BVFG, Bezug: Ihr Schreiben vom 24.9.1996 an das Bundesministerium des Innern, 13.12.1996. Das Schreiben befindet sich in den Privatunterlagen der Adressatin.

[151] Diese Formulierung wird von mehreren Zeitzeugen verwendet. Gemeint ist damit ein Erwerb der deutschen Staatsangehörigkeit qua Geburt.

[152] Fechner, Eberhard: Wolfskinder, ZDF 1991.

[153] Von 1975 bis 1981 war vor dem Düsseldorfer Landgericht der Majdanek-Prozess gegen ehemalige SS-Angehörige des Lagerpersonals des nationalsozialistischen Konzentrationslagers Majdanek (bei Lublin) verhandelt worden.

[154] Zum Reden gebracht, in: Der Spiegel, 1991, 13.

[155] Beispielhaft: Bandilla, Gerd: In Gumbinnen 1945-1948, in: Gumbinner Heimatbrief, 1978, 39, S. 13-15; Koch, Ernst: Wir kamen 1945 wieder nach Ebenrode/Stallupönen zurück, in: Heimatbrief Ebenrode/Stallupönen, 1980/1981, 17, S. 83-87; Möller, Christa: Kindheitserinnerungen an Karwerningken, die nicht gerade die Sonnenseite des Lebens bedeuteten. Von März 1946 bis September 1948, in: Wehlauer Heimatbrief, 1981, 25, S. 23-27.

[156] In chronologischer Abfolge: Hansen-Wilhelm, Marianne: Wiedersehen nach 43 Jahren, in: Heimatbrief Kreis Gerdauen, 1988, 2, S. 6-7; Niehörster, Gerhard: „Der Himmel öffnet sich...", in: Heimatbrief Kreis Gerdauen, 1991, 8, S. 7-8; Motzkus, Anita: Himbeerwein in Schaulen. Auf

Besuch bei unseren Wolfskindern, in: Heimatbrief Kreis Gerdauen, 1999, 24, S. 130-132.

[157] Privatarchiv Schloss Stetten, Künzelsau, Ordner Edelweiß, gesamter Vorgang.

[158] Keine Sprache, keine Heimat, in: Der Spiegel, 1996, 3.

[159] Das Rudel der Wolfskinder, in: Süddeutsche Zeitung, 22.7.1999; Wiedersehen mit den Wölfen, in: Focus, 2009, 49; Der Leidensweg der deutschen Wolfskinder in Litauen, in: Die Welt, 25.6.2012.

[160] Pressemitteilung des Zentrums gegen Vertreibungen: Franz-Werfel-Menschenrechtspreis für Regisseur Rick Ostermann, URL: http://www.z-g-v.de/fileadmin/bilder/pdf-dokumente/f-w-p-2014.pdf, 17.7.2014, letzter Zugriff: 31.7.2016; für die beiden vorgenannten Beispiele: Der Leidensweg der deutschen Wolfskinder in Litauen, in: Die Welt, 25.6.2012; Ostpreußische Kinder flohen in die Wälder, in: Weser-Kurier, 5.12.2013.

[161] Blumenberg, Hans-Christoph: Die Kinder der Flucht. Wolfskinder (Staffel 2), ZDF 2006; Ostermann, Rick: Wolfskinder, Uraufführung Filmfestspiele Venedig 2013.

[162] Beispielhaft: Keine Hilfe für deutsche Wolfskinder, in: Der Spiegel, 2007, 7; Der Leidensweg der deutschen Wolfskinder in Litauen, in: Die Welt, 25.6.2012; Winterberg, Sonya: Wir sind die Wolfskinder. Verlassen in Ostpreußen, München 2012, S. 274-301.

[163] Für eine Vielzahl von Publikationen hier stellvertretend: Balko, Gerd: Land in dunklen Zeiten. Erinnerungen eines Arbeiters, Münster 2005; Doebler, Maria: Unsere Nachkriegswege im Kreis Gerdauen und in Litauen 1945-1948, in: Heimatbrief Kreis Gerdauen, 2009, 44, S. 114-116; Salomon, Heinrich: Nur nicht nach Labiau gehen! Erlebnisse während der Zivilgefangenschaft in der ostpreußischen Elchniederung von 1945 bis 1948, Norderstedt 2005; Schwarz, Erich: Überleben in Litauen. Erlebnisse zweier Freunde aus Königsberg in den Hungerjahren 1947/48, Hameln 1995; Sumowski, Hans-Burkhard: „Jetzt war ich ganz allein auf der Welt". Erinnerungen an eine Kindheit in Königsberg 1944-1947, München 2007; Witt, Elfriede: Königsberger Bürger nach 1945 als Bettler in Litauen, in: Königsberger Bürgerbrief, 1994, 43, S. 68.

[164] Interviews mit Kosemund, Leni; Luttkus, Inge; Wenk, Evelin.

[165] Zum Phänomen des sogenannten „Heimwehtourismus" im Königsberger Gebiet gibt es einen Beitrag der Historikerin Ruth Leiserowitz in: Le Tourisme mémoriel en Europe centrale et orientale, hrsg. v. Delphine Bechtel und Luba Jurgenson, Paris 2013. Siehe außerdem: Bed-

narz, Klaus: Fernes nahes Land. Begegnungen in Ostpreußen, Hamburg 1995, S. 203-376. Auch Nachrichtenmagazine berichteten in regelmäßigen Abständen, hier exemplarisch drei Artikel aus dem Spiegel: „Du sollst Dich erinnern", in: Der Spiegel, 1992, 22; „Da werden Blasen geschlagen", in: Der Spiegel, 1995, 17; Moskaus ungeliebte Beute, in: Der Spiegel, 2005, 26.

Lebensbiografische Interviews

Barth, Renate (Jg. 1937, Königsberger Gebiet → SBZ 1948), 23.3.2012 in Meerane
Behnke, Christel (Jg. 1933, Königsberger Gebiet → SBZ 1948), 21.3.2012 in Radebeul
Beutler, Marianne (Jg. 1936, Litauen → Deutschland 1996), 8.5.2011 in Berlin
Bolz, Ursula (Jg. 1928, Lettland → Deutschland 1997), 24.4.2012 in Essen
Broehl, Helga (Jg. 1934, Litauische SSR → DDR 1955 → Bundesrepublik 1956), 14.2.2012 in Laatzen
Buchholz, Günter (Jg. 1939, Königsberger Gebiet → SBZ → britische Besatzungszone 1948), 8.2.2012 in Holm (bei Hamburg)
Dettmann, Bruno (Jg. 1936, Königsberger Gebiet → SBZ 1948), 8.2.2011 in Schmiedeberg (Uckermark)
Doll, Eva (Jg. 1931, Litauische SSR → DDR → Bundesrepublik 1951), 27.1.2012 in Bad Harzburg
Ehlert, Edith (Jg. 1936, Litauische SSR → DDR → Bundesrepublik 1951), 21.4.2010 in Hamburg
Ehlert, Peter (Jg. 1937, Komi ASSR → Bundesrepublik 1966), 27.4.2012 in Hannover
Erlach, Johanna (Jg. 1934, Königsberger Gebiet → SBZ 1948), 2.9.2013 in Falkenau (Sachsen)
Fischer, Christel (Jg. 1934, Litauen → Deutschland 1996), 15.12.2012 in Grenzach-Wyhlen
Flak, Dora (Jg. 1935, Litauen → Deutschland 1999), 9.3.2012 in Schwerin
Gleixner, Günter (Jg. 1935, Litauen → Deutschland 1998), 24.4.2012 in Marl
Grigat, Artur (Jg. 1931, Königsberger Gebiet → SBZ → britische Besatzungszone 1948), 3.11.2014 in Bremen

Gudovius, Gerhard (Jg. 1932, Litauische SSR ➔ DDR ➔ Bundesrepublik 1951), 14.12.2012 in Reutlingen
Hofmann, Gisela und Wenk, Evelin (beide Jg. 1933, Litauische SSR ➔ DDR 1951 ➔ Bundesrepublik 1952), 24.10.2012 in Herford
Jeschkeit, Erika (Jg. 1935, Litauen ➔ Deutschland 1997), 1.3.2013 in Diepholz
Jonat, Helga (Jg. 1931, Litauen ➔ Deutschland 2000), 14.12.2012 in Monzelfeld (Rheinland-Pfalz)
Komp, Helmut (Jg. 1930, Litauische SSR ➔ DDR 1951), 19.3.2012 in Waldheim (Sachsen)
Kosemund, Leni (Jg. 1932, Königsberger Gebiet ➔ SBZ ➔ britische Besatzungszone 1948), 25.4.2012 in Mönchengladbach
Krause, Brigitte (Jg. 1937, Königsberger Gebiet ➔ SBZ ➔ West-Berlin 1947 ➔ Bundesrepublik 1957), 27.2.2013 in Ibbenbüren
Krell, Günter Heinz (Jg. 1935, Litauen ➔ Deutschland 1997), 28.3.2011 in Berlin
Löll, Horst (Jg. 1930, Weißrussische SSR ➔ Bundesrepublik 1973), 17.3.2011 in Billerbeck
Luttkus, Inge (Jg. 1936, Königsberger Gebiet ➔ SBZ 1948), 19.3.2012 in Chemnitz
Machein, Dora und Eva (Jg. 1938, Königsberger Gebiet ➔ SBZ 1948 ➔ britische Besatzungszone 1949), 29.9.2011 in Schenefeld (bei Hamburg)
Makies, Erwin (Jg. 1934, Königsberger Gebiet ➔ SBZ 1948 ➔ amerikanische Besatzungszone 1949), 16.12.2012 in Bebra
Markewitz, Brigitte (Jg. 1939, Litauen ➔ Deutschland 1993, Ausnahme unter den Edelweiß-Mitgliedern, weil 1993 Heirat mit deutschem Staatsbürger), 31.5.2012 in Geesthacht
Moritz, Gerda (Jg. 1939, Litauische SSR ➔ DDR ➔ Bundesrepublik 1951), 24.10.2012 in Bückeburg
Pahlke, Konrad (Jg. 1931, Litauische SSR ➔ DDR ➔ Bundesrepublik 1951), 12.3.2013 in Uplengen (Ostfriesland)
Pentzeck, Brunhild (Jg. 1939, Litauische SSR ➔ DDR ➔ Bundesrepublik 1951), 23.1.2012 in Nordhorn
Ptack, Kurt (Jg. 1940, Litauische SSR ➔ DDR ➔ Bundesrepublik 1951), 26.4.2012 in Bückeburg
Puschnakowski, Hans Werner (Jg. 1938, Litauen ➔ Deutschland 1996), 30.11.2011 in Berlin
Ramm, Ingrid (Jg. 1935, Litauen ➔ Deutschland 1997), 20.6.2012 in Berlin

Riemann, Hartmut (Jg. 1942, Litauen → Deutschland 1998), 3.12.2010 in Schwedt
Riemer, Elfriede (Jg. 1931, Königsberger Gebiet → SBZ 1948), 23.3.2012 in Dresden
Roepschläger, Bruno (Jg. 1937, Litauen → Deutschland 1996), 23.6.2010 in Bad Schwartau
Schalkau, Alfred (Jg. 1936, Königsberger Gebiet → Deutschland 1997), 15.12.2012 in Pfalzgrafenweiler
Schirrmacher, Charlotte (Jg. 1934, Litauische SSR → Bundesrepublik 1954), 25.4.2012 in Köln
Schirrmacher, Ruth (Jg. 1930, Litauische SSR → DDR → Bundesrepublik 1951), 26.4.2012 in Bochum
Schrade, Irmgard (Jg. 1934, Litauische SSR → Bundesrepublik 1962), 14.1.2013 in Schiffdorf-Wehdel (bei Bremerhaven)
Schwark, Hubert (Jg. 1938, Litauische SSR → DDR 1962), 8.3.2012 in Groß-Bengerstorf (Mecklenburg)
Schwarz, Dora (Jg. 1934, Litauen → Deutschland 2000), 6.7.2011 in Berlin
Simon, Horst (Jg. 1935, Litauische SSR → Bundesrepublik 1962), 11.7.2012 in Lübeck
Sinnhöfer, Manfred (Jg. 1943, Königsberger Gebiet → SBZ 1948), 25.10.2012 in Rostock
Treinies, Edith (Jg. 1934, Litauen → Deutschland 1998), 13.12.2012 in Taunusstein
Wedemann, Inge (Jg. 1939, Litauische SSR → Bundesrepublik 1973), 24.1.2012 in Nordenham
Weintke, Hannelore (Jg. 1940, Litauen → Deutschland 1998), 26.4.2012 in Wuppertal
Weiß, Klaus (Jg. 1937, Litauische SSR → Bundesrepublik 1966), 9.2.2012 in Pattensen
Wenk, Evelin (Jg. 1933, Litauische SSR → DDR 1951 → Bundesrepublik 1952), 30.11.2010 in Ahrensbök (Holstein)
Wieberneit, Ingrid (Jg. 1938, Litauen → Deutschland 1999), 17.4.2013 in Cloppenburg

Weitere Interviews mit:

einer Beamtin des Bundesverwaltungsamts in Köln aus dem Referat „Staatsangehörigkeitsfeststellung" (hat im Mai 1993 in der deutschen Botschaft in Wilna mit über 120 Edelweiß-Wolfskindern Einzelgespräche geführt), 9.11.2012 in Köln

der Diakonisse Hilde und der Freien Schwester Gisela (haben in den 1950er-Jahren in der Förderschule Espelkamp als Erzieherinnen gearbeitet), 25.3.2011 und 6.9.2011 in Espelkamp

Fritz, Edeltraut (hat als Medizinstudentin nach 1945 im Königsberger Krankenhaus der Barmherzigkeit gearbeitet), 23.10.2011 in Reinbek

Naujeck, Harry (hat als junger Mann nach 1945 für den Deutschen Club in Königsberg gearbeitet), 6.12.2010 und 20.1.2011 in Fredersdorf (bei Berlin)

Archivquellen

Archiv der Königsberger Diakonie in Wetzlar
Darstellung der Geschichte des Ostpreußischen Provinzialvereins für Innere Mission 1919-1949, Teilmanuskript des Pfarrers Paul Kaufmann

Archiv des Diakonischen Werkes der Evangelischen Kirche in Deutschland (ADW)
Allg. Slg., Allgemeine Sammlung
HJD, Nachlass Diehl, Heinrich Johannes (1908-2002)
ZB, Zentralbüro des Hilfswerks
ZBB, Zentralbüro des Hilfswerks Berliner Stelle

Bundesarchiv, Standort Bayreuth (BArch), Dokumentation der Vertreibung der Deutschen aus Ost-Mitteleuropa
Ost-Dok. 2, Erlebnisberichte

Bundesarchiv, Standort Berlin (BArch), Abteilung DDR
DO 1, Ministerium des Innern
DO 2, Zentralverwaltung für deutsche Umsiedler (ZVU)
Stiftung Archiv der Parteien und Massenorganisationen der DDR
DY 30, Sozialistische Einheitspartei Deutschlands (SED)

Bundesarchiv, Standort Koblenz (BArch), Abteilung Bundesrepublik
B 106, Bundesministerium des Innern
B 149, Bundesministerium für Arbeit und Sozialordnung
B 150, Bundesministerium für Vertriebene, Flüchtlinge und Kriegsgeschädigte

Brandenburgisches Landeshauptarchiv (BLHA)
Rep. 203, Landesregierung Brandenburg, Ministerium des Innern
Rep. 401, Landesregierung Brandenburg, Ministerium für Volksbildung

Bundesministerium des Innern
Referat V II 2, Staatsangehörigkeit der „Wolfskinder" in Litauen (8 Bände)

Bundesverwaltungsamt (BVA)
Referat III B1-1.10, Grundsatzakte Wolfskinder/Litauen
Referat III B1, Einzelfallakten
Referat III B3, Einzelfallakten

Deutsches Rotes Kreuz (DRK) Hamburg, Familienzusammenführung
Einzelfallkartei Familienzusammenführung
H2 3331, Familienzusammenführung Ost-West
H2 9938-9939, Familienzusammenführung, Kinderrückführung

Deutsches Rotes Kreuz (DRK) München, Suchdienst Hamburg
H 229 u. 264, Aussiedler/Heimkehrer aus der Sowjetunion im Lager Friedland
H 391, Wochenberichte Lager Friedland 1-68
H 556-557 u. 559, Arbeitsgemeinschaft Kinderrückführung
H 894 u. 1428, Zivilverschleppte
H 1006, Suchdienst Hamburg
BLN/DDR 367, Listen des Sondertransports aus Kaliningrad (für die Lager Fürstenwalde und Wolfen vollständig)

Kreisarchiv Bautzen
Kinderkartei aus dem Lager Bischofswerda

Landesarchiv Berlin (LArchB)
C Rep. 104, Magistrat von Berlin/ Inneres

Landesarchiv Schleswig-Holstein (LASH)
761, Landesregierung Schleswig-Holstein, Ministerium für Arbeit, Soziales und Vertriebene 815.2, Heimschule Wentorf, Volksschulinternat für Heimatvertriebene und Spätaussiedler

Landeshauptarchiv Schwerin (LHAS)
6.11-11, Landesregierung Mecklenburg, Ministerium des Innern
6.11-21, Landesregierung Mecklenburg, Ministerium für Volksbildung

Landeshauptarchiv Sachsen-Anhalt (LHASA)
MD, K3, Landesregierung Sachsen-Anhalt, Ministerium des Innern

Niedersächsisches Landesarchiv, Hauptstaatsarchiv Hannover (NLA HStAH)
  Nds. 386 Acc. 67/85, Grenzdurchgangslager Friedland

Politisches Archiv des Auswärtigen Amtes (PA AA), Abteilung Auswärtiges Amt der Bundesrepublik Deutschland)
  B 41 (Referat IIA4, Sowjetunion)
  B 85 (Referate 505/ V6/ / 513, Arbeits- und Sozialrecht)

Politisches Archiv des Auswärtigen Amtes (PA AA), Ministerium für Auswärtige Angelegenheiten der Deutschen Demokratischen Republik und Auslandsvertretungen)
  MfAA, A 509 (Abteilung Sowjetunion)
  MfAA, B 1.989 (Liste des Sondertransports aus Kaliningrad für das Lager Bischofswerda)
  MfAA, C 7739-11146 (Bestand B 22 / Botschaft Moskau – Konsularabteilung)

Privatarchiv Schloss Stetten Künzelsau
  Balten / Wolfskinder 94-98
  Balten / Wolfskinder 01/99-04/07
  Verein Edelweiß

Sächsisches Hauptstaatsarchiv Dresden (SächsHStA)
  11377, Landesregierung Sachsen, Ministerium des Innern
  11401, Landesregierung Sachsen, Ministerium für Volksbildung

Stadtarchiv Chemnitz (StadtA Chemnitz)
  Kreismeldekartei Chemnitz/Karl-Marx-Stadt 1951 bis 1993
  Rat der Stadt Chemnitz

Ausgewählte Literatur

(Historische) Darstellungen

Als die Deutschen weg waren. Was nach der Vertreibung geschah: Ostpreußen, Schlesien, Sudetenland, hrsg. v. Włodzimierz Borodziej, Ulla Lachauer u.a., Berlin 2005.
Als Russe in Ostpreußen. Sowjetische Umsiedler über ihren Neubeginn in Königsberg / Kaliningrad, hrsg. v. Eckhard Matthes, Ostfildern 1999.
Ansilewska, Marta / Spatz, Christopher: Gemeinsam einsam? Ein Vergleich „polnischer Holocaustkinder" und „ostpreußischer Wolfskinder", in: BIOS. Zeitschrift für Biographieforschung, Oral History und Lebensverlaufsanalysen 25 (2012), 2, S. 279-295.
Assmann, Aleida: Der lange Schatten der Vergangenheit. Erinnerungskultur und Geschichtspolitik, München 2006.
Assmann, Aleida: Wie wahr sind Erinnerungen? in: Das soziale Gedächtnis. Geschichte, Erinnerung, Tradierung, hrsg. v. Harald Welzer, Hamburg 2001, S. 103-122.
Beckherrn, Eberhard / Dubatow, Alexej: Die Königsberg-Papiere. Neue Dokumente aus russischen Archiven. Schicksal einer deutschen Stadt, München 1994.
Bednarz, Klaus: Fernes nahes Land. Begegnungen in Ostpreußen, Hamburg 1995.
Beer, Matthias: Flucht und Vertreibung der Deutschen. Voraussetzungen, Verlauf, Folgen, München 2011.
Bischof, Gertrud: Berichte aus dem sowjetischen Internierungslager Brakupönen/Rosslinde, Kreis Gumbinnen, Ostpreußen von 1945 bis 1948, 3. Aufl., Nürnberg 2012 (Eigenverlag).
Bode, Sabine: Die vergessene Generation. Die Kriegskinder brechen ihr Schweigen, München 2005.
Bode, Sabine: Kriegsenkel. Die Erben der vergessenen Generation, Stuttgart 2009.
Brodersen, Per: Die Stadt im Westen. Wie Königsberg Kaliningrad wurde, Göttingen 2008.
Clough, Patricia: Aachen-Berlin-Königsberg. Eine Zeitreise entlang der alten Reichsstraße 1, München 2007.
„Da werden Blasen geschlagen", in: Der Spiegel, 1995, 17.

Das Misstrauen schwindet. Erste Heimschule für deutsche Kinder aus den Ostländern, in: Die Welt, 28.2.1953.
Das Rudel der Wolfskinder, in: Süddeutsche Zeitung, 22.7.1999.
Das Überleben gesucht und geschafft. Treffen der „Königsberger Kinder" im Ostheim, in: Das Ostpreußenblatt, Nr. 22, 2.6.2012.
Dejung, Christof: Oral History und kollektives Gedächtnis. Für eine sozial historische Erweiterung der Erinnerungsgeschichte, in: Geschichte und Gesellschaft 34 (2008), 1, S. 96-115.
Der Leidensweg der deutschen Wolfskinder in Litauen, in: Die Welt, 25.6.2012.
Die „Generation der Kriegskinder". Historische Hintergründe und Deutungen, hrsg. v. Jürgen Reulecke und Lu Seegers, Gießen 2009.
Die letzten Königsberger kamen ..., in: Die Zeit, Nr. 25, 21.6.1951.
Die Ostpreußische Familie. Gedenkstein für die Königsberger Waisenkinder im Garten der Auferstehungskirche, in: Das Ostpreußenblatt, Nr. 30, 31.7.2010.
Dokumentation der Vertreibung der Deutschen aus Ost-Mitteleuropa, hrsg. v. Bundesministerium für Vertriebene, Flüchtlinge und Kriegsgeschädigte, 8 Bände, Bonn 1953-1962.
Douglas, Raymond M.: „Ordnungsgemäße Überführung". Die Vertreibung der Deutschen nach dem Zweiten Weltkrieg, München 2012.
„Du sollst Dich erinnern", in: Der Spiegel, 1992, 22.
Fisch, Bernhard: Nemmersdorf, Oktober 1944. Was in Ostpreußen tatsächlich geschah, Berlin 1997.
Fisch, Bernhard / Klemeševa, Marina: Zum Schicksal der Deutschen in Königsberg 1945-1948, in: Zeitschrift für Ostmitteleuropa-Forschung 44 (1995), 3, S. 391-400.
Fremde Heimat. Das Schicksal der Vertriebenen nach 1945, hrsg. v. Henning Burk, Erika Fehse u.a., Berlin 2011.
Fügemann, Bettina: Ich suche eine neue Mutti. Kinder in Sachsen-Anhalt als Opfer der Vertreibung 1945-1951, Halle (Saale) 2015.
Fünfzehnjährige Heimatvertriebene als ABC-Schützen. Heimschule in Wentorf führt Jugendliche ins Leben zurück, in: Das Ostpreußenblatt, Nr. 10, 5.4.1953.
Gafert, Bärbel: Kinder der Flucht – Kinder der Vertreibung 1945-1948, in: Deutschland Archiv 40 (2007), 5, S. 833-839.
Gebhardt, Miriam: Als die Soldaten kamen. Die Vergewaltigung deutscher Frauen am Ende des Zweiten Weltkriegs, München 2015.

Heinermann, Claudia: Wolfskinder. A Post-War Story, Delft 2015 (Fotobuch, Eigenverlag).

Hermann, Arthur: Die Ostpreußen in Litauen 1945-1951, in: Die Grenze als Ort der Annäherung. 750 Jahre deutsch-litauische Beziehungen, hrsg. v. Arthur Hermann, Köln 1992, S. 201-218.

Hirsch, Helga: Schweres Gepäck. Flucht und Vertreibung als Lebensthema, Hamburg 2004.

Holz, Martin: Evakuierte, Flüchtlinge und Vertriebene auf der Insel Rügen 1943-1961 (Veröffentlichungen der Historischen Kommission für Pommern V 39), Köln 2003.

Hoppe, Bert: Auf den Trümmern von Königsberg. Kaliningrad 1946-1970 (= Schriften der Vierteljahrshefte für Zeitgeschichte, Band 80), München 2000.

Huber, Florian: Kind, versprich mir, dass du dich erschießt. Der Untergang der kleinen Leute 1945, Berlin 2015.

„**Ich will endlich meine Mutti kennen lernen!**", in: Das Ostpreußenblatt, Nr. 23, 25.11.1951.

„**In welcher Wolke ist Mama?**", in: Der Spiegel, 2015, 46.

Jacobs, Ingeborg: Freiwild. Das Schicksal deutscher Frauen 1945, Berlin 2008.

Kaltenborn, Steffi: Die Aufnahme elternloser ostpreußischer Kinder im Jahre 1947 in Thüringen, in: 50 Jahre Flucht und Vertreibung. Gemeinsamkeiten und Unterschiede bei der Aufnahme und Integration der Vertriebenen in die Gesellschaften der Westzonen/Bundesrepublik und der SBZ/DDR, hrsg. v. Manfred Wille, Magdeburg 1997, S. 323-335.

Keine Hilfe für deutsche Wolfskinder, in: Der Spiegel, 2007, 7.

Keine Sprache, keine Heimat, in: Der Spiegel, 1996, 3.

Kershaw, Ian: Das Ende. Kampf bis in den Untergang. NS-Deutschland 1944/45, München 2011.

Kibelka, Ruth [Leiserowitz, Ruth]: Memelland. Fünf Jahrzehnte Nachkriegsgeschichte, Berlin 2002.

Kibelka, Ruth [Leiserowitz, Ruth]: Ostpreußens Schicksalsjahre 1944-1948, Berlin 2000.

Kibelka, Ruth [Leiserowitz, Ruth]: Wolfskinder. Grenzgänger an der Memel, 4., erweiterte Aufl., Berlin 2003 (Erstauflage 1996).

Klier, Freya: Verschleppt ans Ende der Welt. Schicksale deutscher Frauen in sowjetischen Arbeitslagern, Berlin 1996.

Klier, Freya: Wir letzten Kinder Ostpreußens. Zeugen einer vergessenen Generation, Freiburg 2014.

Knabe, Hubertus: Tag der Befreiung? Das Kriegsende in Ostdeutschland, Berlin 2005.
Knopp, Guido: Der Sturm. Kriegsende im Osten, Berlin 2004.
Kolbeck, Hans Heinrich: Eine Schule für Flüchtlingskinder: die „Heimschule Wentorf", in: Schleswig-Holstein. Kultur, Geschichte, Natur 2005, 5, S. 9-12.
Königsberger kommen aus Litauen, in: Das Ostpreußenblatt, Nr. 12, 20.6.1951.
Kossert, Andreas: Damals in Ostpreußen. Der Untergang einer deutschen Provinz, München 2008.
Kossert, Andreas: Kalte Heimat. Die Geschichte der deutschen Vertriebenen nach 1945, München 2008.
Kossert, Andreas: Ostpreußen. Geschichte einer historischen Landschaft, München 2014.
Kossert, Andreas: Ostpreußen. Geschichte und Mythos, München 2005.
Kuwert, Philipp u.a.: Trauma and current posttraumatic stress symptoms in elderly German women who experienced wartime rapes in 1945, in: J Nerv Ment Dis 2010, vol. 198, S. 450-451.
Lachauer, Ulla: Die Brücke von Tilsit. Begegnungen mit Preußens Osten und Russlands Westen, Reinbek 1995.
Leiserowitz, Ruth: Von Ostpreußen nach Kyritz. Wolfskinder auf dem Weg nach Brandenburg, Potsdam 2003.
Litauens „Wolfskinder" – Fremdlinge im eigenen Selbst. Bewegende Geschichten ostpreußischer Kriegswaisen, in: Neue Zürcher Zeitung, Nr. 266, 13.11.2008.
Litauer standen ihnen bei, in: Das Ostpreußenblatt, Nr. 13, 5.7.1951.
Lorenz, Hilke: Heimat aus dem Koffer. Vom Leben nach Flucht und Vertreibung, Berlin 2011.
Lorenz, Hilke: Kriegskinder. Das Schicksal einer Generation, München 2003.
Lowe, Keith: Der wilde Kontinent. Europa in den Jahren der Anarchie 1943 – 1950, Stuttgart 2014.
Luschnat, Gerhild: Die Lage der Deutschen im Königsberger Gebiet 1945 – 1948, 2., ergänzte u. durchgesehene Aufl., Frankfurt/Main 1998 (Erstauflage 1996).
Manthey, Jürgen: Königsberg. Geschichte einer Weltbürgerrepublik, München 2006.
Matthes, Eckhard: Späte Opfer. Zur Aussiedlung der Deutschen aus dem

Gebiet Kaliningrad 1947-1948, in: Deutschland Archiv 40 (2007), 5, S. 840-847.

Moskaus ungeliebte Beute, in: Der Spiegel, 2005, 26.

Muhtz, Christoph u.a.: Langzeitfolgen von in der Kindheit am Ende des II. Weltkriegs erlebter Flucht und Vertreibung, in: Psychother Psych Med 2011, 61, S. 233-238.

Naimark, Norman M.: Flammender Hass. Ethnische Säuberungen im 20. Jahrhundert, München 2004.

Narben bleiben. Die Arbeit der Suchdienste – 60 Jahre nach dem Zweiten Weltkrieg, hrsg. v. Deutschen Roten Kreuz Suchdienst München u.a., München 2005.

Normann, Alexander von: Nördliches Ostpreußen. Gegenwart und Erinnerung einer Kulturlandschaft, München 2002.

Papendick, Christian: Der Norden Ostpreußens. Land zwischen Zerfall und Hoffnung – eine Bilddokumentation 1992-2007, Husum 2009

Pfeiler-Breitenmoser, Heike: Tapiau/Gwardeisk, ein Jugendarbeitslager im Gebiet Königsberg/Kaliningrad 1946, in: Berichte und Forschungen. Jahrbuch des Bundesinstituts für ostdeutsche Kultur und Geschichte 8 (2000), S. 65-78.

Pietsch, Martina: Kinderlager in Sachsen – eine Durchgangsstation auf dem Lebensweg anhangloser Kinder und Jugendlicher aus Königsberg 1947/48, in: 50 Jahre Flucht und Vertreibung. Gemeinsamkeiten und Unterschiede bei der Aufnahme und Integration der Vertriebenen in die Gesellschaften der Westzonen/Bundesrepublik und der SBZ/DDR, hrsg. v. Manfred Wille, Magdeburg 1997, S. 312-322.

Pölking, Hermann: Das Memelland. Wo Deutschland einst zu Ende war. Ein historischer Reisebegleiter, Berlin 2012.

Pölking, Hermann: Ostpreußen. Biographie einer Provinz, Berlin 2011.

Rada, Uwe: Die Memel. Kulturgeschichte eines europäischen Stromes, München 2010.

Reski, Petra: Ein Land so weit, Berlin 2000.

Rutsch, Hans-Dieter: Die letzten Deutschen. Schicksale aus Schlesien und Ostpreußen, Berlin 2012.

Schulen verweigern Aufnahme deutscher Kinder aus dem Oder-Neiße-Gebiet, in: Frankfurter Rundschau, 5.9.1950.

Schwartz, Michael: Ethnische „Säuberung" als Kriegsfolge: Ursachen und Verlauf der Vertreibung der deutschen Zivilbevölkerung aus Ostdeutschland und Osteuropa 1941-1950, in: Der Zusammenbruch des Deutschen Reiches 1945. Zweiter Halbband: Die Folgen des Zweiten

Weltkriegs, im Auftrag des Militärgeschichtlichen Forschungsamtes hrsg. v. Rolf-Dieter Müller, München 2008, S. 509-656.

Schwartz, Michael, Vertriebene und „Umsiedlerpolitik". Integrationskonflikte in den deutschen Nachkriegs-Gesellschaften und die Assimilationsstrategien in der SBZ/DDR 1945-1961 (Quellen und Darstellungen zur Zeitgeschichte 61), München 2004.

Sie haben Deutsch gelernt, in: Die Zeit, Nr. 13, 1.4.1954.

Sie mussten erst deutsch sprechen lernen, in: Die Zeit, Nr. 38, 17.9.1953.

Skliutauskas, Jokubas: Über die Abschiebung der Ostpreußen aus Litauen in die DDR 1951. Erinnerungen eines Arztes, in: Annaberger Annalen 1 (1993), S. 7-12.

Snyder, Timothy: Bloodlands. Europa zwischen Hitler und Stalin, München 2011.

Spatz, Christopher: Ostpreußische Wolfskinder. Erfahrungsräume und Identitäten in der deutschen Nachkriegsgesellschaft (Einzelveröffentlichungen des Deutschen Historischen Instituts Warschau 35), Osnabrück 2016.

Stark, Felicitas: Der Wolfskindertransport 1951 von Litauen in die DDR. Vorbereitung, Durchführung, Integration, Magisterarbeit Mainz 1997.

Timmreck, Heinz: Flucht mit der Bahn 1944/45. Erlebnisberichte aus Ostpreußen, Westpreußen und Pommern, Norderstedt 2014.

Timmreck, Heinz: Letzte Flüchtlingszüge aus Ostpreußen. Das Drama der letzten Flüchtlingszüge und die Zugkatastrophe bei Grünhagen im Kreis Preußisch Holland, Norderstedt 2011.

Weder Stroh noch Decken in den Waggons. Leben und Überleben in den Kinderheimen von Königsberg und Umgebung bis 1948, in: Das Ostpreußenblatt, Nr. 20, 21.5.1994.

Welzer, Harald: Das Interview als Artefakt. Zur Kritik der Zeitzeugenforschung, in: BIOS. Zeitschrift für Biographieforschung, Oral History und Lebensverlaufsanalysen 13 (2000), 1, S. 51-63.

Wiedersehen mit den Wölfen, in: Focus, 2009, 49.

Winterberg, Sonya / Winterberg, Yury: Kriegskinder. Erinnerungen einer Generation, Berlin 2009.

Winterberg, Sonya: Wir sind die Wolfskinder. Verlassen in Ostpreußen, München 2012.

Zeidler, Manfred: Kriegsende im Osten. Die Rote Armee und die Besetzung Deutschlands östlich von Oder und Neiße 1944/45, München 1996.

Zum Reden gebracht, in: Der Spiegel, 1991, 13.

Persönliche Erlebnisse

Balko, Gerd: Land in dunklen Zeiten. Erinnerungen eines Arbeiters, Münster 2005.
Bandilla, Gerd: In Gumbinnen 1945-1948, in: Gumbinner Heimatbrief, 1978, 39, S. 13-15.
Bernotat, Gerhard: Das sowjetische Kinderheim im Kreis Ebenrode – dem späteren Rayon Nesterow von 1945-1947, in: Heimatbrief Ebenrode/Stallupönen, 1994/95, 31, S. 38-45.
Deichelmann, Hans: Ich sah Königsberg sterben. Aus dem Tagebuch eines Arztes, Aachen 1949.
Diese Leere im Herzen, in: Frankfurter Allgemeine Sonntagszeitung, Nr. 48, 29.11.2015.
Doebler, Maria: Unsere Nachkriegswege im Kreis Gerdauen und in Litauen 1945-1948, in: Heimatbrief Kreis Gerdauen, 2009, 44, S. 114-116.
Dorn, Ursula: Das Wolfskind auf der Flucht, Salzburg 2010.
Dorn, Ursula: Ich war ein Wolfskind aus Königsberg, Salzburg 2008.
Ein „Wolfskind" kehrt heim, in: Hamburger Abendblatt, 30.11./1.12.1991.
Falk, Lucy: Ich blieb in Königsberg, München 1965.
Frauen in Königsberg 1945-1948, hrsg. v. der Kulturstiftung der deutschen Vertriebenen, 8. Aufl., Bonn 2006 (Erstauflage 1999).
Friedrich, Georg: Wolfskind Ruth Deske. 1. Teil: Überleben in der Heimat, in: Heimatbrief Kreis Gerdauen, 2000, 25, S. 74-77.
Friedrich, Georg: Wolfskind Ruth Deske, 2. Teil: Leben in Litauen, in: Heimatbrief Kreis Gerdauen, 2000, 26, S. 61-64.
Gertraud Gross. Wolfskind Traute, hrsg. v. Dodo Wartmann, Berlin 2011.
Grade, Ulrich: Ein Wolfskind aus der Elchniederung berichtet, in: Die Elchniederung, 2008, 48, S. 83-87.
Hansen-Wilhelm, Marianne: Wiedersehen nach 43 Jahren, in: Heimatbrief Kreis Gerdauen, 1988, 2, S. 6-7.
Herrmann-Schicht, Helma: Eine Mutter und sieben Kinder. Schicksalstage in Ostpreußen 1945-1948, Leer 2007.
Jacobs, Ingeborg: Wolfskind. Die unglaubliche Lebensgeschichte des ostpreußischen Mädchens Liesabeth Otto, Berlin 2010.
Keller-Dommasch, Inge: Wir aber mussten es erleben. Erinnerungen an Ostpreußen bis zur Vertreibung 1947, Frankfurt/Main 2002.
Klafs, Lothar: Litauen: Letzte Hoffnung vieler Königsberger. Wiedersehen nach 43 Jahren, in: Königsberger Bürgerbrief, 1992, 39, S. 76.

Koch, Ernst: Wir kamen 1945 wieder nach Ebenrode/Stallupönen zurück, in: Heimatbrief Ebenrode/Stallupönen, 1980/1981, 17, S. 83-87.
Kopelew, Lew: Aufbewahren für alle Zeit! Hamburg 1976.
Köpp, Gabi: Warum war ich bloß ein Mädchen? Das Trauma einer Flucht 1945, München 2010.
Kühnapfel, Margarete: Auch in der Hölle bist Du da. Not und Gnade meiner Russenjahre, Stuttgart 1952.
Lachauer, Ulla: Paradiesstraße. Lebenserinnerungen der ostpreußischen Bäuerin Lena Grigoleit, Reinbek 1996.
Lehndorff, Hans Graf von: Ostpreußisches Tagebuch. Aufzeichnungen eines Arztes aus den Jahren 1945-1947, München 196.
Linck, Hugo: Königsberg 1945-1948, Oldenburg 1948.
Linck, Hugo: Im Feuer geprüft ... als die Sterbenden, und siehe, wir leben ... Berichte aus dem Leben der Restgemeinden nach der Kapitulation in und um Königsberg, Leer 1973.
Meier-Schipporeit, Sigrid: Verlorene Jugend? Auf den Spuren meines Bruders Carl-Ulrich Schipporeit. Erinnerungen an Ostpreußen und Litauen, Pinneberg 1996 (erhältlich bei der Kreisgemeinschaft Fischhausen).
Mein Leben als Wolfskind, in: Berliner Morgenpost, 19.2.2011.
Meine Flickerjule bittet für die Kinder dieser Welt, in: Hamburger Abendblatt, 21./22.12.1985.
Möller, Christa: Kindheitserinnerungen an Karwerningken, die nicht gerade die Sonnenseite des Lebens bedeuteten. Von März 1946 bis September 1948, in: Wehlauer Heimatbrief, 1981, 25, S. 23-27.
Morgenstern, Erika: Überleben war schwerer als Sterben. Ostpreußen 1944 - 48, München 2004.
Motzkus, Anita: Himbeerwein in Schaulen. Auf Besuch bei unseren Wolfskindern, in: Heimatbrief Kreis Gerdauen, 1999, 24, S. 130-132.
Nach über 30 Jahren wieder vereint. Freude über heimgekehrte Tochter aus Sibirien – DRK-Suchdienst erfolgreich, in: Nordwest-Zeitung, 14.11.1976.
Neu, Richard L.: Edeltraut – Ramute. Wie ein „Wolfskind" in Litauen, Bremen 2007.
Niehörster, Gerhard: „Der Himmel öffnet sich...", in: Heimatbrief Kreis Gerdauen, 1991, 8, S. 7-8.
Nitsch, Christel: Mein Weg durch die Dunkelheit. Vom Schicksal eines „Wolfskindes", Paderborn 2008.
Nitsch, Gunter: Eine lange Flucht aus Ostpreußen, Hamburg 2011.

Orangen für Königsberg. Die dagebliebene Elvira Syroka erzählt, hrsg. v. Astrid von Menges, Würzburg 2008.
Pehlke, Horst: Das erste Wort, Osnabrück 1995.
Peter und Joulia – auf russisch. Nach 22 Jahren Sibirien. Heimkehr aus Uchta, in: Bild am Sonntag, 27.3.1966.
Pfeil, Elisabeth: Hunger, Hass und gute Hände (Kleine Elchland-Reihe 1), Göttingen 1956.
Pose, Joachim: Ich war ein Wolfskind! Von Pommern über Ostpreußen nach Mecklenburg…, Rostock 2006.
Pülschen, Ursula: Ein schicksalsschwerer Weg von Königsberg bis in die neue Heimat nach Großsolt, in: Jahrbuch des Heimatvereins der Landschaft Angeln (Jg. 69), Husum 2005, S. 184-197.
Rauschenbach, Hildegard: Vergeben ja, Vergessen nie. Damals verschleppt im Ural-Gebiet, heute auf dem Weg der Versöhnung, Bad Münstereifel 2001.
Roepschläger, Bruno: Als Wolfskind in Litauen. Erinnerungen eines Waisenkindes aus dem Zweiten Weltkrieg, in: Keine Zeit für Tränen, keine Zeit für Trauer, hrsg. v. d. Kreisgemeinschaft Heiligenbeil, Burgdorf 2014.
Salomon, Heinrich: Nur nicht nach Labiau gehen! Erlebnisse während der Zivilgefangenschaft in der ostpreußischen Elchniederung von 1945 bis 1948, Norderstedt 2005.
Schwarz, Erich: Überleben in Litauen. Erlebnisse zweier Freunde aus Königsberg in den Hungerjahren 1947/48, Hameln 1995.
Seiring, Ursula: Du sollst nicht sterben. Erlebnisse einer deportierten Ostpreußin, Würzburg 1994.
Skrebbas, Günter: Hungerjahre – Rettung in Litauen und Lettland. Erinnerungen eines Ostpreußen, Berlin 1999.
Spiridoniene, Käte: Wie aus mir ein „Wolfskind" wurde, in: Die Elchniederung, 1993, 18, S. 35-37.
Starlinger, Wilhelm: Grenzen der Sowjetmacht. Spiegel einer West-Ostbewegung hinter Palisaden von 1945-1954. Mit einem Bericht der deutschen Seuchenkrankenhäuser Yorck und St. Elisabeth über Leben und Sterben in Königsberg von 1945-1947; zugleich ein Beitrag zur Kenntnis des Ablaufs gekoppelter Großseuchen unter elementaren Bedingungen, Würzburg 1955.
Sumowski, Hans-Burkhard: „Jetzt war ich ganz allein auf der Welt". Erinnerungen an eine Kindheit in Königsberg 1944-1947, München 2007.
Tengler, Bruno: Der Friede ist da. Das Manuskript einer Ostpreußischen Odyssee 1945-1951, Herne 1991.

Von Sonnenaufgang bis -untergang gearbeitet. Das Leben und Überleben in den Kinderhäusern in Königsberg von 1945 bis 1948, in: Das Ostpreußenblatt, Nr. 31, 31.7.1993.
Was ein Kinderherz ertragen kann. Zwei Marjellchen erleben die Russenzeit, hrsg. v. Ulrich Kühn, Bückeburg [um 1998] (erhältlich bei der Kreisgemeinschaft Gerdauen).
Wer bin ich – wo komme ich her? Anne Rekkaro berichtet über ihre Identitätsfindung, in: Das Ostpreußenblatt, Nr. 18, 4.5.2013.
Wieben, Uwe: Hubert Schwark – allein in einem fremden Land, Leipzig 2013.
Wieck, Michael: Zeugnis vom Untergang Königsbergs. Ein „Geltungsjude" berichtet, Heidelberg 1988.
Willi Trampenau: Wir aßen den Ratten das Fressen weg – Erlebnisse eines 12-jährigen Jungen in Gerdauen unter den Russen, hrsg. v. Ulrich Kühn, Bückeburg [um 1998] (erhältlich bei der Kreisgemeinschaft Gerdauen).
Witt, Elfriede: Königsberger Bürger nach 1945 als Bettler in Litauen, in: Königsberger Bürgerbrief, 1994, 43, S. 68.
Wolfgang aus Königsberg. Sein Leidensweg endete in Recklinghausen, in: Das Ostpreußenblatt, Nr. 49, 8.12.1962.

Fiktion

Grass, Günter: Im Krebsgang, Göttingen 2002.
Hansen, Dörte: Altes Land, München 2015.
Kempowski, Walter: Alles umsonst, München 2006.
Lenz, Siegfried: Heimatmuseum, Hamburg 1978.
Liedtke, Klaus-Jürgen: Die versunkene Welt. Ein ostpreußisches Dorf in Erzählungen der Leute, Frankfurt (Main) 2008.
Schmidt, Winfried: Vergessene Wolfskinder, Halle (Saale) 2006.
Schulz-Semrau, Elisabeth: Suche nach Karalautschi. Report einer Kindheit, Halle/Leipzig 1984.
Šlepikas, Alvydas: Mein Name ist Marytė, Halle (Saale) 2015.
Solschenizyn, Alexander: Schwenkitten '45, München 2004.
Surminski, Arno: Als der Krieg zu Ende ging. Erzählungen, Hamburg 2015.

Surminski, Arno: Der Winter der Tiere. Erzählungen, Berlin 2004.
Surminski, Arno: Jokehnen oder Wie lange fährt man von Ostpreußen nach Deutschland? Reinbek 1976 und Hamburg 2014.
Surminski, Arno: Winter Fünfundvierzig oder Die Frauen von Palmnicken, Hamburg 2010.
Treichel, Hans-Ulrich: Der Verlorene, Frankfurt (Main) 1998.

TV-Dokumentationen und Filme

Bednarz, Klaus: Reise durch Ostpreußen (3-teilig) WDR 1996.
Beyer, Britt: Vokietukai – die kleinen Deutschen, Bayern 3 1996.
Blumenberg, Hans-Christoph: Die Kinder der Flucht. Wolfskinder (Staffel 2), ZDF 2006.
Borries, Achim von: Vier Tage im Mai, Uraufführung Filmfestspiele Locarno 2011.
Fechner, Eberhard: Wolfskinder, ZDF 1991.
Geschonneck, Matti: Der verlorene Bruder, Filmfest München 2015.
Huber, Florian: Damals in Ostpreußen, ARD 2008.
Jacobs, Ingeborg / Seifert, Hartmut: Die eiserne Maria, Arte 2002.
Jacobs, Ingeborg: „Irgendwo gebettelt, irgendwo geklaut…": Ein Wolfskind auf Spurensuche, ZDF 1995.
Janke, Karin: Verlorene Kindheit. Auf den Spuren deutscher Wolfskinder, NDR 2007.
Kahane, Peter: Eine Liebe in Königsberg, ZDF 2006.
Koepp, Volker: Holunderblüte, Uraufführung Filmfest München 2007.
Koepp, Volker: Kalte Heimat, WDR 1995.
Lachauer, Ulla: Ostpreußens lange Nachkriegszeit, WDR 2004.
Ostermann, Rick: Wolfskinder, Uraufführung Filmfestspiele Venedig 2013.
Pölking, Hermann: Ostpreußen. Panorama einer Provinz, erzählt aus alten Filmen – 1913 bis 1948 (5-teilig), Bebra 2014.
Rutsch, Hans-Dieter: Verschollen in Ostpreußen. Der lange Weg der „Wolfskinder", WDR 2002.
Rutsch, Hans-Dieter: Zuletzt gesehen in Ostpreußen. Der lange Heimweg eines „Wolfskindes", WDR 2004.
Wessel, Kai: Die Flucht (2-teilig), ARD 2007.

Ortsregister

Alfen [bei Paderborn] 160
Amsterdam 204
Angerapp siehe Darkehmen
Astrawischken [ab 1938 Großzedmar, Kr. Darkehmen;
  der Ort existiert nicht mehr] 43

Bad Harzburg 20
Bagrationovsk siehe Preußisch Eylau
Baltijsk siehe Pillau
Berlin (Ost-Berlin, West-Berlin) 18, 28, 127, 128, 132, 134, 143, 146, 147,
  152, 166, 188, 189-192, 198, 239, 269, 278, 282, 288, 289
Bielefeld 271
Bischofswerda 138, 144, 150-152, 154
Bitterfeld 152, 160
Bochum 234
Bonn 239
Brakupönen [ab 1938 Roßlinde, Kr. Gumbinnen] (Kubanovka) 47
Braunschweig 157
Bremen 204, 205, 256
Bückeburg 183, 282

Castrop-Rauxel 207
Čerëmuchovo siehe Groß Klitten
Černjachovsk siehe Insterburg
Černyševskoe siehe Eydtkuhnen
Chemnitz (Chemnitz-Bernsdorf) 152, 163
Cranz (Zelenogradsk) 75

Danzig (Gdańsk) 28, 182
Danzkehmen [ab 1938 Oettingen, Kreis Stallupönen] (Sosnovka) 48, 57,
  60, 119
Darkehmen [ab 1938 Angerapp] (Ozërsk) 43, 70, 86, 272
Dippoldiswalde [Osterzgebirge] 144
Dirschau (Tczew) 28
Dobrovol'sk siehe Pillkallen
Dortmund 234

Dresden 130, 145, 146, 157, 221, 276
Düsseldorf (Düsseldorf-Grafenberg) 217, 253

Ebenrode siehe Stallupönen
Eckernförde 236, 237
Eggesin [Vorpommern] 130, 144
Elgersburg [am Thüringer Wald] 141
Espelkamp [Westfalen] 174, 175, 184, 185, 212, 215, 224
Essen 283
Eydtkau siehe Eydtkuhnen
Eydtkuhnen [ab 1938 Eydtkau] (Černyševskoe) 48, 278, 279, 292

Falkensee [bei Berlin] 166
Frankfurt a. d. Oder 129
Friedland [Niedersachsen] 20, 154-159, 162, 174, 197, 200, 202
Friedland [Ostpreußen] (Pravdinsk) 73, 121
Fürstenwalde 138, 150, 151, 152, 154, 169

Gdańsk siehe Danzig
Georgenburg [Kr. Insterburg] (Maëvka) 37
Georgenfelde [Kr. Friedland/ Ostpr.] (Ozerki) 62
Gerdauen (Železnodorožnyj) 41, 86, 120, 121, 137, 138, 157, 254, 270, 271, 282
Görlitz 145
Göttingen 159
Großheidekrug siehe Groß Heydekrug
Großzedmar siehe Astrawischken
Groß Heydekrug [ab 1938 Großheidekrug, Kr. Fischhausen, ab 1939 Kr. Samland] (Vzmor'e) 51
Groß Klitten [Kr. Friedland/ Ostpr.] (Čerëmuchovo) 73
Gumbinnen (Gusev) 47
Gurjevsk siehe Neuhausen
Gusev siehe Gumbinnen

Hamburg (Hamburg-Altona, Hamburg-Eppendorf) 13, 19, 20, 175, 176, 193, 195, 204, 226, 253
Hannover 19, 202, 281
Heiligenstadt [Eichsfeld] 154
Heydekrug (Šilutė) 51, 134, 136, 190, 191, 192

Ibbenbüren 270
Insterburg (Černjachovsk) 10, 28, 37, 100, 134, 137
Jasnoe siehe Kaukehmen
Jena 152
Jeßnitz [bei Wolfen] 138

Kaliningrad siehe Königsberg
Kamenskoe siehe Saalau
Kaukehmen [ab 1938 Kuckerneese, Kr. Elchniederung] (Jasnoe) 103
Kaunas 100, 101, 103, 109, 111, 123, 132, 133, 135, 197, 206
Kiel 180
Klaipėda siehe Memel
Kletzke [Prignitz] 147-149
Köln 19, 240
Königsberg (Kaliningrad) 10, 11, 13, 15, 16, 18, 20, 29, 30, 32-37, 39, 40,
    42, 46, 47, 50, 51, 53, 57, 65, 67, 68, 71, 75, 79, 80, 82, 86, 87, 89, 92, 93, 96,
    98, 100, 104, 109, 110, 113, 117, 121, 123, 124, 129, 131-134, 139, 141,
    144, 145, 149, 152, 157, 160, 164, 175, 182, 190, 193, 195, 197, 216, 217,
    234, 237, 249, 250, 251, 257, 259, 269, 273, 274, 278, 282-284, 288-290
Königsberg-Charlottenburg 87
Königsberg-Juditten 237
Königsberg-Kalthof 96
Königsberg-Maraunenhof 93
Königsberg-Rosenau 57
Königsberg-Rothenstein 37
Königsberg-Ponarth 144
Koserow [Vorpommern] 166
Kubanovka siehe Brakupönen
Küchensee [bei Storkow] 148
Kuckerneese siehe Kaukehmen
Küstrin 127, 129
Kyritz [Prignitz] 152, 170, 184

Labiau (Polessk) 54
Lahrbach [Rhön] 203
Lauenburg a. d. Elbe 180
Leipzig 262
Lipnjaki siehe Trausen
Lörrach 207

Lübeck 164, 180, 232
Luckwitz [bei Wittenburg] 152
Ludwigslust 19
Lüneburg 19, 165, 289

Magdeburg 192
Majdanek [bei Lublin] 253
Maëvka siehe Georgenburg
Meždureč'e siehe Norkitten
Memel (Klaipėda) 100, 103, 105, 135, 191, 193-195, 197, 199, 255
Moskau (Moskva) 9, 68, 102, 117, 132, 187, 193, 200, 202, 269
Moskva siehe Moskau
München 19

Nesterov siehe Stallupönen
Neuendorf [Kr. Gerdauen] (Novosëlki) 71
Neuhausen [Kr. Königsberg, ab 1939 Kr. Samland] (Gurjevsk) 30
Nordhorn 171
Norkitten [Kr. Insterburg] (Meždureč'e) 103
Novosëlki siehe Neuendorf

Oettingen siehe Danzkehmen
Oldenburg 205, 280
Ozerki siehe Georgenfelde
Ozërsk siehe Darkehmen

Pagėgiai siehe Pogegen
Palanga siehe Polangen
Panemunė siehe Übermemel
Parchim 19
Pasewalk 129, 130, 131, 166
Pillau (Baltijsk) 216, 236, 237, 284, 285
Pillkallen [ab 1938 Schloßberg] (Dobrovol'sk) 57, 86
Pirna 130
Plunge (Plungė) 107
Plungė siehe Plunge
Pobethen [Kr. Fischhausen, ab 1939 Kr. Samland] (Romanovo) 124
Pogegen (Pagėgiai) 133, 195, 266, 288
Polangen (Palanga) 197

Polessk siehe Labiau
Potsdam 42
Pravdinsk siehe Friedland [Ostpreußen]
Preußisch Eylau (Bagrationovsk) 37, 38, 41, 125
Prosit [Kr. Gerdauen] (Želudëvo) 61, 62

Radviliškis siehe Radwilischken
Radwilischken (Radviliškis) 108
Rathenow 146
Reinharz [bei Bad Schmiedeberg] 152
Rendsburg 254
Romanovo siehe Pobethen
Roßlinde siehe Brakupönen

Saalau [Kr. Insterburg] (Kamenskoe) 103
Schenkenberg [bei Delitzsch] 152
Schloßberg siehe Pillkallen
Schloss Stetten [Hohenlohe] 19, 288
Schmiedeberg [bei Angermünde] 292
Schwerin 19
Šilutė siehe Heydekrug
Sosnovka siehe Danzkehmen
Sovetsk siehe Tilsit
Stallupönen [ab 1938 Ebenrode] (Nesterov) 57, 119
Stettin-Scheune (Szczecin-Gumieńce) 129
Ströpken [Kr. Darkehmen] (Ušakovo) 86, 272
Stukenbrock [bei Gütersloh] 159, 160
Stuttgart 250, 251
Suvorovka siehe Weedern
Szameitkehmen [Kr. Heydekrug] (Žemaitkiemis) 191
Szczecin-Gumieńce siehe Stettin-Scheune

Tauragė siehe Tauroggen
Tauroggen (Tauragė) 135, 138
Tczew siehe Dirschau
Tilsit (Sovetsk) 100
Timmendorfer Strand 227
Trausen [Kr. Gerdauen] (Lipnjaki) 86
Übermemel (Panemunė) 133

Ušakovo siehe Ströpken

Vilbel [bei Frankfurt a. Main] 87
Vilnius siehe Wilna
Vzmo're siehe Groß Heydekrug

Warschau (Warszawa) 20
Warszawa siehe Warschau
Weedern [Kr. Darkehmen] (Suvorovka) 71
Wentorf [bei Hamburg] 20, 177-185
Wetzlar 20
Wilna (Vilnius) 135, 191, 241, 243, 246, 255, 274
Wolfen 138, 150-152, 154, 160, 167
Wolfsburg 228
Wolgast 166

Zelenogradsk siehe Cranz
Železnodorožnyj siehe Gerdauen
Želudëvo siehe Prosit
Žemaitkiemis siehe Szameitkehmen

Weitere Titel im Ellert & Richter Verlag

Als der Krieg zu Ende ging
Arno Surminski
208 Seiten
12 x 20 cm
Hardcover
ISBN 978-3-8319-0593-5

Die Erzählungen dieses Bandes beschreiben die Nachwirkungen des Krieges und schildern Erlebnisse aus jener Zeit. Ein Briefträger bringt die Gefallenenmeldungen in die Dörfer („Verlorene Briefe"), eine Engländerin fährt ins Rheinland auf der Suche nach dem Wrack eines Bombers, mit dem ihr Vater abgestürzt ist („Lancaster über Overath"), ein alter Mann besucht das Dorf, das er 1945 verlassen musste („Im Land der Pusteblumen"). Die Titelgeschichte erzählt von einer Frau, die mit ihren Kindern zu Fuß aus dem Osten flieht, bis Mecklenburg kommt, dort ein weiteres Kind auf die Welt bringt und es einer kinderlosen Bäuerin schenkt.

Für einige ging der Krieg erst zu Ende, als die letzten Gefangenen heimkehrten, andere deuteten den Fall der Mauer 1989 als ihren Abschluss des Krieges. Für Millionen ging der Krieg schon vor 1945 zu Ende.

**Die masurische Eisenbahn und
andere heitere Geschichten**
Arno Surminski
284 Seiten
12 x 20 cm
Hardcover
ISBN 978-3-8319-0665-9

Am Lachen erkenne man den Narren, sagten die Alten. Aber Lachen ist auch Medizin und Balsam für die Seele. Da das Leben nicht immer nur heitere Momente bietet, helfen Bücher und Geschichten, eine Welt zu erschaffen, in der wir unsere Sorgen hinter uns lassen und unbeschwert schmunzeln oder laut herauslachen können. Arno Surminski schildert voller Wärme und mit humorigem Unterton die Bewohner dieser Welt: Es sind Menschen wie du und ich, mit kleinen und größeren Marotten und doch so herrlich normal, dass wir sie gern begleiten möchten. Geschichten für den Alltag, für den Feierabend, für trübe und sonnige Tage. Für jede Zeit eben.

Das alte Ostpreußen
Arno Surminski
360 Seiten, 400 Abb.
21 x 26 cm
Hardcover
ISBN 978-3-8319-0524-9
Sonderausgabe

Es geschieht nicht alle Tage, dass verloren geglaubte Bilder plötzlich auftauchen und eine vergangene Welt mit ihren Denkmälern, Städten, Kirchen, Landschaften und Menschen zeigen. Dieses „Wunder" ist der früheren Provinz Ostpreußen widerfahren. Die Fotos, entstanden Ende des 19. und zu Beginn des 20. Jahrhunderts, vermitteln dem Betrachter einen Eindruck von Königsberg zur Kaiserzeit, von bekannten Städten wie Memel, Tilsit oder Rastenburg. Sie zeigen das oftmals harte Landleben, das Markttreiben in den Städten und beeindruckende technische Bauwerke wie Brücken und Mühlen.
Da die Fotografen häufig auch Personen, vor allem Kinder – den „Reichtum Ostpreußens" – aufgenommen haben, ist ein authentisches Bild des damaligen Lebens entstanden. Mit den erklärenden Texten des Autors Arno Surminski erwacht so eine vergangene, aber nicht vergessene Zeit.

Eine lange Flucht aus Ostpreußen
Gunter Nitsch
384 Seiten
13,5 x 21 cm
Paperback
ISBN 978-3-8319-0523-2

Gunter Nitsch erzählt die Geschichte seiner Familie, die im Februar 1945 über das zugefrorene Frische Haff vor der Roten Armee flieht, um dann doch nicht in den Westen zu gelangen, sondern in Palmnicken an der Ostsee den Russen in die Hände zu fallen. Bis dahin verbrachte Gunter Nitsch, damals sieben Jahre alt, eine unbeschwerte Kindheit auf dem Bauernhof seines Großvaters in Langendorf im Herzen Ostpreußens. Doch dann brach eine Hölle von Gewalt, Chaos und Hunger los. Die Helden der Erinnerung sind der Großvater und die Frauen der Familie. Den ganzen Tag schuften sie auf einer russischen Kolchose östlich von Königsberg. Zwischendurch und nachts organisieren sie das bisschen Essen, das das Überleben ermöglicht. Die „lange Flucht" dauerte dreieinhalb Jahre, und sie endete in einem Flüchtlingslager in der Lüneburger Heide. Die Geschichte liest sich wie ein Abenteuerroman, war aber traurige Realität.

Impressum

Bibliografische Information der Deutschen Nationalbibliothek
Die Deutsche Nationalbibliothek verzeichnet diese Publikation in der Deutschen Nationalbibliografie; detaillierte bibliografische Daten sind im Internet über http://dnb.d-nb.de abrufbar.

© Ellert & Richter Verlag GmbH, Hamburg 2016
3. Auflage 2018
ISBN 978-3-8319-0664-2

Dieses Werk einschließlich aller seiner Teile ist urheberrechtlich geschützt. Jede Verwertung außerhalb der engen Grenzen des Urheberrechtsgesetzes ist ohne Zustimmung des Verlages unzulässig und strafbar. Dies gilt insbesondere für Vervielfältigungen, Übersetzungen, Mikroverfilmungen und die Einspeicherung und Verarbeitung in elektronischen Systemen.

Text: Dr. Christopher Spatz
Lektorat: Dr. Werner Irro, Hamburg
Karte: Peter Palm, Berlin
Titelfoto: Bundesarchiv Koblenz (Otto Donath) „Anhanglose Ostpreußenkinder im vorpommerschen Eggesin, kurz nach ihrem Eintreffen aus dem Königsberger Gebiet, November 1947."
Gestaltung: BrücknerAping Büro für Gestaltung GbR, Bremen
Gesamtherstellung: CPI books GmbH, Leck

www.ellert-richter.de
www.facebook.com/EllertRichterVerlag